图文本

山海经

陈　成　译注

上

上海古籍出版社

图书在版编目（CIP）数据

山海经译注:图文本/陈成译注.上海:上海古籍出
版社,2008.7（2018.8 重印）
ISBN 978 - 7 - 5325 - 5043 - 2

Ⅰ.山… Ⅱ.陈… Ⅲ.①历史地理—中国—古代②山海
经—译文③山海经—注释 Ⅳ.K928.631

中国版本图书馆 CIP 数据核字（2008）第 099109 号

山海经译注（图文本）

（全二册）

陈 成 译注

上海世纪出版股份有限公司
上海 古 籍 出 版 社 出版、发行

（上海瑞金二路 272 号 邮政编码 200020）

（1）网址：www.guji.com.cn
（2）E - mail:gujil@ guji.com.cn
（3）易文网网址：www.ewen.co

新华书店上海发行所发行经销 上海展强印刷有限公司印刷
开本 889×1194 1/20 印张 20.4 插页 6 字数 500,000
2008 年 7 月第 1 版 2018 年 8 月第 11 次印刷
印数：43,001 - 48,300
ISBN 978 - 7 - 5325 - 5043 - 2
K · 1123 定价：42.00 元

如有质量问题，请与承印公司联系 T:66511611

山海经

　　《山海经》是中国流传久远的一部古书，它用简单的语言介绍了许多山川、国度和神怪。它的"年龄"是个谜，它的作者也是个谜，它的内容让后世的读者似懂非懂，但又有着很强的可比附性和不确定性。

　　这些特点使得这本书在浩如烟海的古籍中有着非常独特的个性，它同时展现着真实和荒诞两种色彩，以至于后人既不想把它看成《博物志》、《搜神记》这样的志怪小说，又很难像史乘方志一样——落实其具体内容，所以这本自古流传的名书在晋人郭璞作注之后直到明清才有人重新收拾，然而，对这本书的解读至今仍然头绪纷繁，莫衷一是。或许，这种情形还将持续到永远。

一、《山海经》的基本情况

　　今传《山海经》一书共十八卷，前五卷分别是《南山经》、《西山经》、《北山经》、《东山经》和《中山经》，也合称《五臧（藏）山经》。每经又分若干组，比如《南山经》的第一组就叫《南山经》，第二组叫《南次二经》，依此类推，最多的《中山经》到《中次十二经》。

　　每一组的内容也大致统一，都是介绍各自所属的一组山的相对位置、相关河流和物产。每组的最后一段是该组的小计和有关山神祭礼的简介。

　　《山海经》的后十三卷和《五臧山经》相对，也称《海经》。与《五臧山经》相比，《海经》在行文格式和内容上都有很大不同，所描述的对象不再有各自的相对位置，出现了大量奇怪的"国"，物产、水道的记载也代之以大量的神话传说，最重要的是《五臧山经》基本上能顺理成章地读下来，而《海经》却东一句、西一句，甚至有些章节本身就不知所云。

　　这是因为《山海经》本身就是汉朝的刘向、刘歆父子编辑起来的。刘向（前77-前6），字子政，经学家、目录学家。刘歆（？-23）字子骏，汉哀帝建平元年因避哀帝讳改名秀，字颖叔，古文经学派创始者，目录学家。刘氏父子一起总校群书，著有《七略》等书。当时刘氏收集的《山海经》原有32篇，最后定为18篇，于建平元年（前5）四月进呈。刘氏校《山海经》时，作了一些文字增删。如《山海经》原无篇名，"南山经"、"大荒东经"等篇名均系刘氏所加。这样，后来的人们所看到的《山海经》的底本就都是"刘本"了。

而在刘向之前，淮南王刘安的《淮南子》中有许多文字和今本《山海经》大致相同，司马迁也曾提到过《山海经》的书名，这就意味着《山海经》一书汉朝以前就有了，但未必全然等同于我们今天所见的《山海经》。没有人知道刘向面对一大批缣帛竹简到底做了一番什么样的取舍编排，但刘向肯定使《山海经》一书在名和实之间发生了一番变化，而在刘向之后。郭璞又整理为18卷，《山海经》便是我们今天所见的样子了。

然而如果假想一下刘向的工作流程，大致可以得出一个符合常理的推断：当时的"图书馆"里确有《山海经》这么一种书，或许还有不同的版本，但都已经断烂损坏了，刘向该做的工作是把它们整合起来，使之重新成为一部可读的书。那么，最先收入的肯定是原件损坏最小、最为可信的部分，以此为框架，再根据情况把有疑惑的内容补充进去。从今天看到的《山海经》倒推，估计刘向所见的《五臧山经》是当时保存最为完好的，而《海经》部分可能比较零乱，前后次序已经无从判断，文字缺损也较为严重了。刘向自己上表说把32篇的素材压缩成了18篇，仅这个压缩率就能说明当时他面对的是如何错乱的原始资料了，而且这些资料中也可能有许多不知属于哪本书的"散件"，内容上与《山海经》比较接近，也一并收入了。由此，对《山海经》，尤其是《大荒经》、《海内经》部分混乱到被郝懿行说成"诸文重复杂沓，踳驳不伦"也就不难理解了。到了最后的《海内经》几乎就是一篇附录，大概是他们舍不得丢弃又不知道归在哪里合适的一部分素材吧。

另外，《山海经》一书原本是带图的。宋人朱熹《记山海经》一文中说："予尝读《山海》诸篇，记诸异物飞走之类，多云东向，或云东首，皆为一定而不易之形，疑本依图画而为之，非实纪载此处有此物也。古人有图画之学，如《九歌》、《天问》皆其类。"从今天所见的《山海经》原文以及郭璞注，我们仍能看到关于"图"的信息。如：

讙头国在其南，其为人人面有翼，鸟喙，方捕鱼。

这里"方捕鱼"中的"方"字可以说明，这决不是对一种奇异人种的客观介绍，而是对一个画面的描述。类似的例子还有很多，主要在《海经》部分。然而这个"图"究竟是什么图呢？最流行的一种传言是说这图就是著名的九鼎图。传说大禹治水之后，九州的百姓将采集到的金属作为贡品，献给了禹。禹将这些金属铸造成鼎，刻有山川、万物、奇兽等形状，后人就将这铸在鼎上的图称为"九鼎图"。《左传·宣公三年》说："贡金九牧，铸鼎象物，百物而为之备，使民知神奸。故民入川泽山林，不逢不若，魑魅罔两，莫能逢之。"说的就是这个鼎。但是，鼎也没有传下来，图也没有传下来，对于图，后代的学者只能猜想。清代毕沅又认为《海经》有"古图"和

前言

"汉所传图"，似乎汉代又有人根据最原始的图像重新绘制过，但图上画了些什么、有多少、刘向是否看见过图、看见过多少，一切都不得而知。

后来的事情稍微清楚一点了，至少根据记载，南北朝的张僧繇曾经画过"山海经图"，是原创还是加工还是复制，不得而知，因为这些图也已经失传。这些图和所谓的"古图"以及晋代的郭璞所提到的图是什么关系，同样不得而知。

再后来，到了明清时期一下子出现了许多种《山海经》图，其中是否有作者真的见过张僧繇图甚至更早的图，也不得而知，只是这些图至今大多还能见到。

当然，图越是晚出，必然和存世的《山海经》的文字描述越接近、越吻合，因为其生成过程本身就是"据文作图"了。而在《山海经》和"山海经图"之间还有一个中间产品，那就是郭璞的《山海经图赞》——为《山海经》中部分事物创作的四字韵语。从其名称来判断，是根据"图"作的"赞"；从其内容来看，和今本《山海经》又基本配套。所以，至少在郭璞的年代肯定有图，而《山海经》的正文也必然和"图"有着不解之缘，后人只见文字不见图，有些文字读不通、读不懂也自然在所难免。

二、历代《山海经》研究

郭璞（276-324），字景纯，晋朝的著名学者，除了《山海经》，他还注过《周易》、《尔雅》等书，史书上记载的郭璞也是一个会算命、会看风水的奇怪人物，至少从他的注来看他是一个博物学家，他注《山海经》更热衷于各种奇怪的动植物和神灵，对于其中的地理山川则说得相对较少。但他的注是《山海经》注中早期唯一的版本，所以历来各种版本的《山海经》多把他的注一起收入，尽管有些注解很可疑，却仍可以提供不少有益的阅读帮助。

郭璞之后，不再有人专门为《山海经》作注，但如郦道元作《水经注》，大量利用《山海经》资料的情况还时有发生。

到了明朝，有了王崇庆的《山海经释义》和杨慎的《山海经补注》，王书只是在郭璞注的基础上偶尔加上几句点评，与其说是《山海经》的注解，不如说是王崇庆个人随手附录的一些读后感；而杨慎的《补注》也是凌乱拉杂，凭空立说，且只有一卷。可以说明朝人对《山海经》一书基本上没有作出什么实际的贡献，但至少开始有人正式关注它了。

清朝的吴任臣是郭璞之后正式对《山海经》做全面整理的第一人，他的《山海经广注》不仅收录了许多资料来证明相关问题，而且比较全面地对历代流传的原文进行了校正。对今人来说，如果说郭璞注本还很难使人通读《山海经》，那么《山海经广注》就使得这本书基本上可读了。然而吴任臣所做的是带有开创性的工作，经验上难免有所欠缺，引书过于杂乱，难免以讹传讹,对于书中的地理成分又没有花很大的力气,相比后来一些学者的专精成果在深度上还有距离。此后汪绂的《山海经存》、毕沅的《山海经新校正》、郝懿行的《山海经笺疏》用同样的方式对《山海经》作了进一步整理,但他们作为乾嘉时期的著名学者,在深度和力度上比吴任臣有了很大的提高,可以说是迄今为止用传统方式整理《山海经》的巅峰成果,今天流传最广的高质量《山海经》注本正是《山海经笺疏》。

清朝末年,一些学者开始着眼于《山海经》中的地理和物产方面的内涵,企望以一种求实的精神给《山海经》这部古老的著作以完美的诠释。首先是同治、光绪年间吕调阳著《五藏山经传》(又有《海内经附传》注释海内四经,较简略),用传统注经的方式给《五藏山经》中提到的每一处山川在现实地图上加以对应。吕调阳精通地理,又对文字训诂深有研究,所以他本着《五藏山经》是地理著作的信念,根据当时的地图,折换了《山海经》中的"里"和后来的"里"的比例,把《山海经》和现实中的地名一一按合,同时结合书中的山名和现实的地名,用文字训诂学的知识给出一个合理的关联。诚然,古书流传中的舛讹颇多,不仅有字词上的误传、段落编次上的错乱,还有后人的人为窜乱。因此吕调阳这样一种做法在一些具体问题上难免会给人牵强附会的感觉,但总的来说他的思考和诠释是全面的、自圆其说的。稍后的学者吴承志又作《山海经地理今释》,这部著作的大体思路和《五藏山经传》差不多,但相比之下在地理学的考据上更见功夫,而在与《山海经》原文的空间对应上有所减弱,因此两部著作在地名的具体所指上是有所出入的。有些历来范围比较明确的地名在实际空间距离上出入较小,可能所指就是毗邻的两座山,但也有出入较大的,尤其是一些吕调阳对原书次序进行过调整的条目。此外,吴承志的著作中《南山经》和《中山经》部分已经失传,但相比《五藏山经传》,它对《海经》部分中的地理问题也有详说,两书正可互相参照。

清代之后,学者们对《山海经》的研究也并没有停止,顾颉刚、谭其骧是对《山海经》用力最勤的两位著名学者。袁珂的《山海经校注》、徐显之的《山海经探源》在传统思路下对历代《山海经》研究做了整理和发挥,同时,随着时代的发展,学术上的许多框框被打破,对于《山海经》这样的"怪书",学者们的思路可以更开放。二十世纪五十年代,四川大学教授蒙文通撰写论文《略论〈山海经〉的写作时代及产生地域》,提出《山海经》是巴蜀国的作品,从而将《山海经》的所指范围缩小了。到了近二三十年,一批新型学者又把《山海经》的内容和《圣经》及世界各地的神话传说、考古发现相比附,引入了三星堆、美洲文化等内容,使得《山海经》的研究又出现了一个更奇怪的路数,他们更注重的是对神话内容的社会学解读,而且视野被很大程度放大了,其代表作有宫玉海的《山海经与世界文化之谜》、胡太玉的《破译山海经》等。王红旗的"重构"学说也在其中扮演着很重要的角色,他与夫人孙晓琴合作制作了高540厘米、长780厘米的《山海经五藏山经艺术地理复原全景图》，也产生了不小的影响。

三、解读《山海经》的困难

如上所说，《山海经》一书的解读已经有大量的前人为之付出努力，然而，真的要归纳为一个浅显易懂的注本却殊非易事。近来有一种比较流行的说法，认为要读懂《山海经》很容易，其实，里面只是有一些不常用的字罢了。这样的说法未免失之浅薄。古书解读的难易绝非仅仅体现在古今用词和语法的差异，这只是很小一部分，对于读者来说，并非知道每个词和今天词汇的对应就算读懂了。我们常说《尚书》难读，但要做一个基本清理却并不困难，开篇"曰若稽古"四个字足以让今天的人们莫名其妙，要说明它"是什么"却很简单，就是那时候的常用语，相当于我们说的"据说"、"据记载"。要想说明"为什么是这样"也可以，就这四个字，前人的考证可谓连篇累牍，字形、字音、通假，旁征博引，不一而足。回过来看《山海经》就全然不同了。

> 其首曰招摇之山，临于西海之上，多桂，多金玉。

除了"招摇"是专有名词之外，其余的对今人来说没有什么不理解，于是也就不存在"是什么"的问题，就更没有"为什么"了。唯一存在问题的专有名词又没有"为什么"可言——我们其他的古籍中不再有关于"招摇之山"的更多信息了。

可见，《山海经》和其他古籍最大的不同在于，它是说明性体裁为主，而其内容相对独立，寻求旁证的空间不大，这就构成了注译工作的困难。但困难不仅在此，大量的专有名词总还需要解释的，但如何准确地传达为今天的语言，问题不小。

> 《海内北经》："大鯾居海中。"郭璞注："鯾即魴也。"

这句话是一个孤立的段落，唯一值得加以解说的是"鯾"字。看起来郭璞已经帮助我们做好了，做得也很到位——魴，今天也有这种鱼，属鲤科。然而，再追究下去问题就来了：《尔雅·释鱼》说魴即鯿。郭注："江东呼魴鱼为鳊，一名鯕。"而同一书中又曰"鮛大鱣"，邢昺疏："鱣之大者别名鮛。"鮛、鱣是今天说的鲟科动物长吻鲟！再去看一下《说文》："魴，赤尾鱼也。"今天的魴和长吻鲟都不是红尾巴——《说文》说的是第三种鱼。因此，把"鯾即魴也"的话拿出来搪塞不解决根本问题。类似的情形在《山海经》中可谓比比皆是，而这还只是说一些实在的、今天尚能得见的名物，那些充满神话色彩的事物更是众说纷纭。《山海经》哪里是那么容易读的？

前人能给出唯一解释的还算有所依据，有些前人就各执一词，那今天就更无从取舍了。

《北次三经》有"可以已寓"。

> 郭璞曰："未详；或曰，寓犹误也。"郝懿行曰："寓、误盖以声近为义，疑昏忘之病也。王引之曰：'案，寓当是"瘑"字之假借，《玉篇》、《广韵》并音牛具切，疣病也。'"

对于这个"寓"，从上下文判断，当是一种病的名称。什么病呢？郭璞说不知道，也可能是"误"。郝懿行没看懂，进一步猜想郭璞说的"误"是"昏忘之病"，也就是健忘症。王引之又从文字通假的角度猜想这个"寓"是疣。一个字，三种判断，然而我们今天没有能力去做选择，因为不知道这种所谓"可以已寓"的鸟到底是什么。一个词有三个或更多解释的不多见，但有两个的很多，而往往又都是无从取舍的，那么，凭什么说我们读懂了呢？

就算是前人只有一解的说法，也并非全都令人接受。《海内北经》有"舜妻登比氏生宵明、烛光，处河大泽"，郭璞注曰：

> 泽，河边溢漫处。

郭璞在这里把"泽"字理解成为河滩的意思，"泽"的固有词义没有这一项，尽管郭的注解和"沼泽"的意思差不多。估计郭璞可能是因为要强调这个"大泽"不是专有名词才出了这么个注，我们只知道很难再找一个其他书中的例子来证明"泽"可以表示河滩的意思，而不知道说郭璞说错了（这里的"大泽"确是专用地名）还是《山海经》的确这么使用"泽"字还是原文有什么脱误。这样的例子在《山海经》也有不少，又怎能说这书很容易读呢？

如此看来，《山海经》其书大致文法并非古奥，基本上是由简单判断句堆积而成，这些没什么可注；而具体的地名、物名、神名又多不知所指，属于无法作注。因此，素爱作注的传统学者自郭璞而下直到吴任臣之前竟无人问津，说此书荒诞不经，不值一注，恐怕既是托辞，也是苦衷。

四、几点说明

1. 关于"经"字

袁珂先生力主《山海经》的"经"不是经典的经，而是经历的经。其理由是古代以"经"称书是比较晚的事情，而早在《尚书》中就有解释为"经历"的"经"。在《山海经》书中又有四条内证：

> 一、古山经于每篇末尾，但云"右西经之山，凡若干山、若千

里”，或“东经之山，凡若干山、若干里”，所谓“西经”、“东经”者，决当是“经历”之义而非“经典”之义，本甚明白。

二、“南山经之首曰誰山”，《文选》头陀寺碑文注引此无“经”字。“南山经之首”云云，非著书人应有之语而系尊经者之语，文亦扞格难通。若“南山之首”则明白晓畅而立言得体矣。改“山”为“经”，自当是刘秀校录此书时所为。亦有改而未尽者，如“中次一十一山经”，于刘秀体例本当作“中次一十一经”，此“山”字即系删改而未尽者。

三、山经末有“禹曰：天下名山经，五千三百七十山，六万四千五十六里，居地也”云云，刘昭注《后汉书·郡国志》引此经则作“名山五千三百五十，经六万四千五十六里”，“经”为“经历”之“经”，其义尚显，迨移上成为“名山经”，“经典”之义遂著而“经历”之义则晦矣。

四、“海外南经”、“海外西经”等原来篇首标题，亦均仅作“海外自西南陬至东南陬者”、“海外自西南陬至西北陬者”……，云“自某所至某所”，犹均是“经历”之义，迨校录者题以“海外南经”、“海外西经”等字样，“经历”之义始晦而“经典”之义著矣。

就这些证据来看，不得不说有一些问题。

首先，《五藏山经》的文字结构都是互相呼应的，以“首”为单位。

南山经之首曰誰山……凡誰山之首，自招摇之山，以至箕尾之山，凡十山，二千九百五十里。

西山经华山之首，曰钱来之山……凡西经之首，自钱来之山至于騩山，凡十九山，二千九百五十七里。

南山的第一个“首”叫誰山，包括招摇之山以下十座山，西山经的第一个“首”叫华山，包括钱来之山以下十九座山，这里并没有袁珂先生所说的“西经之山”、“东经之山”字样，有的只是某山之首或某经之首，这对证明“经”字的含义并没有多大帮助，何况单从词法上说，即便是“东经之山”，视为“东面经过之山”固然可通，看成《东经》记录的山”也未尝不通。

第二条内证所谓“尊经者之语”则说明袁先生本来就认为说《山海经》是“经”而给了它一个很高的地位，这是一个隐含的错误概念。为之命名的古人即便以这个“经”字为《诗经》《礼经》的“经”，也断不会认为这本书就有了六艺的崇高地位，因为《山海经》和《水经》从来没有被划入“经部”，也不是经师研究的对象。当然，这个“南山经之首”的确可能有传抄的脱讹，但问题不是在“经”。对比一下其他四山的开始（南山、西山见上引）：

北山经之首，曰单狐之山。

东山经之首，曰樕螽之山。

中山经薄山之首，曰甘枣之山。

可以看到，中山、西山是一个类型，专有一个"首"名，名薄山，名华山。东山、北山没有特定的"首"名，于是径直从第一座山樕螽之山、单狐之山开始说了。南山有"䧿山"的"首"名，应该跟中山、西山一样，说"南山经䧿山之首曰招摇之山"才对，而它的前半截不知道为什么跟着东山、北山的样子变成了"南山经之首曰䧿山"，又画蛇添足地来了"其首曰"三个字，以致文理不通。至于《文选注》所引的全文是"《山海经》曰，南山之首山曰䧿山"，就是说李善对"首"字的理解也只是"第一"，这个引文分明不是严格按照原文抄录的，所以不能以此证明《山海经》这句本无"经"字。而刘秀改书之说更是历来证伪中的臆测，并无实据。"中次一十一山经"在今天所见的《山海经》本来就是个特例（下面就是"中次十二经"，表述格式完全不同），如果没有其他根据，任何特例视作"删改未尽"还不如视作偶然脱误。

第三条内证原是一个句读问题。"禹曰：天下名山经，五千三百七十山，六万四千五十六里，居地也。"这句话本来就似通非通，但可以肯定的是"天下名山经"连读是必定不对的，读成"天下名山，经五千三百七十山"只不过稍微好一点，仍然有些别扭。然而这句话里的"经"是经过的意思，何以就能说明书名中的"经"也必然和它一样呢？

第四条是说后人擅自加上了"海内某经"、"海外某经"的标题，这本身就是一个猜测。因为书的内容是跟地理方位有关的，概括某个章节的内容当然要说"从某处到某处"，并非在强调这个"到"一定是作者亲到的意思。且这和原本有没有"海内某经"、"海外某经"的标题并没有多大关系，和别处"经"字的意义更是风马牛不相及。

由此看来，这些内证既然不牢靠，其他旁证也就不足支撑了，袁珂先生花了大量笔墨证明的"经书"之说晚出也只能说明经学上的事情，而《山海经》纵然名叫"经"也不是五经、七经、十三经的类属，在古文献中能找到解释为经历、经过的"经"也不足为奇。关键问题是假如我们还承认《山海经》是这书的名字，那就必须先从书名的角度来看问题。既然对这个"经"的准确含义没有足够的证据来诠释，那么只能看猜测的合理性了。如果解释为"经历"，《山海经》就成了这样一个书名："关于山和海的经历"或"我所经历的山和海"。这显然是一个非常欧化的书名，应该是当代小说或外国作品，中国的书籍又几曾有过如此怪异的名字呢？无论是带"经"字的书名或不带"经"而有着类似构词法的例证恐怕都很难找，反而另一部古书

《水经》倒很能说明这个"经"恰恰不能作"经历"讲。

退而言之，就算说这个"经"字确实是经历的意思，在千百年的语言积淀中人们早已习惯于说《山海经》这个"经"如何如何，现在要一下子说这么说是不对的又如何能尽改呢？而除了去改变这个习惯的说法，把这个"经"字确定为经历的经又有什么更多意义呢？

2. 关于"首"字

上面涉及到了一个"首"字，历代注解《山海经》的学者都忽视了这个字，想当然地认为就是开始的意思。这个字和"经"字不同，"经"字不牵涉到实际名物的多少和异同，"南山经之首曰䧿山"，有没有"经"字，山还是一座，名字还是䧿山。但是"首"字就不同了：

西山经华山之首，曰钱来之山……凡西经之首，自钱来之山至于騩山，凡十九山，二千九百五十七里。

中山经薄山之首，曰甘枣之山……凡薄山之首，自甘枣之山至于鼓镫之山，凡十五山，六千六百七十里。

中次二经济山之首，曰辉诸之山……凡济山之首，自辉诸之山至于蔓渠之山，凡九山，一千六百七十里。

中次三经萯山之首，曰敖岸之山……凡萯山之首，自敖岸之山至于和山，凡五山，四百四十里。

这些例子中的华山、薄山、济山、萯山，从后面的计数来看是不计入山的总数的，而"某某经"和"之首"的中间也不总是有山名的，很凑巧的是全书的开始是这样的：

南山经之首曰䧿山。其首曰招摇之山。

恰恰和以下的情况都不一样，如果按照下文的样子统一，应该是"南山经䧿山之首，曰招摇之山"。但问题是这一组最后的计数是把䧿山算在其内的。所以郝懿行怀疑原文"南山经之首曰䧿山"之下应该另有内容，到了"招摇之山"是另一座山，中间有脱文。《北次三经》也是类似的情况，不过最后的计数是少了一座山。

但是解决了第一组的问题，下面其他组的问题还在：华山、薄山、济山、萯山之类到底是什么？只有汪绂在《山海经存》的卷一，给出了一个很不起眼的解说：

曰䧿山之首自招摇以至箕尾，则是此十山皆䧿山脉也。

这个意思其他注家都没有表述过，含混过去了。但是这一含混就隐含着认同"首"字是常规的"开始"的意思，李善注《文选》就是这么理解的（见前），这样的理解除了在南山经第一句还可勉强说通之外，到后面就都说不通了。因此，汪绂这个解说很重要，但他本人也没有刻意强调。我们现在来看这个"首"，汪所说的"山脉"无非是说雕山和下面的华山、薄山等一样不是一座山的名称，而是一组山的名称。那么，"首"字哪里来的"组"的含义呢？

我们解释"首"字，通常都是解释为头，引申出开始之类的含义，各种字书上都没有作"组"之类的解释，唯有后来说"一首诗"、"一首歌"可以作量词用，这和"组"还是有点远。目前还可以找到一个更为屈曲的解释：《太玄》是扬雄模仿《周易》而写的一本书，《周易》有六十四卦，《太玄》有八十一首；六十四卦各有卦名，八十一首各有首名；六十四卦每卦有六爻且各有爻辞，八十一首每首有九赞且各有赞辞。《太玄》在结构和术语上处处模仿《周易》，而且是刻意模仿，加之扬雄本身就是文字学家，在名目的模仿上，选字总会有某种意义上的关联，把《太玄》各个首名和相对的《周易》卦名作一下比较，这一点是非常清楚的。由此可知，"首"和"卦"也必有字义上的关联，但其详情我们今天已经不清楚了。"卦"和"挂"相通，有悬挂、罗列的意思，旧说和结绳记事有一定的关系，后来才成为占卜术语。或许由此还可以推测"首"字有成组罗列的意思吧。所以我们姑且以"组"来翻译这个"首"字。

3. 关于本书的译注工作

本书的主旨在于给非专业读者一个关于《山海经》的基本解读。

普通读者和专业读者的需求是不一样的，对眼前的译注工作而言，不可缺少的前人成果是郭璞的注和郝懿行的《笺疏》（后者实际上包含了前者所有文本内容）。郭璞对书中大部分需要注解的内容给出了注释，而郝懿行或补充、或订正、或发明，远超出郭注的工作量。我们的注解正以郭、郝二人的成果为基础，其他如杨慎、汪绂、毕沅、俞樾等人的有价值意见适当加入。具体注解的内容和形式包括：

注音：郭用直音，郝用反切，今一律根据当代通行字书的审音加注汉语拼音。

释义：凡属于古汉语和现代汉语的简单对应或通假关系，一律直接注释；比较复杂的描述性注释，一般引用原注，以示对前人的尊重，注语中偶尔有现在不易理解的地方，在引用之后另作简要说明；对前人一些扩展性注释，比如提供相关的传闻逸事或引用其他书中的证据，也尽量保持原状供读者参考。

翻译：翻译的目的不同于释义，更不是要将原文改得可以理解、可以接受——如果原文就不够通顺的话。翻译只是把古代汉语的文本如实对应为现代汉语，所以，只有一部分词汇能够明确在古今汉语中是唯一对应关系的才加以翻译。本书中许多名物很难在翻译时找到一个合理的、唯一的现代语汇来对应，譬如古汉语中表示"猪"这种动物的有豕、彘、豚，三个词在书中交替出现，很难说它们在不同的位置有什么表义上的区别，更不要说区分哪个是家猪、哪个是野猪了。为阅读顺畅，只好勉强都翻译成"猪"。至于更多的东西如狃、橿、鸁、麋之类，本来不是我们今天很熟悉的事物，虽有前人考证它是什么，也只在释义中提出，而译文中还保留原名称。此外，到了《海经》部分，有不少本来就语句不通的原文，吴承志等人从地理学的角度、郝懿行等人用校勘的方法分别作了一些整理，对这些成果我们只在译文实在无法通顺的情况下谨慎采用，否则只在释义部分加以说明。至于既无人考证、又无法读通的原文，在翻译时也只好保留原貌来反映《山海经》一书的真实情状。还有《海经》中的许多"一曰"在处理上难度很大，这些内容可能是刘向等人的校勘成果，现在变成了正文。按道理说，校勘成果应该完全保留原状并加引号，但现在既然成了正文，又不完全知道其内容之间的对应关系，这些内容也只好稍加翻译，原则上尽量少改动原文。

　　另外，对于《五藏山经》部分中包含的地理学成分，我们比较之后在吕调阳和吴承志之间选取了前者的成果展示给读者。理由是吴承志的著作有散佚，而且当代学者已经给予了足够的关注。同时，吕调阳的成果更具有原创性和严密的逻辑性，加之他的文字学功底深厚，大小问题基本都能做到有理有据，自成体系，相比之下吴承志主要是以罗列旧说为主。因此不仅对吕的相关注语原文保留，还在附录中另制一张表来说明他的《五藏山经传》的诸山排列情况，以便有兴趣的读者对他的成果作深入研究。同时作为附录的还有刘向的《上山海经表》和郭璞注《山海经》时所写的序言，这两篇文字分别是刘向、郭璞整理《山海经》时生成的副产品，随着《山海经》一书的历代抄刻而流传，别处都无收录，更无详细的注解。近人重新整理《山海经》时多将这两篇文字也同时收入，虽说两篇文义大致比较浅显，但其中也有个别字句难以索解，如刘文起首的职官人名、郭文中的谈玄之句，甚至前人多有句读上的讹误。今重新斟酌标点，附在书后，供读者参考。

　　在名物注释方面主要有动植物和矿物。动植物分为两种情形，一是古今都没有很大异议的，在《山海经》中也是被用来指某种生物的，我们根据需要一般在引用前人说明之后会最终点明是今天分类学上的哪一科生物，以便读者可以按图索骥进一步查询。另一类古人也没有说清楚是什么的，或者本来就是《山海经》描述的奇怪物种，那只好保留前人旧说以供参考了。对于矿物的分析，我们主要采纳近代学者章鸿钊《石雅》中的相关分析比附在各条之下。

　　此外，还有两方面的内容作了相应的淡化处理。

　　《五藏山经》每组山的最后都有关于祭祀山神的要求的描述，这在古代的礼制中属于"吉礼"的内容，相关的细节古人讨论得非常详细复杂。然而《山海经》中半神化的祭祀活动和后世史书、礼书上的说法并不完全吻合，《五藏山经》这几十组可以说自成一个小系统，要想深入探讨将会衍生出很大的篇幅，而且今天除了专业研究人员，一般人对此并不像地理方位那样有兴趣。比如"祈"字，只当祈祷的意思也说得通，毕沅将这个字解释为

"衅"、"刉"，指用牲畜的血涂抹祭器，说法虽有道理，但复杂且难以证实。《山海经》中类似的关于祭祀的问题大多缺少其他资料的证明，今解说原则上从简不从繁，需要进一步深究的读者可依据原文检索相关资料。

还有一个淡化的就是神话。《山海经》中的神话内容占的比重很大，此书和《楚辞》、《逸周书》、《吕氏春秋》、《淮南子》等许多书的部分内容共同构建了中国古代神话的体系。神话本身就是模糊的、错乱的，不同的书之间如此，一部书中也往往如此。《山海经》中五次说到夸父，彼此之间有一致也有矛盾，每个神话传说纠缠下去都是一个复杂的结果，这不是注释《山海经》的工作能够全盘负责的。神话研究是一个专门的领域，以《山海经》为基点进行神话研究也是一个可行的项目，然而作为注释，只要提供《山海经》说了哪些神话，其内容如何就可以了。因此，在这个方面我们只保留了一些郭璞提供的拓展资料和其他学者一些关系密切的论述，不做更多的延伸。

在上述工作中出现许多重复的注释，为节约篇幅计，对于单字注音和一些简单释义，在第一次出现之后不再重复注释，而对于一些比较复杂的注释或特定的名物在相应位置标注"参见某条某注"。为此，我们将《山海经》全文的段落分别标上了顺序号，《五臧山经》的段落各版本没有什么疑义，《南山经》的第一段为南1-1，第二段为南1-2，依次类推，最后一段总结及祭祀内容不标号，称为"末段"。《海经》部分有些段落各版本划分不一，我们划分时根据内容及汪、毕、郝三家的分段情况略加权衡。

对于一部古书，看它历代的研读情况大致就可以了解其书的基本属性。对《山海经》，历来的读者夹杂着好奇、轻蔑和畏惧，其中心态上的矛盾不一而足，然而，《山海经》还是《山海经》，三万多字的原文还是那个样子，似懂，非懂，有许多问号在其中。因此，我们今天读《山海经》必须清楚：历代的学者也跟我们一样不清楚书中每一样东西的所指到底是后来的什么、哪里，历代的学者跟我们差不多也只能去猜测，我们今天所能看到的历史文献远远无法真正告诉我们《山海经》中每个问题的答案，如果有兴趣，我们可以继续猜下去——尊重前人，并保持自我的独立。

陈　成

二〇〇八年五月

前　言

目　录

山海经

卷一 南山经

山海经卷一

南 山 经

题解《南山经》其实是"南山一经"或"南山首经"的简称，下面有《南次二经》、《南次三经》。这个标题是刘向校书的时候为方便阅读而加的，而下面正文中"南山经之首，曰䧿山"、"南次二经之首，曰柜山"等，都是《山海经》原文所有。

对于《五藏山经》部分，我们选择吕调阳的地理空间定位作为参考注解，从理论上说，我们无法逐一证明吕的说法究竟哪些是对的、哪些是错的，但至少他的《五藏山经传》是一部有体系、有逻辑的著作。晚清时的地名和今天或有不同，但县名和大部分山水还是一致的，不难查实。而对于今天的读者来说，在一个茫然不知东西的情况下阅读实在不是很舒服的，能有人略加指点，总不是坏事。至于其是非取舍，读者完全可以自行判断。

《五藏山经传》卷一："此经所志，自今藏地雅鲁藏布江源以东至拉撒诏诸山也。"

南1-1南山经之首，曰䧿山[1]。其首曰招摇之山[2]，临于西海[3]之上，多桂，多金、玉[4]。有草焉，其状如韭而青华[5]，其名曰祝馀[6]，食之不饥。有木焉，其状如榖[7]而黑理，其华四照，其名曰迷谷，佩之不迷。有兽焉，其状如禺[8]而白耳，伏行人走，其名曰狌狌[9]，食之善走。丽麐[10]之水出焉，而西流注于海，其中多育沛[11]，佩之无瘕[12]疾。

狌 狌

注释

[1]䧿，鹊的古字。䧿山，清吕调阳《五藏山经传》卷一："即达穆楚克山，雅鲁藏布所源也。雅鲁藏布即赤水，其源有池斜锐，水自东北流出，会池北一源，象䧿仰地张喙之形，故山得名焉。"

[2]明王崇庆《山海经释义》认为"首曰䧿山"和"首曰招摇之山"有矛盾，是一山而二名或两山相并。《山海经》中的

某山之首的"首"字有特定含义，王说非，详见前言。同时，《南山经》的开始又是特殊情况，末段的统计是十座山，必须把䧿山算进去才够数，所以郝懿行怀疑"䧿山"之后有关于䧿山情况介绍的文字脱落，也有道理。《五藏山经传》卷一："招摇之山在䧿山西五十里，即狼阡喀巴布山也。"

[3] 西海，《五藏山经传》卷一："马品木达赖池，池周二百馀里，即经所云西海也。"

[4] 金、玉，金，古代泛指五金或金属矿石；玉，泛指有光泽的美石。类似的很多词在古今都很常用，但往往所指并非一种具体东西。

[5] 华，同"花"。

[6] 祝馀，《五藏山经传》卷一："祝馀即贝母，苗似大蒜，青华，根作瓣如贝子，拔之有顷渐堕，如祝者时一俯屈，故名。馀、余古通，古作𠆌，既接垂屈也。"

[7] 榖，桑科植物，又称构或楮，皮可制桑皮纸。榖、穀（谷）字形相近，毕沅等认为下文多有"榖"字误作"穀"，凡行文明显可见其指树木而又作"穀"者，译文直接译为榖。此树名"迷谷"也可能就是"迷榖"的字讹，但已无从考证。《山海经》中的许多名物都有这个情况。

[8] 禺（yú），兽名，形似狝猴，赤目长尾，古书上称为"果然"，又说这种动物见人则笑，笑而嘴唇上翻遮住面部然后逃跑，后人通常猜测为猿类动物，众说不一。《五藏山经传》卷一："禺，狒狒也。一名蒙颂，一名枭阳。字又作'貜'，象被发蒙戎之状，后人读貜为狒，故不知禺为何物矣。"

[9] 狌狌，即猩猩。

[10] 麂（jǐ），同麂。丽麂之水，《五藏山经传》卷一："有色梅河二源西北流而合，即丽旨之水。""麂当作'旨'，因'丽'下体讹衍。旨古文作𠤐，从爪从甘，即'指'字。丽旨者，指胶于饴不得开也。此水形似之。"

[11] 育沛，章鸿钊《石雅·珍异》："窃谓育沛即琥珀也。育沛与琥珀音相近。《本草纲目》引宋大明《本草》云：琥珀破结痂，则功用并同。""琥珀率产海岸，而育沛亦见于丽麂注海之处，其产状又同，是育沛即琥珀无疑。"

[12] 瘕（jiǎ），病名，古书上说法不一，大致都指腹中结块。《山海经》中凡说到某物可治某病，其病名大多类此，难以坐实，以下病名解说仿此。

释文 《南山经》之组叫䧿山。䧿山组的第一座山叫招摇山，坐落在西海之滨，山上多有桂树，也多产金、玉。有一种草，形状像韭菜，花是青色的，名叫祝馀，吃了可以使人不饿。有一种树，形状像榖树，有黑色纹理，光华四射，名叫迷谷，做成饰物佩带在身上可以不迷路。有一种兽，形状像禺，耳朵是白色的，用四肢走路，跑起来就像人一样用两条腿，名叫狌狌，吃了它可以跑得快。丽麂之水在这里发源，往西流注入大海，水中多产育沛，佩带在身上可以治疗腹中结块的病。

南1-2 又东三百里[1]，曰堂庭之山[2]，多棪[3]木，多白猿，多水玉[4]，多黄金[5]。

注释

[1] 里，毕沅《山海经新校正》卷一："《大戴礼》云，三百步而里。是古里短于

白猿

今。”《五藏山经传》卷一：“此经以周尺百六十六丈六尺为里，今又纵黍尺百八十丈为里，当周尺之二百五十丈，故每三百里得今之二百里也。”

［2］堂庭之山，《五藏山经传》卷一：“在今姜白穆庙之南，有隆列河自西来受，北偏西一水东迳庙南平流百五十里，屈而北少东，注赤水，象堂庭也。”

［3］棪（yǎn），木名。明方以智怀疑为橄榄，《通雅》卷四十三：“《说文》‘棪遫其也’笺曰：‘与榄同，即橄棪。’则《山海经》堂庭山之棪亦榄邪？郭璞曰：‘实似柰，赤，可食。’”然而这一猜想与郭璞注有矛盾，橄榄果既不是红色，也不像柰一样呈圆形。

［4］水玉，即水晶。

［5］黄金，古称金为黄金，银为白金，铜为赤金，然而历来的记载中名实混乱，《石雅·三五》下编举了大量例子证明这一点，并得出结论：“黄金，金也，而不必尽为金；白金，银也，而不必尽为银；赤金，铜也，而亦不必尽为铜。”

释文 再往东三百里，叫堂庭山，山上有很多棪树，有很多白色猿猴，多产水晶和黄金。

南1-3又东三百八十里，曰猿翼之山[1]，其中多怪兽，水多怪鱼，多白玉，多蝮虫[2]，多怪蛇，多怪木，不可以上。

注释

［1］猿翼之山，《五藏山经传》卷一：“临拉穆错锡穆错池，池水象雌猿怀孕之形，故曰猿翼。翼犹冀也。冀从異，古作[illegible]，同[illegible]，子未生也。从北，背也，孕者若却手

蝮虫

于背也。鸟翼之翼在背若翼也。此池南受二水为猿足，西南二水入其腹，东北一水注其脑，又西北自颔下流出，注赤水，与东北一水如横绳之县，故复号水曰宪翼也。"县，即悬。

[2] 虫（huǐ），毒蛇，也写作虺，不是蟲的简化字。郭璞注："蝮虫，色如绶文，鼻上有针，大者百馀斤，一名反鼻。"绶是古时系官印等物的丝带，有各种颜色，所以"绶文"表示五彩杂色。尽管郭璞的描述在色彩和大小上有较大出入，后人仍多认为就是指蝮蛇。

释文 再往东三百八十里叫猿翼山，山中有很多怪兽，水里有很多怪鱼。多产白玉，有许多蝮蛇，多怪蛇，多怪树，不可以上去。

南1-4 又东三百七十里，曰枏阳之山[1]，其阳[2]多赤金，其阴多白金[3]。有兽焉，其状如马而白首，其文如虎而赤尾，其音如谣[4]，其名曰鹿蜀，佩之宜子孙。怪水[5]出焉，而东流注于宪翼之水[6]。其中多玄龟[7]，其状如龟而鸟首虺尾，其名曰旋龟，其音如判[8]木，佩之不聋，可以为底[9]。

注释

[1] 枏（niǔ）阳之山，《五藏山经传》卷一："枏当作丑，羞也。丑阳之山，今郭拉岭也，以居怪水之阳，故名丑阳。"

[2] 阳，山南水北为阳。又，山北水南为阴。

[3] 白金，《石雅·三五》："乃《山海经》一书，历详金银铜铁锡，而独不及铅。考之，则其所以名之者亦复有异同焉。如《山海经·南山经》枏阳之山，其阳多赤金，其阴多白金。郭璞曰：'赤金，铜；白金，银也。'然如《中山经》玉山，其阳多铜，其阴多赤金。又明铜与赤金有别。《西山经》皋涂之山多银、黄金，槐江之山多黄金、银，大时、数历诸山并云多银，而泾谷之山乃

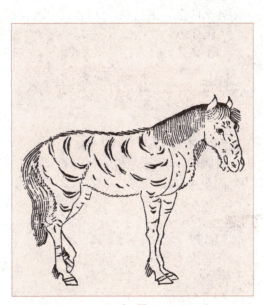

鹿蜀

云多白金，则银与白金亦似非一物矣。又如铜之属有赤铜，银之属有赤银，则赤铜与铜异，赤银亦与银异矣。锡则有白锡、有赤锡，锡之属又各不同矣。凡若此者，泥名以求之，去实亦愈远。《荀子·正名篇》云：'散名之加于万物者，则从诸夏之成俗曲期。远方异俗之乡，则因之而为通。'窃谓《山海经》一书率从诸夏成俗与远方异俗之名而称之，凡虫鱼草木鸟兽举莫不然，金石之属殆亦犹是，故不得谓异实者必尽异名，即同实者亦不必尽同名也。不明乎此，则必有诠释失据而莫知其非者矣。"这段话虽没有说明所谓赤金、白金到底是什么，却说明了《山海经》一书中许多看似很平常的名词，未

必能用今天的词汇一一加以对应，这可以作为解读《山海经》的原则之一，故详为抄录于此。

[4]谣，唱歌。

[5]怪水，《五藏山经传》卷一："今佳隆鲁河，出山之西南，东北流会翁楚河。象穿窬，故曰怪。又象淫者，故曰丑。"

[6]宪翼之水，《五藏山经传》卷一以为即上文猿翼之水："宪，县法也，横绳县之也。"

[7]玄龟，大龟。《五藏山经传》卷一："即鹗龟，状如龟，长二三尺，两目在侧，如鸟，其声似鹗。亦似人斧木作声。"

[8]判，剖开。

[9]为，治疗。底，同"胝"，手足上的老茧。

旋龟

释文 再往东三百七十里，叫枢阳山，山的南面多产赤金，山的北面多产白金。山上有一种兽，形状像马，头部白色，身上的斑纹像老虎，尾巴红色，叫声像人唱歌，名字叫鹿蜀，佩带用它皮毛做成的饰物可以多子多孙。怪水在这里发源，向东流汇入宪翼水。水中多大龟，形状像龟，鸟头蛇尾，名字叫旋龟，叫声像剖开木头，佩带用它做成的饰物可以预防耳聋，还可以治疗手足老茧。

南1-5 又东三百里柢山[1]，多水，无草木[2]。有鱼焉，其状如牛，陵居[3]，蛇尾有翼，其羽在鲑[4]下，其音如留牛[5]，其名曰鯥[6]，冬死而夏生[7]，食之无肿疾。

注释

[1]柢（dǐ）山，《五藏山经传》卷一："蓬楚藏布东源所出曰瓜查岭，盖即柢山。柢通舣，水形象兽角也。"

[2]无草木，《山海经》介绍某地时常用"无"字，均直译作"没有"，但有些"没有"比较费解，如这里说"无草木"，下文甚至有说"无石"的，应该不会指山上没有草木和石头，或是说没有值得特别介绍的草木和石头，读者当自行留意。

[3]陵，高地。陵居指住在高处。

[4]鲑（xié），鱼胁，即鱼的肋骨部位。

鯥

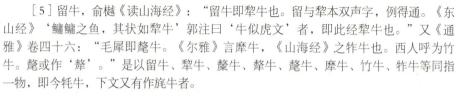

　　[5] 留牛，俞樾《读山海经》："留牛即犁牛也。留与犁本双声字，例得通。《东山经》'鳙鳙之鱼，其状如犁牛'郭注曰'牛似虎文'者，即此经犁牛也。"又《通雅》卷四十六："毛犀即牦牛。《尔雅》言麈牛，《山海经》之牦牛也。西人呼为竹牛。牦或作'犛'。"是以留牛、犁牛、犛牛、犂牛、牦牛、麈牛、竹牛、牰牛等同指一物，即今牦牛，下文又有作旄牛者。

　　[6] 鲑，音仚。

　　[7] 冬死夏生，指动物的冬眠现象。

　　释文　再往东三百里，叫柢山，那里多水，没有草木。山上有鱼，形状像牛，住在高地，它尾巴像蛇，有翅膀，长在肋下，叫声像牦牛，名字叫鲑，到冬天就休眠，到夏天再苏醒过来，吃它的肉可以不得臃肿病。

　　南1-6　又东四百里，曰亶[1]爰之山，多水，无草木，不可以上。有兽焉，其状如狸而有髦[2]，其名曰类，自为牝牡，食者不妒[3]。

　　注释

　　[1] 亶（chán）爰之山，《五藏山经传》卷一："拜的城南有牙穆鲁克池，广二百三十馀里，周七八百里，中有三山，一名米纳巴，一名鸦博士，一名桑里。山下溪流甚多，时白时黑，或成五采，池水周绕不流，亦不涸，即亶爰之山也。亶通单，啴呼也。爰，援也，古文作'夋'。单、夋，所谓不可以上也。"啴，喘息。

　　[2] 髦，动物颈上的毛发。

　　[3] 自为牝牡，指雌雄同体，自己和自己交配即可繁衍后代。这里描述的类，和灵猫科动物大灵猫十分相似，但并非雌雄同体。

类

　　释文　再往东四百里，叫亶爰山，那里多水，没有草木，不可以上去。山上有一种兽，形状像狸但颈部有长毛，名字叫类，能自己和自己交配，吃了它的肉可以不妒忌。

　　南1-7　又东三百里，曰基山[1]，其阳多玉，其阴多怪木。有兽焉，其状如羊，九尾四耳，其目在背，其名曰猼訑[2]，佩之不畏。有鸟焉，其状如鸡而三首六目，六足三翼，其名曰鹝鶒[3]，食之无卧[4]。

　　注释

　　[1] 基山，《五藏山经传》卷一："基当作箕。山即努金刚藏山，有水东北会龙前

猼訑、鶺鴼

河入赤水，西对林奔城，西南小水形如箕也。"

　　［2］猼訑（bó yí），又写作猼訑，兽名。

　　［3］鶺鴼（chǎng fǔ），鴼又作鷩（音biē），鸟名。

　　［4］无卧，不睡下，这里指睡眠少的意思。

　　释文 再往东三百里，叫基山，山的南面多产玉石，北面有许多怪木。山上有一种兽，形状像羊，有九条尾巴四个耳朵，眼睛长在背上，名字叫做猼訑，佩戴用它皮做的饰物可以使人胆大无畏。又有一种鸟，形状像鸡，三个脑袋六只眼睛，六只脚三个翅膀，名字叫做鶺鴼，吃了它的肉可以不用睡眠。

南1-8 又东三百里，曰青丘之山[1]，其阳多玉，其阴多青䨼[2]。有兽焉，其状如狐而九尾，其音如婴儿，能食人，食者不蛊[3]。有鸟焉，其状如鸠，其音若呵[4]，名曰灌灌，佩之不惑。英水出焉[5]，南流注于即翼之泽[6]。其中多赤鱬[7]，其状如鱼而人面，其音如鸳鸯，食之不疥[8]。

九尾狐

注释

　　［1］青丘之山，《五藏山经传》卷一："青丘在藏地日喀则城之西南四百馀里，萨布楚河所出之卓尔木山也。萨布水象人跂足窥井，故名青丘。"

　　［2］青䨼（hù），亦作"腰"。青碧之类，参见西2-4注［2］。

　　［3］蛊，病名。俞樾《读山海经》："蛊乃病名。《内经·玉机真藏论》，脾

8

传之肾病，名曰疝瘕，少腹冤热而痛出白，
一名曰蛊。"蛊可指多种病症，如寄生虫、
神经错乱，也指南方的毒气或人工培育的毒
物，《山海经》多处提到，各处的具体所指
均不详。

[4]呵，大声呼叫。

[5]英水，《五藏山经传》卷一："其
南有吉隆布策瓦河，两源合东南流，又环曲
而南注朱母拉木池，象孕妇首仰之状，故名
英水。英通央，仰枕也。"

灌 灌

[6]即翼之泽，《五藏山经传》卷一：
"其东复有一水，二源合南流，亦注于泽，象接内，故曰即翼之泽也。"参见南1-3注
[5]。

[7]鰇（rú），古汉语中的人鱼类动物一般认为是指鲵，也叫鲥，就是俗称娃娃
鱼的两栖类动物，以下《西山经》、《中山经》也有述及。而现在说的人鱼通常是指海
牛目的哺乳动物儒艮，"儒艮"的称呼是近代从马来语直接音译过来的，和"鰇"同音
只是一种巧合，古代的"鰇"也写作"鲥"，发音和
"鲵"相近，所以这里说的赤鰇更接近于娃娃鱼一类的
动物。参见西1-8注[8]。

[8]疥，疥疮。

赤 鰇

释文 再往东三百里，叫青丘山，山的南面
多产玉石，山的北面有许多青䨼。山上有一种
兽，形状像狐，有九条尾巴，叫声像婴儿啼
哭，能吃人；吃了它的肉可以预防蛊病。山上
有一种鸟，形状像鸠，叫声像人大声呼叫，名
字叫灌灌，佩戴用它羽毛做成的饰物可以不迷
惑。英水在这里发源，向南流注入即翼之泽，
其中生有很多赤鰇，形状像鱼，面目像人，叫
声像鸳鸯，吃了它的肉不长疥疮。

南1-9 又东三百五十里，曰箕尾之山[1]，其尾踆[2]于东海，多沙
石。汸水[3]出焉，而南流注于涽[4]，其中多白玉。

注释

[1]箕尾之山，《五藏山经传》卷一："箕尾，箕山之尾也，山在今拜的城西
南。"

[2]踆，同"蹲"。

[3]汸（fāng）水，《五藏山经传》卷一："有龙前河西南流会努金刚山水，北注
赤水，其形长方，故名汸。"

[4]涽，《五藏山经传》卷一："努金刚水形圆，似孕妇腹，故名涽。"

鸟身龙首神

释文 再往东三百五十里，叫箕尾山，山的尾部坐落在东海中，上面有很多沙石。汸水在这里发源，向南流注入淯水，其中有许多产白玉。

凡䧿山之首，自招摇之山以至箕尾之山，凡十山，二千九百五十里。其神状皆鸟身而龙首，其祠之礼：毛[1]用一璋玉[2]瘗[3]，糈[4]用稌[5]米，一璧[6]，稻米，白菅[7]为席[8]。

[1]毛，指祭祀用的毛物，主要是六牲：马、牛、羊、豕、犬、鸡。下文有"毛用一鸡"、"毛用一犬"等说明用哪一种牲畜。这里没有说明所用牲畜的种类。

[2]璋，玉器名，状如半圭。

[3]瘗（yì），埋物祭地。

[4]糈（xǔ），祭神用的精米。

[5]稌（tú），粳稻。

[6]璧，玉器名。扁平、圆形、中心有孔。边阔大于孔径。

[7]菅，多年生草本植物，禾本科，茎可用于编织。

[8]席，郝懿行曰："席者，藉以依神。"即降神所用的席子。

释文 䧿山一组，从招摇山到箕尾山，一共十座山，二千九百五十里。这些山神都长着鸟的身子龙的头，祭祀的礼仪为：毛物要和一块璋玉一起埋，糈米要用粳稻，还要一块璧和稻米，用白菅编织的席子。

南次二经

《五藏山经传》卷一："此经所志，卫地以东诸山也。"

南2-1 南次二经之首，曰柜[1]山，西临流黄[2]，北望[3]诸毗[4]，东望长右[5]。英水出焉[6]，西南流注于赤水，其中多白玉，多丹粟[7]。有兽焉，其状如豚[8]，有距[9]，其音如狗吠，其名曰狸力，见则其县多土功[10]。有鸟焉，其状如鸱[11]而人手，其音如痹[12]，其名曰鴸[13]，其名自号也[14]，见则其县多放士[15]。

注释

[1]柜（jǔ）山，《五藏山经传》卷一："柜山，拉撒诏东北之央噶拉岭也。柜同巨，准器，盛水者也。岭东之噶尔招木伦江形方，似之。"

[2]流黄，《五藏山经传》卷一："流黄，泽名，即腾格里海。东西长二百八十里，南北广百四十五里，在拉撒西北三百二十里，所谓流黄辛氏之国者也。"

[3]望，《山海经》的常用词，一般用于介绍与某山相毗邻的山，比较生动形象，但现代汉语不常用，故均直译作某面是某山。

[4]诸毗，《五藏山经传》卷一："凡群水潴泽曰诸毗……此之诸毗谓喀拉诸池黑水上源也。"

[5]长右，《五藏山经传》卷一据《广韵》改作"长舌"，"山在今拉里城西噶克布河西北，二源象人口，中有海子长数十里，受东南一水，象长舌也。"

[6]英水，《五藏山经传》卷一："英水出岭西，今名拔布隆河。"

[7]丹粟，细粒丹砂，主要成分为硫化汞，古代用作颜料，也作药用及提炼汞的原料。

[8]豚，毕沅曰："别本'反'作'豚'。"俞樾《读山海经》："反字乃帀字之误，古文'豕'字也。《说文》作帀，《玉篇》变作'帀'，写者不识古文，因误为'反'矣。豕即豚也，故别本作豚。"

[9]距，雄鸡、雉等的腿的后面突出像脚趾的部分。

[10]土功，指治水、筑城、建造宫

狸力

鵸

殿等工程。见则其县多土功，《山海经》在介绍各种动物时常有这类句式，意思是说某种动物出现预示着在某个范围内将会发生相应的事。范围有"天下"、"国"、"邑"、"县"等，也有不说明范围的；事件多为战争、水火、丰收等。其中"邑"字很难用现代汉语表达，均译作"地方上"。

[11] 鸱（chī），鹞鹰。

[12] 痹（pí），雌鹌鹑。

[13] 鵸（zhū），鸟名。

[14] 其名自号，指有些鸟兽的名字就是根据它们的叫声来的，现在人们熟知的鹧鸪、布谷等，本来就是该鸟叫声的象声词，后来变成了鸟名。下文"其名自訆"、"其鸣自詨"、"其鸣自叫"等同此。

[15] 放士，被放逐的人。

释文 《南次二经》一组，第一座山叫柜山，西面挨着流黄国，北面是诸毗，东面是长右山。英水在这里发源，向西南流入赤水，其中多产白玉和细粒丹砂。山上有一种兽，形状像猪，脚有距，叫声像狗吠，名字叫狸力，在某地出现预示着那个县会大兴土木。山上有一种鸟，形状像鹞鹰，爪子像人手，叫声像雌鹌鹑，名字叫鵸，是根据它自己的叫声得名的，在某地出现预示着那个县会有被放逐的人。

南2-2 东南四百五十里，曰长右之山[1]，无草木，多水。有兽焉，其状如禺[2]而四耳，其名长右，其音如吟[3]，见则郡县大水。

注释

[1] 长右之山，参见南2-1注[5]。

[2] 禺，参见南1-1注[8]。

[3] 吟，人的呻吟声。

长右

释文 往东南四百五十里，叫长右山，没有草木，多水。山上有一种兽，形状像禺，有四个耳朵，名叫

南山经

长右，叫声像人呻吟，在某地出现预示着该郡县将发大水。

南2-3 又东三百四十里，曰尧光之山[1]，其阳多玉，其阴多金。有兽焉，其状如人而彘鬣[2]，穴居而冬蛰，其名曰猾褢[3]，其音如斫木，见则县有大繇[4]。

注释

[1]尧光之山，《五藏山经传》卷一："尧光之山在今池州建德县西南，香口河所出也，东北有尧城镇，盖取山为名。"

[2]彘（zhì），野猪。古称野猪为彘，家猪为豕，但常有混称。又南2-7另有兽名彘。鬣（liè），兽类颈毛。

[3]褢，"怀"的古字。

[4]繇（yáo），徭役。

猾褢

释文 再往东南三百四十里，叫尧光山，山的南面多产玉，北面多产金。山上有一种兽，形状像人而长有野猪的颈毛，住在洞穴里，冬天会蛰伏，它的名叫猾褢，叫声像砍木头，在某地出现预示着那个县里会有大规模的徭役。

南2-4 又东三百五十里，曰羽山[1]，其下多水，其上多雨，无草木，多蝮虫[2]。

注释

[1]羽山，《五藏山经传》卷一："羽山在闽福宁府寿宁县北，俗呼岭头，三水南下合流注海如羽。"

[2]蝮虫，参见南1-3注[2]。

释文 再往东三百五十里，叫羽山，山下有很多水流，山上经常下雨，没有草木，有许多蝮蛇。

南2-5 又东三百七十里，曰瞿父之山，无草木，多金玉。

释文 再往东三百七十里叫瞿父山，山上没有草木，多产金和玉。

南2-6又东四百里，曰句馀之山[1]，无草木，多金玉。

注释

[1]句馀之山，《五藏山经传》卷一："句馀之山，闽海两矶岸也，在福州罗源县东，其北似句，其南似馀。馀，食已而噍也。"句同勾，即钩；噍同嚼。

释文 再往东四百里，叫句馀山，山上没有草木，多产金和玉。

南2-7又东五百里，曰浮玉之山[1]，北望具区[2]，东望诸毗[3]。有兽焉，其状如虎而牛尾，其音如吠犬，其名曰彘，是食人。苕水[4]出于其阴，北流注于具区。其中多鮆鱼[5]。

彘

注释

[1]浮玉之山，《五藏山经传》卷一："浮玉，中天目山也。"

[2]具区，《五藏山经传》卷一："具区，震泽，《海内东经》谓之雷泽，在吴西，今湖中有大小两雷山也。"

[3]诸毗，《五藏山经传》卷一："诸毗，此谓杭之西湖也。"参见南2-1注[4]。

[4]苕（tiáo）水，《五藏山经传》卷一："苕溪水北流至吉安县东北分为两，十数里复折而合，又至长兴县东再分复合，形类陵苕之郭，故名。陵苕者，连苕也。"郭，即廓。连苕，木犀科植物，连翘。

[5]鮆（jì）鱼，郭璞曰："鮆鱼狭薄而长头，大者尺馀，太湖中今饶之，一名刀鱼。"即鲚鱼，鳀科动物。

鮆鱼

释文 再往东五百里，叫浮玉山，北面是具区，东面是诸毗。山上有一种兽，形状像虎，尾巴像牛尾，声音像狗叫，名字叫彘，这种兽会吃人。苕水在山的北面发源，向北注入具区，水中有许多鮆鱼。

南2-8又东五百里，曰成山[1]，四方而三坛[2]，其上多金玉，其下

南山经

14

多青腹[3]。阘水[4]出焉，而南流注于虖[5]勺，其中多黄金。

注释

[1]成山，《五藏山经传》卷一："成山，今衢州开化县北之马金岭。"

[2]坛，土台，用于祭祀的称祭坛。郭璞曰："形如人筑坛相累也。成亦重耳。"意谓此山外形层次分明，犹如人工堆叠而成，"成山"的命名取"重山"或"层山"的意思。

[3]青腹（hù），亦作"䕬"。青碧之类，参见西2-4注[2]。

[4]阘（shǐ）水，吕调阳校作"闲水"，《五藏山经传》卷一："闲水，金溪水也。闲，厩门也，防马外逸，每启辄阘之义。金溪水南流而东，虖勺自西南反曲流来会之，象闲门，故曰闲。"

[5]虖，音hū。

释文 再往东五百里叫成山，形状四方，像祭坛一样层层累叠，山上多产金、玉，山下多产青腹。阘水在这里发源，向南流注入虖勺，水中多产黄金。

南2-9 又东五百里，曰会稽之山[1]，四方，其上多金玉，其下多砆石[2]。勺水[3]出焉，而南流注于湨[4]。

注释

[1]会稽之山，郭璞曰："今在会稽郡山阴县南，上有禹冢及井。"《五藏山经传》卷一："会稽，今大盆山，在金华府东阳县东，与今绍兴山阴之会稽相去百数十里。荆浦诸水西流，象会计者舒掌屈指之形。会，算也；稽，屈也。"

[2]砆（fū）石，郭璞曰："砆，武夫石，似玉。"又写作碔砆石，一说即蜡石。

[3]勺水，吕调阳校作"句水"，《五藏山经传》卷一："南有千丈岭，西北发为荆浦溪，又西流会东阳江为婺港，注滂水。岭少西南亦曰大盆山，东北发为大溪，即句水，经天台县城南而南折，注于湨水。"

[4]湨，音jú。

释文 再往东五百里，叫会稽山，山形四方，山上多产金、玉，山下多产砆石。勺水在这里发源，向南流注入湨。

南2-10 又东五百里，曰夷山[1]，无草木，多沙石，湨水[2]出焉，而南流注于列涂[3]。

注释

[1]夷山，《五藏山经传》卷一："句源之北，当荆浦溪之南岸，是为夷山。有马岭溪水，实湨北源，南流会西源之永安溪而东，象人裸仰，故曰夷。（夷从大，器也；从弓，蛇屈首也。裸仰之形也。）"器，指躯体。

[2]湨水，《五藏山经传》卷一："又东南会南源之永宁江，总名为湨。湨从昊，

犹猨也。犬欲卧罨视地也。诸水合形似之。"

[3] 列涂，《五藏山经传》卷一："又东注海梅罳南，是为列涂，诸小水比次多涂也。今海口东北有桥，名涂下也。"

释文 再往东五百里，叫夷山，山上没有草木，有许多沙石，湨水在这里发源，向南流注入列涂。

南2-11 又东五百里，曰仆勾之山 [1]，其上多金玉，其下多草木，无鸟兽，无水。

注释

[1] 仆勾之山，《五藏山经传》卷一："山在今将则城年楚河，象勾背而后有丛枝也。"

释文 再往东五百里，叫仆勾山，山上多产金、玉，山下多草木，没有鸟兽，没有水。

南2-12 又东五百里，曰咸阴之山 [1]，无草木，无水。

注释

[1] 咸阴之山，《五藏山经传》卷一："即嵊县西北龙华山，在咸水之阴也。咸水，今双桥溪，西流入浦阳江而北注滂水也。"

释文 再往东五百里，叫咸阴山，没有草木，没有水。

羬

南2-13 又东四百里，曰洵山 [1]，其阳多金，其阴多玉。有兽焉，其状如羊而无口，不可杀也 [2]，其名曰𦍙 [3]。洵水 [4] 出焉，而南流注于阏之泽 [5]，其中多芘蠃 [6]。

注释

[1] 洵山，《五藏山经传》卷一："洵山，处州宣平县东北俞源山也。"

[2] 不可杀也，郝懿行

曰："不可杀，言不能死也。"指杀不死，并非因杀了它会导致严重后果而不可以。

[3] 羬，音huàn。

[4] 洵水，《五藏山经传》卷一："洵水，瓯江水也，自源西南流至宣平县南合两水，又东南至府治南合两水，又至青田县西北合两水，合处皆成十字，故谓之洵，从旬，十日也。汉阳之洵亦以源处成十字也。"

[5] 阏（è）之泽，阏，吕调阳用异体字"闒"，《五藏山经传》卷一："洵水又东南经温州治屈而东北注海，海口有大门、小门二山，前即黄大崿，崿之北即玉环山大池，所谓闒泽。闒者，鶠在门中为人所掩迫不得出也。从焉，即'鶠'字，俗讹从乌。鶠，今谓之画眉鸟也。"

[6] 芘蠃，蠃同"螺"。郭璞曰："紫色螺也。"郝懿行曰："郭云紫色螺，即知经文'芘'当为'茈'，字之讹也。古字通以茈为紫。《御览》引此经'芘'作'茈'。"参见西4-3注[2]。

> **释文** 再往东四百里叫洵山，山的南面多产金，北面多产玉。山上有一种兽，形状像羊但没有嘴，这种兽是杀不死的，名字叫羬。洵水在这里发源，向南流注入阏泽，水中有许多芘蠃。

南2-14 又东四百里，曰虖勺之山[1]，其上多梓、柟[2]，其下多荆、杞[3]。滂水[4]出焉，而东流注于海。

注释

[1] 虖勺之山，《五藏山经传》卷一："虖勺之山，今仙霞岭。虖，虎食兽作声也；勺，爪之也。虖勺之水象之，故山受其名，即今文溪水矣。又名滂水。"

[2] 梓，又名河楸、花楸、水桐，落叶乔木。柟，又写作楠、枏，常绿乔木，产于我国南方，是珍贵的建筑材料。

[3] 荆杞，荆棘和枸杞，都野生灌木，带钩刺，所以被视为恶木。下文又写作荆芑、荆芭。

[4] 滂（pāng）水，《五藏山经传》卷一："滂者，大风吹雨旁溅也。"

> **释文** 再往东四百里，叫虖勺山，山上长有很多梓树和柟树，山下有很多荆棘和枸杞。滂水在这里发源，向东流注入海。

南2-15 又东五百里，曰区吴之山[1]，无草木，多沙石。鹿水出焉，而南流注于滂水。

注释

[1] 区吴之山，《五藏山经传》卷一："环歙、休宁、绩溪三县皆区吴，而泽更所出之黄山为之首。"

> **释文** 再往东五百里，叫区吴山，没有草木，多沙石。鹿水在这里发源，向南流注入滂水。

南2-16 又东五百里，曰鹿吴之山[1]，上无草木，多金石。泽更之水[2] 出焉，而南流注于滂水。水有兽焉，名曰蛊雕，其状如雕而有角，其音如婴儿之音，是食人。

注释

［1］鹿吴之山，《五藏山经传》卷一："西天目山以西南，北与大江分水，西与区吴分水，皆鹿吴也。山在杭州于潜县北，其水曰桐溪，水凡合十一源南注滂水，其形肖鹿。"

［2］泽更之水，《五藏山经传》卷一："泽更水即徽港。更，木燧也；泽，摩也。水东南至严州淳安县西折向东流六十徐里，至县城南而南折，有武强溪水出其东折处之西南，东流少南，左受二水，环曲而北注之，象执燧仰其掌，故曰泽更。其水又东至府治南，东注滂水也。"

释文 再往东五百里，叫鹿吴山，山上没有草木，多产金、石。泽更之水在这里发源，向南流注入滂水。水中有兽，名叫蛊雕，形状像雕而有角，叫声像婴儿啼哭的声音，会吃人。

蛊 雕

南2-17 东五百里，曰漆吴[1]之山，无草木，多博石[2]，无玉。处于东海，望丘山[3]，其光载出载入[4]，是惟日次[5]。

注释

［1］漆吴，《五藏山经传》卷一："漆吴，尾卷如漆，今镇海东金塘也。"

［2］博石，郭璞曰："可以为博棋石。"博棋即围棋。

［3］丘山，《五藏山经传》卷一："丘山，舟山也。"

［4］载出载入，郭璞曰："神光之所潜耀。"

［5］日次，太阳落下。杨慎《山海经补注》曰："《山海经》载日月出入之山凡数十所，盖峰峦隐映，壑谷层叠，所见然矣，非必日月出没定在是也。"

释文 再往东五百里，叫漆吴山，山上没有草木，多产可以做围棋子的

龙身鸟首神

石头，不产玉。处于东海，面对丘山，有光忽明忽暗，这是太阳落下的地方。

凡南次二经之首，自柜山至于漆吴之山，凡十七山，七千二百里。其神状皆龙身而鸟首。其祠：毛用一璧瘗，糈用稌。

释文 《南次二经》一组山，从柜山到漆吴山一共十七座山，七千二百里。这里的山神都是龙身鸟头。祭祀的礼仪为：毛物要和一块璧一起埋，精米要用粳稻。

南次三经

题解《五藏山经传》卷一："此经所志，自今九江庐山以东南闽浙诸山也。"

南3-1南次三经之首，曰天虞之山[1]，其下多水，不可以上。

注释

[1] 天虞之山，《五藏山经传》卷一："天虞即庐山，为三天子都之一，东有七十二水，多瀑布，峰礓险峻，人踪罕及，故曰不可以上。"

释文 《南次三经》一组，第一座山叫天虞山，山下多水，没办法攀登。

南3-2东五百里，曰祷过之山[1]，其上多金、玉，其下多犀、兕[2]，多象。有鸟焉，其状如鴳[3]，而白首、三足、人面，其名曰瞿如，其鸣自号也。浪[4]水出焉，而南流注于海。其中有虎蛟[5]，其状鱼身而蛇尾，其音如鸳鸯，食者不肿，可以已痔。

注释

[1] 祷过之山，《五藏山经传》卷一："祷过之山在达隆宗城东，名必达拉。祷

南山经

犀、兕、象

过，水形状稽颡也。"
稽颡，古代一种以额触
地的跪拜礼。

[2] 兕（sì），古
书上较多见，一般描述
是：像牛、一角、皮坚
厚，很像犀牛，有的说
就是犀牛。见内南-6。

[3] 鸮（xiāo），
郭璞曰："鸮似凫而小，脚近尾。"

[4] 浪（yín）水，《五藏山经传》卷一："达穆楚河也，源自必达拉之西，曰争错
池。西南流为堆穆错池，又西北为罗错池。又北而东北注黑水，南流经云南界至缅甸入
海，即怒江也。浪读如很，从艮，怒以首触人也，亦象稽颡至地。"

[5] 虎蛟，郭璞曰："蛟似蛇，四足，龙属。"一说虎蛟为鲨鱼，也写作"鲛"。

瞿 如

释文 往东五百里，叫祷过山，山上多产金、玉，山下多犀牛、兕和大
象。有一种鸟，形状像鸡，但头是白的，有三只脚，脸和人一样，名字
叫瞿如，是根据它自己的叫声得名的。浪水在这里发源，向南流注入大
海。水中有虎蛟，身子像鱼，尾巴像蛇，叫声像鸳鸯，吃了它的肉不会
肿，还能治愈痔疮。

虎 蛟

南3-3 又东五百里，曰丹穴[1]之山，其上多金、玉。丹水[2]出焉，
而南流注于渤海[3]。有鸟焉，其状如鸡，五采而文[4]，名曰凤皇，首
文曰德，翼文曰义，背文曰礼，膺文曰仁，腹文曰信。是鸟也，饮食自
然，自歌自舞，见则天下安宁。

注释

[1] 丹穴，《五藏山经传》卷一："泛水既入澜沧后，南流百馀里，东岸有地名擦
喀巴，即丹穴。"

[2] 丹水，《五藏山经传》卷一："丹水即擦喀沟所出，西注澜沧者也。"

[3] 渤海，见南3-4注 [3]。

[4] 文，图案、图形。

释文 再往东五百里，叫丹穴山，山上多产金、玉。丹水在这里发源，

向南流注入渤海。山中有一种鸟，形状像鸡，羽毛五彩而形成图案，头上的图案是"德"字，翅膀上的图案是"义"字，背部的图案是"礼"字，胸部的图案是"仁"字，腹部的图案是"信"字。这种鸟饮食十分自然，经常载歌载舞，它的出现天下就安宁太平。

南3-4 又东五百里，曰发爽[1]之山，无草木，多水，多白猿。汎水[2]出焉，而南流注于渤海[3]。

注释

［1］发爽，《五藏山经传》卷一："匝楚里冈城东北百二十里，有楚克阡两池，象人目，故曰发爽。发爽，犹发视也。"

［2］汎水，《五藏山经传》卷一："其水东南流，会西来之匝楚里冈山水，又东南入澜沧江，象游者之状，故曰汎水。"

［3］渤海，《五藏山经传》卷一："澜沧又南经云南境，至越南为富良江，入海广南湾，所谓渤海。"

释文 再往东五百里，叫发爽山，山中没有草木，多水，又有许多白猿。汎水在这里发源，向南流注入渤海。

南3-5 又东四百里，至于旄山之尾[1]，其南有谷，曰育遗，多怪鸟，凯风[2]自是出。

注释

［1］旄山之尾，《五藏山经传》卷一："河源诸小水象旄形，其山是为旄山。旄山东南历金沙东岸而至里木山之东，当里楚河拆而东流之，北岸是为旄山之尾。"

［2］凯风，南风。

释文 再往东四百里就到了旄山的尾端，南面有山谷，名叫育遗，里面有许多怪鸟，南风就是从这里吹出来的。

南3-6 又东四百里，至于非山之首[1]，其上多金玉，无水，其下多蝮虫[2]。

注释

［1］非山之首，《五藏山经传》卷一："里楚河流至里塘城东南折而南流，与其东之雅龙江相距五六十里，并行而南三百馀里，两川间都无小水，是为非山。非犹违也，背也。非山之首盖在雅龙江西南流折行而南之西。"

［2］蝮虫，参见南1-3注［2］。

释文 再往东四百里，就到了非山的首端，山上多产金、玉，没有水，山下有许多蝮蛇。

南3-7 又东五百里，曰阳夹[1]之山，无草木，多水。

注释

［1］阳夹，《五藏山经传》卷一："阳夹，胁在腹前也。山在打箭炉南六十里，其北三池为泸河源，北流东注大渡河。东南一源为什丹河，亦注大渡河。西南为霸拉河，注雅龙江。自此而南，循山发水左右分注，统号之曰阳夹也。"

释文 再往东五百里，叫阳夹山，那里没有草木，多水。

南3-8 又东五百里，曰灌湘之山[1]，上多木，无草；多怪鸟，无兽。

注释

［1］灌湘之山，郭璞曰："一作灌湖射之山。"《五藏山经传》卷一："柜山东北也。在喀喇乌苏北岸骇拉池合诸水南注处。喀喇乌苏源自滕格里海东北之布喀池，西北流又潴为额尔吉根池，又东北为集达池，又东南为喀喇池，又东南而南受西南之说木池水，又东北受此水，一川而三面皆湖水相灌注，是以曰灌湖射也。喀喇，蒙古语，黑也；乌苏，水也。"

释文 再往东五百里，叫灌湘山，山上有许多树木，没有草；有许多怪鸟，没有兽。

南3-9 又东五百里，曰鸡山[1]，其上多金，其下多丹腹[2]。黑水出焉，而南流注于海。其中有鱄鱼[3]，其状如鲋[4]而彘毛，其音如豚，见则天下大旱。

注释

［1］鸡山，《五藏山经传》卷一："鸡山在索克宗城，比近索克占旦索河，东北流折而西南，与黑水会，象鸡首也。喀喇河自此以下名色尔楚。唐古特语：色尔，金也；楚，水也。即鸡山多金之证矣。"

鱄 鱼

〔2〕丹腹，《五藏山经传》卷一："腹，渌也，丹之青黑者得渌多，美丹得渌少，故有青腹丹腹之分。"渌即渌，此与《石雅》所释不同，参见西2-4注〔2〕。

〔3〕鳟，音tuán。

〔4〕鲋（fù），郝懿行曰："《广雅》云：'鲋，鳍也。'即今鲫鱼。鲫、鳍同字，见《玉篇》。"

释文 再往东五百里，叫鸡山，山上多产金，山下多产丹腹。黑水在这里发源，向南流注入大海。水中有鳟鱼，形状象鲫鱼，有野猪一样的毛，叫声像猪，它出现天下就会大旱。

南3-10 又东四百里，曰令丘之山[1]，无草木，多火[2]。其南有谷焉，曰中谷，条风[3]自是出。有鸟焉，其状如枭[4]，人面四目而有耳，其名曰颙[5]，其鸣自号也，见则天下大旱。

颙

注释

〔1〕令丘之山，《五藏山经传》卷一："令丘即噶克布西北源所出之□□水西联臧河象屋脊，故曰令。（令同瓴，屋脊也）"

〔2〕多火，《五藏山经传》卷一："其东北源所出曰擦拉岭，东源曰偶公拉岭，南又有擦楮卡。唐古特语：擦，热也；拉，山也；楮，水也。即此经云多火矣。"

〔3〕条风，东北风。

〔4〕枭，猫头鹰一类的鸟，一般泛指鸱鸮科动物。

〔5〕颙，音yú。

释文 再往东四百里，叫令丘山，没有草木，许多地方有火。山的南面有谷，名叫中谷，条风从这里吹出来。那里有一种鸟，形状像猫头鹰，长着人脸，四只眼睛，有耳朵，名字叫颙，是根据它自己的叫声得名的，它一出现天下就会大旱。

南3-11 又东三百七十里，曰仑者之山[1]，其上多金、玉，其下多青腹[2]。有木焉，其状如谷[3]而赤理，其汗如漆，其味如饴，食者不饥，可以释劳[4]，其名曰白䓘[5]，可以血玉[6]。

注释

〔1〕仑者之山，《五藏山经传》卷一："仑者之山在察木多西北。澜沧两水平行东南流，似仑，亦似堵也。仑，作册次合其竹也；堵，墙也，省作者。"

［2］青䨠，亦作"䨠"。青碧之类，参见西2-4注［2］。

［3］谷，参见南1-1注［7］。

［4］释劳，郝懿行曰："高诱注《淮南·精神训》云：劳，忧也。"劳字古义既可解释为疲劳，也可解释为忧愁，郝懿行一律取"忧愁"义，但没有更多理由支持。《山海经》中"释劳"、"不劳"、"已劳"各出现一次，"已忧"和"不忧"也共出现三次，但没有其他说法意思相当于"消除疲劳"的，故今译文不从郝说，下同。

［5］咎，音gāo。

［6］血玉，郭璞曰："血谓可用染玉作光彩。"章鸿钊《宝石说》卷四："市人往往以无色水精而有䡾绺者染造红色，诡称桃花石或红璧玺以图得高价者，《山海经》谓白咎可以血玉，殆即其类。"

释文 再往东三百七十里，叫仑者山，山上多产金、玉，山下多产青䨠。山中有一种树，形状像榖树，有红色的纹理，分泌出的树脂像漆，味道像饴糖，吃了可以充饥，可以消除疲劳，名字叫白咎，可以用来染玉。

南3-12 又东五百八十里，曰禺稿之山[1]，多怪兽，多大蛇。

注释

［1］禺稿之山，《五藏山经传》卷一："禺稿之山在工布札木达城南。噶克布河在东，象禺。工布河象所持空稿也。"参见南1-1注［8］。

释文 再往东五百八十里，叫禺稿山，山上有许多怪兽和大蛇。

南3-13 又东五百八十里，曰南禺之山[1]，其上多金、玉，其下多水。有穴焉，水春辄入，夏乃出，冬则闭。佐水[2]出焉，而东南流注于海，有凤皇、鹓雏[3]。

注释

［1］南禺之山，《五藏山经传》卷一："山在工布河西岸之撒皮塘塔拉，南禺水形象禺而在南也。卫藏以东诸水皆发源东南流折而南，皆象禺蒙戎被发状。雅龙最北，工布最南，故曰南禺。"参见南1-1注［8］。

［2］佐水，《五藏山经传》卷一："佐水即工布河，入海处未详。然经言东南，疑下流经猓猓界为云南之槟榔江，而其东南之绰多穆河则为云南之龙川江，并南至暹罗入海也。"

［3］鹓雏（yuān chú），鸾凤一类的鸟。

释文 再往东五百八十里，叫南禺山，山上多产金、玉，山下多水。山上有一个洞穴，春天就有水流入，夏天流出，冬天就闭合了，不出不入。佐水在这里发源，向东南流注入大海。有凤凰、鹓雏。

凡南次三经之首，自天虞之山以至南禺之山，凡一十四山，

龙身人面神

六千五百三十里。其神皆龙身而人面。其祠：皆一白狗祈[1]，糈用稌。

注释

［1］祈，请祷、求福。毕沅以为祈是"衈"的通假字，指用牲畜的血涂在祭器上的一种祭礼。其解释比较牵强，可能是考虑到"用狗祈祷"不太像话，故为此说。然而这样解释对狗的用途是说通了，狗血涂抹在哪里又没有了着落。

释文 《南次三经》一组，从天虞山到南禺山一共十四座山，六千五百三十里。山神都是龙身人面。祭祀的礼仪为：都用一条白狗祈祷，精米用粳稻。

右南经之山志，大小凡四十山，万六千三百八十里[1]。

注释

［1］这句话和下文类似文字可能是刘向等校书者的段落小结，后世抄印《山海经》都把这些文字收入在内。

释文 以上是《南山经》的内容，大小四十座山，一万六千三百八十里。

卷二 西山经

山海经卷二

西山经

题解《五藏山经传》卷二："此与二三经所志，河、华以西诸山也。"

西1-1西山经华山之首，曰钱来之山[1]，其上多松，其下多洗石[2]。有兽焉，其状如羊而马尾，名曰羬羊[3]，其脂可以已腊[4]。

注释

[1] 钱来之山，吕调阳以为"来"当作"耒"，《五藏山经传》卷二："钱耒山在河南阌乡县西南辘轳关，弘农河首也。耒，犂辕也；钱，秅金也。弘农两源合东流环曲而北注河，象县犂冒金于耒，故曰钱耒。"

[2] 洗石，郭璞曰："澡洗可以硶体去垢坋。"《五藏山经传》卷二："濯足谓之洗。洗石，今名华蕊石，出华陕诸山中，屑之可治足缝出水，故名。非去垢坋之谓也。"

[3] 羬（qián），郭璞曰："今大月氏国有大羊如驴而马尾；《尔雅》云，羊六尺为羬，谓此羊也。"

[4] 腊（xī），皮肤皴裂。郝懿行曰："《说文》云：'昔，干肉也，籀文作腊。'此借为皴腊之字。今人以羊脂疗皴有验。"

释文《西山经》华山组第一座山，叫钱来山，山上有许多松树，山下多产洗石。那里有一种兽，形状像羊，尾巴像马，名叫羬羊，它的油脂可以用来治疗皮肤皴裂。

羬羊

西1-2西四十五里，曰松果之山。濩水[1]出焉，北流注于渭，其中多铜。有鸟焉，其名曰螐[2]渠，其状如山鸡，黑身赤足，可以已𣹟[3]。

注释

[1]濩（huò）水，《五藏山经传》卷二："濩水，蒲谷水也。"

[2]鸼，音tóng。

[3]膞（báo），皮肉凸起、肿起。

释文 往西四十五里，叫松果山。濩水在这里发源，向北流注入渭水，水中多产铜。有一种鸟，名字叫鸼渠，形状像山鸡，黑的身体，红的脚，可以用来平复皮肤凸起。

鸼渠

西1-3 又西六十里，曰太华之山[1]，削成而四方，其高五千仞[2]，其广十里，鸟兽莫居。有蛇焉，名曰肥蟥[3]，六足四翼，见则天下大旱[4]。

注释

[1]太华之山，吴承志《山海经地理今释》卷一："太华之山在今陕西华阴县南，距嵩谷河源山约六十里。"即今西岳华山。

[2]仞，八尺也。

[3]蟥，音wèi。

[4]郭璞曰："汤时此蛇见于阳山下。"

释文 再往西六十里，叫太华山，山形陡峭而呈方形，高达五千仞，方圆十里，没有鸟兽居住。有一种蛇，名叫肥蟥，有六只脚四个翅膀，它一旦出现天下就会大旱。

肥 蟥

㸶、赤鷩

西1-4 又西八十里，曰小华之山[1]，其木多荆、杞[2]，其兽多㸶牛[3]，其阴多磐石[4]，其阳多琈珼[5]之玉，鸟多赤鷩[6]，可以御火。其草有䓘荔[7]，状如乌韭[8]，而生于石上，亦缘木而生，食之已心痛。

注释

[1] 小华之山，《山海经地理今释》卷一："今华州南少华山。"

[2] 荆、杞，参见南2-14注[3]。

[3] 㸶，音zuó。郭璞曰："今华阴山中多山牛山羊，肉皆千斤，牛即此牛也。"参见南1-5注[5]。

[4] 磐石，郭璞曰："可以为乐石。"《石雅·乐石》："古之所谓磐石、乐石、鸣石或石鼓者，皆取有声为义，尤当以灰石或钟乳为多。"

[5] 琈珼（tū fú），郝懿行曰："《说文》引孔子曰：'美哉玙璠，远而望之奂若也，近而视之瑟若也。一则理胜，一则孚胜。'此经'琈珼'，古字所无，或即玙璠之字，当由声转；若系'理孚'之文，又为形变也。古书多假借，疑此二义似为近之。"

[6] 鷩（bì），郭璞曰："赤鷩，山鸡之属。"宋陆佃《埤雅》卷九："鷩似山鸡而小，冠背毛黄，项上绿色鲜明，胸腹洞赤，《西山经》所谓'赤鷩，可以御火'者也。"今名红腹锦鸡，又名金鸡、锦鸡。

[7] 䓘（bì）荔即薜荔，又名爬山虎，常绿攀援灌木，旧时常与形似的络石藤混称。

[8] 乌韭，旧说有说即麦门冬，也有说生长石上，不知为今何物。

释文 再往西八十里，叫小华山，山上的树木主要是荆棘、枸杞，兽类多是㸶牛，山的北面多产磐石，南面多产琈珼之玉，鸟类多赤鷩，可以防火。草有䓘荔，形状像乌韭，但生在石头上，也有缠绕树木而生的，吃了可以治疗心痛。

西1-5 又西八十里，曰符禺之山[1]，其阳多铜，其阴多铁。其上有木焉，名曰文茎，其实如枣，可以已聋。其草多条，其状如葵，而赤华黄实，如婴儿舌，食之使人不惑。符禺之水[2]出焉，而北流注于渭。其兽多葱聋，其状如羊而赤鬣。其鸟多鴖[3]，其状如翠[4]而赤喙，可以御火[5]。

葱聋

注释

[1] 符禺之山，《五藏山经传》卷二："禺性憨愚。遇者以筒竹授之则持而笑，笑则唇自蔽其面，因得脱走，此符禺山水之所取象也。"参见南1-1注[8]。

[2] 符禺之水，《五藏山经传》卷二："水在今郿县西南曰苍龙谷北，流少东至县西入渭。"

[3] 鴖，音mín。

[4] 翠，即翠鸟。

[5] 可以御火，郭璞曰："畜之辟火灾也。"前条赤鸳可以御火，郭璞并未出注，本条却出注强调是畜养它来防火，用意不详。

鴖

释文 再往西八十里，叫符禺山，山的南面多产铜，北面多产铁。山上有树名叫文茎，它的果实像枣，吃了可以治疗耳聋。山上的草多是条草，形状像葵，花是红色的，果实是黄色的，像婴儿的舌头，吃了可以使人不迷惑。符禺水从这里发源，向北流注入渭水。兽多是葱聋，形状像羊，颈上的毛是红色的。鸟多是鴖，样子像翠鸟，嘴是红色的，喂养这种鸟可以预防火灾。

西1-6 又西六十里，曰石脆之山，其木多棕、柟，其草多条，其状如韭，而白华黑实，食之已疥。其阳多㻬琈[1]之玉，其阴多铜。灌水出焉，而北流注于禺水。其中有流赭[2]，以涂牛马无病[3]。

注释

[1] 㻬琈，参见西1-4注[5]。

［2］赭，参见北2-2注［3］。

［3］"以涂"句，郭璞曰："今人亦以朱涂牛角，云以辟恶。马或作角。"

释文 再往西六十里，叫石脆山，山上的树木多是棕树、枏树，草多是条草，形状像韭菜，花是白色的，果实是黑色的，吃了可以治疗疥疮。山的南面多产琈琈玉，北面多产铜。灌水在这里发源，向北流注入禺水。水中有流赭，用它涂在牛马身上可以不得病。

西1-7 又西七十里，曰英山，其上多杻橿[1]，其阴多铁，其阳多赤金。禺水出焉，北流注于招[2]水，其中多鲜[3]鱼，其状如鳖，其音如羊。其阳多箭、䉋[4]，其兽多㸬牛[5]、羬羊[6]。有鸟焉，其状如鹑，黄身而赤喙，其名曰肥遗，食之已疠[7]，可以杀虫。

注释

［1］杻（niǔ），《诗经》、《尔雅》都有记载，但古人一直不很清楚到底指什么树，宋郑樵《尔雅注》："此俗呼朴树，其木如檀，子大如梧桐子而黄。"则指今天榆科植物朴树。橿（jiāng），旧说是用来造车的硬质木材，同样没有明确所指，今人通常认为是壳斗科植物尖叶栎。

［2］招，音sháo。

［3］鲜，音bàng。

鲜鱼、肥遗

［4］箭，箭竹，也称刚竹，竹的一种。高近丈，节间三尺，坚劲，可制箭。䉋（mèi），郭璞曰："今汉中郡出䉋竹，厚里而长节，根深，笋冬生地中，人掘取食之。"

［5］㸬牛，参见南1-5注［5］。

［6］羬羊，参见西1-1注［3］。

［7］疠，郭璞曰："疠，疫病也，或曰恶创。"

释文 再往西七十里叫英山，山上多杻木、橿树，山的北面多产铁，南面多赤金。禺水在这里发源，向北流注入招水，水中多鲜鱼，形状像鳖，叫声像羊。山南面有许多箭竹和䉋竹，兽类多㸬牛、羬羊。有一种鸟，形状像鹌鹑，身体是黄色的，嘴是红色的，名字叫肥遗，吃了可以治疫病，可以杀死寄生虫。

西1-8 又西五十二里，曰竹山[1]，其上多乔木，其阴多铁。有草焉，

人鱼

其名曰黄藿[2]，其状如樗[3]，其叶如麻，白华而赤实，其状如赭[4]，浴之已疥，又可以已胕[5]。竹水出焉，北流注于渭，其阳多竹箭[6]，多苍玉[7]。丹水出焉，东南流注于洛水，其中多水玉，多人鱼[8]。有兽焉，其状如豚而白毛，大如笄[9]而黑端，名曰豪彘[10]。

注释

[1]竹山，《五藏山经传》卷二："竹山，在今渭南县东南四十里，俗名箭谷岭。"

[2]藿，音huán。

[3]樗（chū），臭椿。

[4]其状如赭，郭璞曰："紫赤色。"则"其状"并非指形状而言。赭，参见北2-2注[3]。

[5]胕，音fú，浮肿。

[6]箭，郭璞曰："篠也。"竹箭名篠，见于《尔雅·释地》："东南之美者，有会稽之竹箭焉。"东南物产不应见诸《西山经》，故此竹箭仍应是上文所说的箭竹，参见西1-7注[4]。

[7]苍玉，《石雅·琳琅》引此文苍玉及水玉，曰："明水玉与苍玉流分而源合也。《翻译名义集》卷八云，颇黎此云水玉，即苍玉。案颇黎亦水精属，则苍玉、水苍玉固皆其类也。又称水碧脂或碧玉。"

[8]人鱼，郭璞曰："如鳀鱼四脚。"古代有鲵、鳝、鲋、孩儿鱼等名称，描述的主要特征是声音像婴儿的哭声，爱上树。今一般认为指两栖纲有尾目动物。

[9]笄（jī），古时用以贯发或固定弁、冕的饰物。

豪彘

[10]豪彘，即豪猪，又名狟猪，啮齿目动物，全身有刺。

释文 再往西五十二里，叫竹山，山上有许多乔木，山北面多产铁。那里有一种草，名叫黄藿，形状像樗树，叶子像麻叶，花是白色的，果实是红色的，有点像赭土的颜色，用由它浸泡的水洗澡可以治疥疮，还可以治疗浮肿。竹水在这里发源，向北流注入渭水。山南面有许多竹箭，多产苍玉。丹水在这里发源，向东南流注入洛水，水中多产水晶，又有很多人鱼。有一种兽，形状像猪，毛是白色的，像簪子一样粗大，末端黑色，名叫豪彘。

西1-9又西百二十里，曰浮山[1]，多盼木，枳叶[2]而无伤[3]，木虫居之。有草焉，名曰薰草[4]，麻叶而方茎，赤华而黑实，臭如蘼芜[5]，佩之可以已疠。

[1] 浮山，《五藏山经传》卷二："浮山，在蓝田县南牧护关，灞水所出，即秦岭北麓也。"

[2] 枳，参见西3-1注[7]。

[3] 伤，刺。

[4] 薰草，《广雅》卷十："薰草，蕙草也。"古代香草种类繁多，名实混乱，很多无法与今植物名称对应。

[5] 蘼芜，香草。即今伞形科植物川芎。

释文 再往西一百二十里，叫浮山，上面生有很多盼木，叶子像枳树但没有刺，树中生有木虫。有一种草，名叫薰草，叶子像麻叶，茎是方的，花是红色的，果实黑色，气味像蘼芜，佩戴在身上可以治疫病。

西1-10又西七十里，曰羭次之山[1]，漆水出焉，北流注于渭。其上多棫[2]、橿[3]，其下多竹箭[4]，其阴多赤铜，其阳多婴垣之玉[5]。有兽焉，其状如禺[6]而长臂，善投，其名曰嚣。有鸟焉，其状如枭[7]，人面而一足，曰橐䘆[8]，冬见夏蛰，服之不畏雷[9]。

[1] 羭（yú）次之山，《五藏山经传》卷二："山在盩厔县南，有黑水三泉奇发，言归一渎，西北合就水入渭，即漆水也。山之西北即盩厔河，象羭，此水为其次也。"

[2] 棫（yù），郭璞曰："白桵也。"即蔷薇科植物单花扁核木。

[3] 橿，参见西1-7注[1]。

[4] 竹箭，参见西1-7注[4]。

[5] 婴垣之玉，郭璞曰："垣或作短，或作根，或作埋，传写谬错，未可得

嚣

详。"吕调阳校作"婴琔之玉"，《五藏山经传》卷二："婴琔之玉亦作婴珉之玉，即今白石英也。婴，幼女项饰也；珉，幼子项饰也。琔，古文作㺿，从㠯，即古乳字，石英之端似乳也。"

[6] 禺，参见南1-1注 [8]。

[7] 枭，参见南3-10注 [4]。

[8] 橐䙬，音tuó féi。

[9] "服之"句，郭璞曰："着其毛羽，令人不畏天雷也。"《山海经》中有许多"服之"，有的指佩戴，有的指食用，也有很多无法知道到底指那种情况，只好任选其一。

橐䙬

释文 再往西七十里，叫瑜次山，漆水在这里发源，向北流注入渭水。山上有许多棫、橿，山下有许多竹箭，山北面多产赤铜，南面多产婴垣玉。有一种兽，形状像禺，手臂很长，善于投掷，名字叫嚣。有一种鸟，形状像枭，长着人脸，一只脚，名字叫橐䙬，冬天外出活动，夏天蛰伏，佩戴其羽毛可以不怕打雷。

西1-11 又西百五十里，曰时山 [1]，无草木。逐水 [2] 出焉，北流注于渭，其中多水玉。

注释

[1] 时山，《五藏山经传》卷二："时山，即太乙山，今名大岭，狗加川水出其东，即家水也。"

[2] 逐水，郭璞曰："或作遂。"吕调阳校作家水，《五藏山经传》卷二："家从豭省，牡用豕也，狗加川水象之。"

释文 再往西一百五十里，叫时山，没有草木。逐水在这里发源，向北流注入渭水，其中多产水晶。

猛豹

西1-12 又西百七十里，曰南山 [1]，上多丹粟 [2]。丹水出焉，北流注于渭。兽多猛豹 [3]，鸟多尸鸠[4]。

注释

[1]南山，《五藏山经传》卷二："南山在兴平县南。秦岭自西东走，群支曲折散出，唯此山正南行二百里讫于宁陕，故独受南称。赤水出于其南，即丹水也。"

[2]丹粟，参见南2-1注[7]。

[3]猛豹，郭璞曰："似熊而小，毛浅，有光泽，能食蛇，食铜铁，出蜀中。"

[4]尸鸠，布谷鸟。尸鸠也写作"鸤鸠"。

释文 再往西一百七十里，叫南山，山上有许多丹粟。丹水在这里发源，向北流注入渭水。山上兽类多猛豹，鸟类多尸鸠。

尸鸠

西1-13 又西百八十里，曰大时之山[1]，上多谷[2]、柞[3]，下多杻橿[4]，阴多银，阳多白玉。涔水[5]出焉，北流注于渭。清水出焉，南流注于汉水。

注释

[1]大时之山，《五藏山经传》卷二："山在宝鸡益门镇之正南，当煎茶坪之东南，为秦岭之首。其北清水河所出，南即褒水、西次二源所出也。"

[2]谷，参见南1-1注[7]。

[3]柞，郭璞曰："栎。"按郭璞所注，当指壳斗科植物麻栎。另有名叫柞木，属大风科植物。下文中8-1称麻栎为"杼"，疑此处当指大风科植物柞木。

[4]杻、橿，参见西1-7注[1]。

[5]涔（cén）水，《五藏山经传》卷二："褒水四源平列，相去各二十馀里，或三十里，并南流而合，如人竖指之状，故谓之涔。涔从岑，山小而高，象人竖指也。"

释文 再往西一百八十里，叫大时山，山上有许多榖树和柞树，山下有许多杻、橿，山北多产银，山南多产白玉。涔水在这里发源，向北流注入渭水。清水也在这里发源，向南流注入汉水。

西1-14 又西三百二十里，曰嶓冢之山[1]，汉水出焉，而东南流注于沔；嚣水[2]出焉，北流注于汤水[3]。其上多桃枝钩端[4]，兽多犀、兕[5]、熊、罴[6]，鸟多白翰[7]、赤鷩[8]。有草焉，其叶如蕙[9]，其本[10]如桔梗，黑华而不实，名曰蓇蓉[11]，食之使人无子。

注释

　　[1] 嶓，音bō。

　　[2] 嚻水，吕调阳校作嚻水，《五藏山
经传》卷二："灈水即嚻水也，岭之正南曰红
岭砦，为今甲河所出，东南会色河注汉水。"

　　[3] 汤水，《五藏山经传》卷二："灈
水北历辋川，西北会浐水，又西北会狗加川
水。狗加川即下经之家水，北纳温水，合灈、
温水即汤水也。"

　　[4] 钩端，郭璞曰："桃枝属。"桃枝
是《尔雅》中一种竹名，戴凯之《竹谱》不同
意以桃枝为竹的说法，理由是《山海经》所
指桃枝是木类，《尔雅》的桃枝在草类。然
而《山海经》称桃枝、钩端时或木或草，且古
人对于竹也或称为木或称为草，原无一定，即
便在《山海经》本身也是如此，如中11-43称其木多籣，中12-8称其木多竹箭籣箘，而
"其草多竹"的说法又屡见。因此这里的桃枝、钩端，仍应是竹类。《广雅·释草》：
"箹篱，桃支也"，其字也属竹部。

　　[5] 兕，参见南3-2注［2］。

　　[6] 罴（pí），熊的一种。俗称人熊或马熊。

　　[7] 白翰，郭璞曰："白鷴也，亦名鹎雉，又曰白雉。"又作白鷼，即今雉科动物
白鹇。

　　[8] 赤鷩，参见西1-4注［6］。

　　[9] 蕙，兰草一类的香草。

　　[10] 本，根。

　　[11] 菁（gū）蓉，杨慎《山海经补注》："今名花骨空，凌霄花之类。"

白翰

释文　再往西三百二十里，叫嶓冢
山，汉水在这里发源，向东南流注入
沔水；嚻水也在这里发源，向北流注
入汤水。山上有许多桃枝、钩端，兽
类多是犀、兕、熊、罴，鸟类多是白
翰、赤鷩。有一种草，叶子像蕙，根
像桔梗，花是黑色的，不结果实，名
叫菁蓉，吃了使人不育。

西1-15　又西三百五十里，曰天帝之
山[1]，上多棕、枏，下多菅、蕙[2]。
有兽焉，其状如狗，名曰溪边，席其
皮者不蛊[3]。有鸟焉，其状如鹑，黑
文而赤翁[4]，名曰栎，食之已痔。有
草焉，其状如葵，其臭如蘼芜[5]，名

栎

曰杜衡[6]，可以走马[7]，食之已瘿[8]。

[1] 天帝之山，吕调阳校作天带之山，《五藏山经传》卷二："天带之山在固原州，西踞苦水河首，水两源，南流若倒带，故名。"

[2] 菅，又名菅茅，苞子草。茎可以编绳织鞋、覆盖屋顶。蕙，参见西1-14注[9]。

[3] 蛊，参见南1-8注[3]。

[4] 翁，鸟颈部的毛。

[5] 蘪芜，参见西1-9注[5]。

[6] 杜衡，香草名。

[7] 可以走马，郭璞曰："带之令人便马。或曰，马得之而健走。"便马，擅长骑马。其功用不知是针对人还是针对马。

[8] 瘿（yǐng），古代所说的瘿只是针对外形而言，凡软的、不溃烂的肿块都可称瘿，遍体可生，而颈部较多见。按照现代医学的观点，古人所称的瘿有不同的病理。

释文 再往西三百五十里，叫天帝山，山上有许多棕树和枬树，山下有许多菅和蕙。有一种兽，形状像狗，名叫溪边，用它的皮当坐卧的铺垫可以预防蛊病。有一种鸟，形状像鹌鹑，有黑色的花纹和红色的颈毛，名叫栎，吃了它的肉可以治疗痔疮。有一种草，形状像葵，气味像蘪芜，名叫杜衡，马吃了能跑得更快，人吃了可以治疗肿块。

西1-16 西南三百八十里，曰皋涂之山[1]，蔷[2]水出焉，西流注于诸资之水；涂水出焉，南流注于集获之水[3]。其阳多丹粟[4]，其阴多银、黄金，其上多桂木。有白石焉，其名曰礜[5]，可以毒鼠。有草焉，其状如槁茇[6]，其叶如葵而赤背，名曰无条，可以毒鼠。有兽焉，其状如鹿而白尾，马足人手[7]而四角，名曰㺎[8]如。有鸟焉，其状如鸱而人足，名曰数斯，食之已瘿[9]。

栎

[1] 皋涂之山，《五藏山经传》卷二："皋涂之山在今秦州清水县北陇城关。其北马落川所出，西流注苦水河；南则长家川所出，西南注集翅河，并南入渭。"

[2] 蔷，音sè。

[3] 集获之水，吕调阳校作集蒦之水，《五藏山经传》卷二："集蒦，鸷鸟下集也。集翅河合东南诸水西南流而入渭，厥状肖之。"

[4] 丹粟，参见南2-1注

西山经

38

[7]。

[5]礜（yù）石，今名砷黄铁矿，别名毒砂，主要成分为硫砷化铁。

[6]槁茇（bá），香草名，即中3-2藁本。

[7]人手，郭璞曰："前两脚似人手。"

[8]玃，音yīng。

[9]瘿，参见西1-15注[8]。

数斯

释文 往西南三百八十里，叫皋涂山，蔷水在这里发源，向西流注入诸资水；涂水也在这里发源，向南流注入集获水。山的南面有许多丹粟，北面多产银和黄金，山上多桂树。有一种白色的石头，名字叫礜，可以用来毒杀老鼠。有一种草，形状像槁茇，叶子像葵，背面是红色的，名叫无条，可以用来毒杀老鼠。有一种兽，形状像鹿，尾巴是白色的，后肢像马，前肢则像人手，有四个角，名字叫玃如。有一种鸟，形状像鹞鹰，脚像人脚，名叫数斯，吃了它的肉可以治疗肿块。

西1-17 又西百八十里，曰黄山[1]，无草木，多竹箭[2]。盼水[3]出焉，西流注于赤水，其中多玉。有兽焉，其状如牛，而苍黑大目，其名曰𤝗[4]。有鸟焉，其状如鸮[5]，青羽赤喙，人舌能言，名曰鹦䳇[6]。

注释

[1]黄山，《五藏山经传》卷二："黄山，兰州靖远县东百七十里之沙石原也。"

[2]竹箭，参见西1-7注[4]。

[3]盼，郭璞曰："音'美目盼兮'之'盼'。"郝懿行曰："郭既音盼，知经文必不作盼，未审何字之讹。"吕调阳因其水形校作"棼"。《五藏山经传》卷二："其南曰屈吴山，有水西北流，会东来之大菅口水，又西北注红岭堡水，即赤水。堡在会口之北少东，水出其东南流，有一水源特远，自红井子之东北，西南流经井北，又西注红岭水而西南与屈吴山水会合。诸水形象分麻开其指，故谓之棼水也。"

[4]𤝗，音mǐn。

[5]鸮，即鸱鸮科动物斑

𤝗

头鸺鹠，俗称猫头鹰。见西4-10。

[6] 鹦鹉，鹦鹉的另一写法。

鹦鹉

释文 再往西一百八十里，叫黄山，没有草木，有许多竹箭。盼水在这里发源，向西流注入赤水，其中多产玉。有一种兽，形状像牛，颜色青黑，眼睛很大，名叫㺄。有一种鸟，形状像猫头鹰，青色的羽毛，红色的嘴，长着像人一样的舌头能说话，名叫鹦鹉。

西1-18 又西二百里，曰翠山[1]，其上多棕、枏，其下多竹箭[2]，其阳多黄金、玉，其阴多旄牛[3]、䴢、麝[4]；其鸟多鸓[5]，其状如鹊，赤黑而两首四足，可以御火。

注释

[1] 翠山，《五藏山经传》卷二："翠山在镇羌营西北古城土司地，庄浪河出其南，东流循长城而东南而南注黄河。古浪河出其北，东流而循长城而东北出塞，潴为白海。两源形似鸟翠，故山受其名。"

[2] 竹箭，参见西1-7注[4]。

[3] 旄牛，参见南1-5注[5]。

[4] 䴢（líng）麝，郭璞曰："䴢似羊而大，角细，食好在山崖间；麝似獐而小，有香。"䴢，今称羚羊。

[5] 鸓，音|垒|。

旄牛

䴢

西
山
经

40

释文 再往西二百里，叫翠山，山上有许多棕树和枏树，山下多竹箭，山的南面多产黄金、玉，山的北面有许多牦牛、麢和麝。鸟类多是鸓，形状像鹊，红黑色，两个头四只脚，可以防火。

西1-19 又西二百五十里，曰騩山[1]，是錞[2]于西海，无草木，多玉。凄水[3]出焉，西流注于海，其中多采石[4]、黄金，多丹粟[5]。

鸓

注释

[1] 騩（guī）山，《五藏山经传》卷二："马人立谓之騩。（经中名騩山者四，皆水形象马人立。）騩山，自大通河以西、湟水以东皆是也。"

[2] 錞（chún），郭璞曰："錞犹堤埻也。"汪绂曰："錞犹蹲也。"郝懿行曰："（郭注）埻字疑衍，堤盖坤障之义。"《五藏山经传》卷二："其山本自河源之巴颜哈喇山分支历青海北而来，其支峰南出为海中之二山，曰察汉峰，曰魁孙拖罗海。然自东溯之，则自两水会口而西北而西而南达于海中，故曰錞于西海。錞者，屈注之义也，古谓滑稽为淳于，其和鼓之器县而沃水，亦以滑稽出其水，因亦曰錞于也。"滑稽、淳于，酒壶一类的器物。"錞于"二字《山海经》五次出现，其中三次都是某山"錞于"某水（海），汪以通假解说最为简捷，但嫌缺少理据；吕说最为详尽，却略嫌迂曲，但大意总是某山在某水旁。

[3] 凄，郭璞曰："或作浚。"《五藏山经传》卷二："浚水，哈尔济河也，出东北山西南流八十馀里注之，湟水出其东，象手形，故是水曰浚也。"取"挼"有摩娑义，用于水名，则换作氵旁。

[4] 采石，郭璞曰："石有采色者，今雌黄、空青、碧绿之属。"《石雅·辨疑》："采石以多色者，而异乎文石之以多文著者也。"参见北1-1注[5]。

[5] 丹粟，参见南2-1注[7]。

释文 再往西二百五十里，叫騩山，坐落在西海边，没有草木，多产玉。凄水在这里发源，向西流注入大海，其中多产采石、黄金，有许多丹粟。

凡西经之首，自钱来之山至于騩山，凡十九山，二千九百五十七里。华山冢[1]也，其祠之礼：太牢[2]。羭山神也，祠之：用烛[3]，斋百日以百牺[4]，瘗用百瑜[5]，汤[6]其酒百樽，婴[7]以百珪[8]百璧。

其馀十七山之属，皆毛牷[9]用一羊祠之。烛者百草之未灰，白席采等[10]纯[11]之。

羭山神

注释

[1]冢，郭璞曰："冢者，神鬼之所舍也。"俞樾《读山海经》："毕氏《校正》曰：'《尔雅》曰，山顶曰冢。'《释诂》曰：'冢，大也。'愚按，郭说固望文生训，而毕说亦未安。用山顶之说，是犹曰'华山，顶也'；用'冢大'之说，是犹曰'华山，大也'，以文义论皆属不辞。今按下云'羭山神也'，两句为对文。冢犹君也，神犹臣也，盖言华山为君而羭山为臣。"

[2]太牢，古代祭祀，牛羊冢三牲俱备为太牢。

[3]烛，古代的烛是用干枯的植物如芦苇、麻茎等浸灌耐燃而火焰明亮的油脂用于照明，也就是下文所说的"百草之未灰"，相当于后来的火把，这种火把缩小以后就是油灯的雏形，在战国时期的文献中有记载。而现在所说的蜡烛则大约在魏晋时期才出现。

[4]牺，古代祭祀用的纯色牲畜。

[5]瑜，美玉。

[6]汤（tàng），郝懿行曰："今人呼温酒为'汤酒'本此。"

[7]郭璞曰："婴谓陈之以环祭也。或曰婴即古罃字，谓盂也。"

[8]珪，即圭，古代玉制礼器，长条形，上尖下方。

[9]牷，色纯而形体完整的祭牲。

[10]等，等差，古代祭祀礼仪用不同的祭物、仪式来区分受祭者的贵贱尊卑。

[11]纯（zhǔn），边缘，镶边。这里是说众山神尊卑不同，都用白席，但席子的镶边用不同的色彩来区分它们的不同等级。

释文 《西山经》一组，从钱来山到騩山一共十九座山，二千九百五十七里。华山是众神之君，祭祀的礼仪为：用太牢。羭山是华山的臣属，祭祀它的礼仪：用烛，斋戒一百天，用一百种纯毛色的牲畜，埋一百块美玉，烫上一百樽酒，还要环绕陈列珪和璧各一百块。其馀十七座山的山神，都用一头完整纯色的羊祭祀。所谓烛，就是没有烧过的百草。白色的席子周边按山神的等级镶上相应的色边。

西山经

西次二经

题解 吕调阳说见《西山经》题解。

西2-1 西次二经之首，曰钤山[1]，其上多铜，其下多玉，其木多
杻、橿[2]。

注释

[1] 钤（qián）山，《五藏山经传》卷二："户屈戌谓之钤。钤山在今鄜州西张村
驿，有清水河出西北百里，合两大源东南流经驿北而南注洛水，状屈戌形，故名。"屈
戌，旧时门窗上的金属搭扣。

[2] 杻、橿，参见西1-7注[1]。

释文 《西次二经》一组，第一座叫钤山，山上多产铜，山下多产玉，
树木以杻、橿为主。

西2-2 西二百里，曰泰冒之山[1]，其阳多金，其阴多铁。浴水出焉，
东流注于河，其中多藻玉[2]，多白蛇。

注释

[1] 泰，郭璞曰："或作'秦'。"《五藏山经传》卷二："秦冒，洛南源所
出也。秦，辛之异文；冒，其蒂也。洛源北流会豹子川似之。"吕调阳以为"秦"为
"辛"字别体，指马兜铃科植物细辛，文繁不录。

[2] 藻玉，郭璞曰："玉有符彩者。"参见《中次七经》末段注[2]。

释文 往西二百里，叫泰冒山，山南面多产金，北面多产铁。浴水在这
里发源，向东流注入河，水中多产藻玉，又有许多白蛇。

西2-3 又西一百七十里，曰数历之山[1]，其上多黄金，其下多银，其
木多杻、橿[2]，其鸟多鹦鹉。楚水[3]出焉，而南流注于渭，其中多白
珠。

注释

[1] 数历之山，《五藏山经传》卷二："数历，子午山南分水岭也。自岭而南，其
西注泾诸川四源均列，象积禾，故曰数历。历者，数积禾也。其川即程水矣。"

[2] 楚水，《五藏山经传》卷二："楚当作潵，即沮水。《尔雅》：'水自济出为沮'，字亦作潵，是也。凡水沮洳及不常流者，通名沮也。"

[3] 杻橿，参见西1-7注[1]。

释文 再往西一百七十里，叫数历山，山上多产黄金，山下多产银，树木多是杻、橿，鸟多是鹦鹉。楚水在这里发源，向南流注入渭水，水中多产白珠。

西2-4 又西百五十里高山[1]，其上多银，其下多青碧[2]、雄黄[3]，其木多棕，其草多竹。泾水[4]出焉，而东流注于渭，其中多磬石[5]、青碧。

注释

[1] 高山，《五藏山经传》卷二："高山在邠州北四十馀里，今曰抚琴山，暖泉所发。"

[2] 青碧，郭璞曰："碧亦玉类也。"《石雅·色金》："青碧亦石青、石绿之属。""石青，今以为青色彩，《本草纲目》谓即古之扁青，而俗呼为大青。考其质为二铜炭养三铜（养轻）二[2CuCO₃Cu(OH)₂]，其色如蓝，故今亦名蓝铜矿。""石绿，今画工用为绿色者。苏恭曰：绿青，画工呼为石绿。则石绿即绿青矣，考其质为铜炭养三铜（养轻）二[CuCO₃Cu(OH)₂]，今又名孔雀石，其色美，故俗以为珍玩。"又青腰："是字或作'䥯'。颜氏谓即空青，《玉篇》亦云青属，则亦青碧类也。"

[3] 雄黄，参见西4-16注[2]。

[4] 泾水，《五藏山经传》卷二："泾，迳也，过也。凡溯泾者自渭直西北得暖泉水，其正流乃在西；又循流直西北得杨晋水，正流乃在东，更北行而西北凡三百馀里，入水沟门，更东北十数里入红德川，又改由耿家河直北百六十馀里，尽于三山堡，又改东北十数里得天池。乃正源每进辄过，故是水旁源通，可名泾水。《诗》曰'遄其过涧'是也。古人所谓泾涏，不近人情，义取诸此也。（泾涏通作迳庭）"

[5] 磬石，参见西1-4注[4]。

释文 再往西一百五十里，叫高山，山上多产银，山下多产青碧和雄黄，树木多是棕树，草主要是竹。泾水在这里发源，向东流注入渭水，水中多产磬石、青碧。

西2-5 西南三百里，曰女床之山[1]，其阳多赤铜，其阴多石涅[2]，其兽多虎、豹、犀、兕[3]。有鸟焉，其状如翟[4]而五采文，名曰鸾鸟[5]，见则天下安宁。

注释

[1] 女床之山，《五藏山经传》卷二："女床之山在凤翔府西，雍水所枕也。"

[2] 石涅，吴任臣云："《本草》：'黑石脂一名石墨，一名石涅，南人谓之画眉石。'杨慎《补注》曰：'石涅可以染黑色。《论语》"涅而不淄"，即此物也。又可

以书字，谓之石墨。'"《山海经》中石涅、涅石共五处，这是第一处。郭璞以二者为一物，吴任臣《广注》始指其误，认为石涅是石墨，涅石是矾石。郝懿行赞同吴的说法，但怀疑他所依据的《本草》有脱文。章鸿钊则认为郭璞将石涅和涅石简单当作一物虽错，但其中有原因。古人所说的矾可以从石涅中提取，也可以从涅石中提取；石涅就是石墨，而涅石就是矾土石或明矾石。二者虽是两种不同的矿石，但都是提取矾的原料，笼统地算作矾石。因此，郭璞混为一谈固然不对，但吴、郝也没有把原委说清。详见《石雅·辨疑》。

鸾鸟

　　[3]兕，参见南3-2注[2]。

　　[4]翟（dí），即今雉科动物长尾雉，又名山鸡。

　　[5]鸾鸟，郭璞曰："旧说鸾似鸡，瑞鸟也，周成王时西戎献之。"

释文 往西南三百里，叫女床山，山的南面多产赤铜，北面多产石涅。兽类多是虎、豹、犀、兕。有一种鸟，形状像翟，身上有五彩图案，名叫鸾鸟，它的出现预示着天下安宁。

西2-6 又西二百里，曰龙首之山[1]，其阳多黄金，其阴多铁。苕水[2]出焉，东南流注于泾水，其中多美玉。

注释

　　[1]龙首之山，《五藏山经传》卷二："龙首之山在今陇州西北白岩铺之北，所谓陇头也。"

　　[2]苕水，吕调阳校作召水，《五藏山经传》卷二："其北柳家河出焉，东流右合二源象手招之形，故曰召水。"

释文 再往西二百里，叫龙首山，山的南面多产黄金，北面多产铁。苕水在这里发源，向东南流注入泾水，水中多产美玉。

西2-7 又西二百里，曰鹿台之山[1]，其上多白玉，其下多银，其兽多㸲牛[2]、㸖羊[3]、白豪[4]。有鸟焉，其状如雄鸡而人面，名曰凫徯，其鸣自叫也，见则有兵。

注释

　　[1]鹿台之山，《五藏山经传》卷二："鹿台山在静宁州东曹务镇，镇北有好水河，东自隆德县合四源西南流，象鹿首角。镇西一水西流入之，象鹿之阴，故曰鹿台。

今沁水县南桑林河所出之山古名鹿台山，取象与此同也。"

[2] 柞牛，参见南1-5注[5]。

[3] 㺉羊，参见西1-1注[3]。

[4] 豪，郭璞曰："貆猪也。"参见西1-8注[10]。

释文 再往西二百里，叫鹿台山，山上多产白玉，山下多产银。兽类多是柞牛、㺉羊、白豪。有一种鸟，形状像雄鸡，面部像人脸，名叫凫徯，是根据它自己的叫声得名的，它的出现预示着有战争发生。

凫徯

西2-8西南二百里，曰鸟危之山[1]，其阳多磐石[2]，其阴多檀、楮[3]，其中多女床[4]。鸟危之水出焉，西流注于赤水，其中多丹粟[5]。

注释

[1] 鸟危之山，《五藏山经传》卷二："屈吴山之东南四十里许为道安古城，有三水合西流象鸟翼，西会玉河，又西北注消河，即首经㷛水所注之赤水也。翼谓之危者，张若人升危也。"

[2] 磐石，参见西1-4注[4]。

[3] 楮，郭璞曰："即穀木。"《山海经》中有时称穀，有时称楮，未必定指一物，译文分别保留原名。参见南1-1注[7]。

[4] 女床，西2-5为山名，其他书上又为星名，然与此处女床文义俱不吻合，故郝懿行怀疑是女菀之误。女菀，又名女肠，菊科植物。而吕调阳以为"女"字篆文作𡘋，"它"篆文作𢂑，二者形近，故女床当作蛇床。蛇床，伞形科植物。按此两种植物的产地推断，我国西部有蛇床而无女菀，故以吕说为长。

[5] 丹粟，参见南2-1注[7]。

释文 再往西南二百里，叫鸟危山，山的南面多产磐石，北面有许多檀树、楮树，其中有许多女床。鸟危水在这里发源，向西流注入赤水，水中多产丹粟。

西2-9又西四百里，曰小次之山[1]，其上多白玉，其下多赤铜。有兽焉，其状如猿，而白首赤足，名曰朱厌，见则大兵。

注释

［1］小次之山，《五藏山经传》卷二："次同束。小次，今温泉山也。"

朱厌

释文 再往西四百里，叫小次山，山上多产白玉，山下多产赤铜。有一种兽，形状像猿，头白色，脚红色，名叫朱厌，它的出现预示着将发生大规模战争。

西2-10又西三百里，曰大次之山[1]，其阳多垩[2]，其阴多碧[3]，其兽多㸲牛[4]、麢羊[5]。

注释

［1］大次之山，《五藏山经传》卷二："大次，在今渭源县北石井所，并以水形得名。"

［2］垩，郭璞曰："垩似土色，甚白。"郝懿行曰："《中山经》：'葱聋之山，多白垩，黑、青、黄垩。'明垩色非一，不独白者名垩也。"《石雅·制用》以为垩即后世瓷土，"然考其义则古人用此似以涂饰为主……三代秦汉尚未用之于陶，即用之而未若后世之盛行也明矣。"对于黑、青、黄垩则更少用。下文又有"美垩"，亦指杂色垩而言。

［3］碧，青碧之类，参见西3-15注［2］。

［4］㸲牛，参见南1-5注［5］。

［5］麢羊，参见西1-18注［4］。

释文 再往西三百里，叫大次山，山的南面多产垩，北面多产碧。兽类多是㸲牛、麢羊。

西2-11又西四百里，曰薰吴之山[1]，无草木，多金玉。

注释

［1］薰吴之山，《五藏山经传》卷二："薰，炙手也，古作'熏'。吴，音虞，哗也。山在今且隆城以西，其南洮阳诸水象火炽，其北大夏诸源象炙手也。"

释文 再往西四百里，叫薰吴山，没有草木，多产金、玉。

西2-12 又西四百里，曰厎阳之山[1]，其木多㰌[2]、楠、豫章[3]，其兽多犀、兕[4]虎、豹[5]、柞牛[6]。

注释

[1] 厎（zhǐ），郝懿行曰："厎当为厎字之讹。"《五藏山经传》卷二："厎同砥。砥阳，砥水之阳也。砥水在河曲北岸，今大哈柳图河也。导源小图尔根山，东流南折而西受北来二小水，又西南屈曲，西入河，其形似砥刃之状。"

[2] 㰌（lì），郭璞曰："㰌似松，有刺，细理。"即杉科植物水松。

[3] 豫章，郭璞曰："大木，似楸，叶冬夏青，生七年而后可知也。"即樟木。一说豫是枕木，章是樟木，二者很像，要长到七年以上才能区别。

[4] 兕，参见南3-2注[2]。

[5] 豹（zhuó），郝懿行曰："《玉篇》云：'豹，兽，豹文。'"《通雅》卷四十六："犳亦作犳，证知豹即豹。"

[6] 柞牛，参见南1-5注[5]。

释文 再往西四百里，叫厎阳山，树木多是㰌、楠和豫章。兽类多是犀、兕、虎、豹和柞牛。

西2-13 又西二百五十里，曰众兽之山[1]，其上多琈珸[2]之玉，其下多檀楮，多黄金，其兽多犀、兕[3]。

注释

[1] 众兽之山，《五藏山经传》卷二："今为阿穆尼达尔嘉山，在西宁府南二百里。"

[2] 琈珸，参见西1-4注[5]。

[3] 兕，参见南3-2注[2]。

释文 再往西二百五十里，叫众兽山，山上多产琈珸玉，山下有许多檀树和楮树，又多产黄金。兽类多是犀、兕。

西2-14 又西五百里，曰皇人之山[1]，其上多金玉，其下多青雄黄[2]。皇水[3]出焉，西流注于赤水[4]，其中多丹粟[5]。

注释

[1] 皇人之山，《五藏山经传》卷二："皇，同煌，即今之石流黄，此经所谓青雄黄也。皇人之山，今名喀尔藏岭，明《志》谓之热水山，在青海东北。"

[2] 青雄黄，吴任臣云："苏颂云：'阶州山中，雄黄有青黑色而坚者，名曰熏黄。'青雄黄意即此也。"《石雅·色金》："雄黄昔以色如鸡冠为上，青者不常见，苏氏言黑色亦非专言青也，乃知青雄黄即青碧之属，状似雄黄而色青，故名；犹之青琅玕与琅玕，名同而别以色者，其物固自异也。"参见西2-4注[2]。

[3] 皇水，《五藏山经传》卷二："凡天下温泉所出，皆煌之气也。皇水即煌

水。"

[4] 赤水，《五藏山经传》卷二："赤水即浩亹河，今名大通河，其上源曰乌兰木伦。蒙古语：乌兰，赤也；木伦，川也。"

[5] 丹粟，参见南2-1注 [7]。

释文 再往西五百里，叫皇人山，山上多产金、玉，山下多产青雄黄。皇水在这里发源，向西流入赤水，水中多产丹粟。

西2-15 又西三百里，曰中皇之山[1]，其上多黄金，其下多蕙棠[2]。

注释

[1] 中皇之山，《五藏山经传》卷二："山在大通河北岸直肃州东南三百里阿木尼冈喀尔山之脊也，盖亦以生煌得名。"

[2] 蕙棠，郭璞曰："彤棠之属也。"彤棠即蔷薇科植物棠梨。吴任臣曰："或以为熏叶、棠梨二种。"蕙，参见西1-14注 [9]。

释文 再往西三百里，叫中皇山，山上多产黄金，山下有许多蕙和棠。

西2-16 又西三百五十里，曰西皇之山[1]，其阳多金，其阴多铁，其兽多麋[2]、鹿、柞牛[3]。

注释

[1] 西皇之山，《五藏山经传》卷二："山在今嘉峪关东五十馀里，俗呼硫磺山。"

[2] 麋，郭璞曰："大如小牛，鹿属也。"

[3] 柞牛，参见南1-5注 [5]。

释文 再往西三百五十里，叫西皇山，山的南面多产金，北面多产铁。兽类多是麋、鹿和柞牛。

西2-17 又西三百五十里，曰莱山[1]，其木多檀、楮，其鸟多罗罗，是食人。

注释

[1] 莱山，《五藏山经传》卷二："即阴得尔图塔拉山也。莱，草名，叶似麦，实如青珠，其根医家名麦门冬，洮水众流象之。"

释文 再往西三百五十里，叫莱山，山中的树木多是檀树和楮树。鸟类多是罗罗，会吃人。

凡西次二经之首，自钤山至于莱山，凡十七山，四千一百四十里。其十神者，皆人面而马身。其七神皆人面牛身，四足而一臂，操杖以行：是为飞兽之神；其祠之，毛用少牢[1]，白菅为席。其十辈[2]神者，其祠之，毛一雄鸡，钤而不糈[3]。毛采[4]。

人面马身神

注释

[1]少牢，古代祭祀，只用羊、豕称少牢。

[2]辈，类。其十辈神，指上述人面马身的十个神。

[3]钤而不糈，郭璞曰："钤，所用祭器名，所未详也。或作思训祈不糈，祠不以米。"郝懿行曰："钤疑祈之声转耳，经文祈而不糈，即祠不以米之义。思训，未详。"汪绂将郝懿行没看懂的郭注后半截稍微变动了一下，写成："或作思，犹祈也。不糈，祀不以米也。"这样，他们二人的理解实际上是一致的。

[4]毛采，郭璞曰："言用杂色鸡也。"这段文字条理混乱，前文由十神说到七神，接着说七神的祭祀，又回头再说十神的祭祀；这里说雄鸡，插了一句"钤而不糈"之后又说雄鸡的毛色。

人面牛身神

释文《西次二经》一组，从钤山到莱山共十七座山，四千一百四十里。山中有十个神长着人的脸、马的身子。另外七个是长着人的脸、牛的身子，四只脚、一条手臂，走的时候拿着拐杖，这是能飞的兽类之神。祭祀的礼仪为：毛物用少牢，用白菅编制的席子。那十个山神祭祀的礼仪：毛物用一只雄鸡，只祈祷而不用糈米，雄鸡的毛要杂色的。

西次三经

《五藏山经传》卷二："此经所志，今新疆乌鲁木齐以西诸山也。"

西3-1 西次三经之首，曰崇吾之山[1]，在河之南，北望冢遂[2]，南望㨂之泽[3]，西望帝之搏兽之丘[4]，东望蠕渊[5]。有木焉，员叶而白柎[6]，赤华而黑理，其实如枳[7]，食之宜子孙。有兽焉，其状如禺[8]而文臂，豹虎[9]而善投，名曰举父[10]。有鸟焉，其状如凫[11]，而一翼一目，相得乃飞，名曰蛮蛮[12]，见则天下大水。

举父

注释

[1]崇吾之山，《五藏山经传》卷二："崇吾，阜康至济木沙诸水导源南山，北伏沙中，象崇牙也。牙、吾古音同。山今名布克达山也。"

[2]冢遂，《五藏山经传》卷二："碛北之拜塔克山也。"

[3]㨂（yóu）之泽，《五藏山经传》卷二："达布逊池及西一池，象两舟相过也，汉世名为牾船也。"

[4]搏兽之丘，《五藏山经传》卷二："搏兽之丘即乌鲁木齐，准语谓格斗曰乌鲁木齐也。"准语，准噶尔语。

蛮蛮鸟

[5]蠕（yān）渊，《五藏山经传》卷二："奇台东西小水二十馀，皆北流，遇沙而伏，象群蛇也。从虫从焉，鶠，善警蛇也。"

[6]柎（fū），花萼房或子房。

[7]枳（zhǐ），郝懿行曰："《说文》云：'枳，木，似橘。'《考工记》云：'橘逾淮而北，为枳。'"即芸香科植物枸橘。

[8]禺，参见南1-1注[8]。

[9]豹虎，郝懿行曰："兹兽兼有虎豹之体，故独被斯名。"

[10] 举父，郭璞曰："或作夸父。"郝懿行曰："《尔雅》云：'虖，迅头。'郭注云：'今建平山中有虖，大如狗，似猕猴，黄黑色，多髯鬣，好奋迅其头，能举石掷人，玃类也。'如郭所说，惟能举石掷人，故经曰善投，亦因名举父。举、虖声同，故古字通用。举、夸声近，故或作夸父。"

[11] 凫，野鸭。

[12] 蛮蛮，郭璞曰："比翼鸟也，色青赤，不比不能飞，《尔雅》作鹣鹣鸟也。"

释文 《西次三经》一组，第一座山叫崇吾山，在河的南面，北面是冢遂，南面是㻛之泽，西面是天帝的搏兽丘，东面是螞渊。有一种树，叶子是圆的，花萼是白的，红色的花，黑色的纹理，果实像枳，吃了可以多子多孙。有一种兽，形状像禺，前肢有花纹，身体兼有虎豹的特征，善于投掷，名叫举父。有一种鸟，形状像野鸭，长着一只翅膀、一只眼睛，只有得到另一半才能飞翔，名叫蛮蛮，它的出现预示着天下将发大水。

西3-2 西北三百里，曰长沙之山[1]。泚水[2]出焉，北流注于泑[3]水，无草木，多青雄黄[4]。

注释

[1]《五藏山经传》卷二："长沙，恒山以东山也，其阴多沙。"

[2] 泚（zǐ）水，《五藏山经传》卷二："泚水即淫水，西北流折而北注淖尔，状足此戾。（此者，以足指物也。）"

[3] 泑（yōu），郭璞曰："水色黑也。"

[4] 青雄黄，参见西2-14注[2]。

释文 往西北三百里，叫长沙山。泚水在这里发源，向北流注入泑水，山上没有草木，多产青雄黄。

西3-3 又西北三百七十里，曰不周之山[1]。北望诸毗之山，临彼岳崇之山，东望泑泽，河水所潜也，其原浑浑泡泡[2]。爰有嘉果，其实如桃，其叶如枣，黄华而赤柎，食之不劳。

注释

[1] 不周之山，郭璞曰："此山形有缺不周帀处，因名云。西北不周风自此山出。"《五藏山经传》卷二："不周，今博罗塔拉诸山也。萨尔巴克图河贯其中而东流，三面皆山，东南独缺，北望塔尔巴哈台山，为诸毗所自源，其东北即阿尔泰山顶也。"

[2] 浑浑（gǔn gǔn），即滚滚，大水奔流的样子。泡泡（páo páo），急流声、水涌声。

释文 再往西北三百七十里，叫不周山。北面是诸毗山，紧挨着岳崇山，东面是泑泽，是河水潜入地下的地方，它的源头汹涌奔腾，发出咕

西山经

咕噜噜的声音。有一种好的果树，果实像桃子，叶子像枣树，花是黄色的，花萼是红的，吃了可以不知疲劳。

西3-4　又西北四百二十里，曰峚山[1]，其上多丹木，员叶而赤茎，黄华而赤实，其味如饴，食之不饥。丹水出焉，西流注于稷泽[2]，其中多白玉，是有玉膏，其原沸沸汤汤[3]，黄帝是食是飨[4]。是生玄玉[5]。玉膏所出，以灌丹木。丹木五岁，五色乃清，五味乃馨。黄帝乃取峚山之玉荣[6]，而投之锺山之阳[7]。瑾瑜之玉[8]为良，坚粟[9]精密，浊泽有而光[10]。五色发作，以和柔刚。天地鬼神，是食是飨；君子服之，以御不祥。自峚山至于锺山，四百六十里，其间尽泽也。是多奇鸟、怪兽、奇鱼，皆异物焉。

注释

　　[1]峚（mì）山，密山。郝懿行曰："郭注《穆天子传》及李善注《南都赋》、《天台山赋》引此经俱作密山，盖峚、密古字通也。"《五藏山经传》卷二："密山，哈什河源之喀拉古颜山也。《尔雅》：'山如堂者密。'准语谓股曰古颜，盖山形若箕股而深黑也。"

　　[2]稷泽，郭璞曰："后稷神所凭，因名云。"

　　[3]沸沸汤汤，郭璞曰："玉膏涌出之貌也。《河图玉版》曰：'少室山，其上有白玉膏，一服即仙矣。'亦此类也。"

　　[4]飨（xiǎng），祭祀、祭献。

　　[5]玄玉，郭璞曰："言玉膏中又出黑玉也。"

　　[6]玉荣，郭璞曰："谓玉华也。"

　　[7]郭璞曰："以为玉种。"古代传闻玉是可以种植的，这里描述的是黄帝种玉活动。

　　[8]瑾瑜之玉，《五藏山经传》卷二："准回语皆谓玉曰哈什，蒙古曰哈斯。《西域水道记》云：水源处涌泉成池，菹泽星布，荡而西流十馀里，布尔哈斯水自南来汇。布尔，蒙古谓虎也。布尔哈斯言黄玉有文，即此经之瑾瑜也。"《石雅·琳琅》以为古书上所说的"璆琳"、"琅玕"通常并称，但《山海经》说玉颇详，却只有琅玕而不见璆琳，只《中次九经》末有一处"璆冕舞"，于是认为"瑾瑜"就是"璆琳"，"凡言瑾瑜，皆属西山。是瑾瑜固西方之产，与璆琳之所自出者若甚合也。《说文》：'瑾瑜，美玉也。'郭璞注《山海经》：'瑜，美玉名。'则与璆琳之训美玉同。《淮南子·缪称训》云：'无所用之，碧瑜粪土也。'瑜而曰碧，与天球、碧琳之色并合；且瑾瑜与璆琳音甚近，又似语本同源者，凡此皆足以明瑾瑜与璆琳是一非二矣。"

　　[9]坚粟，郭璞曰："粟或作'栗'。玉有粟文，所谓谷璧也。"未详。"栗"有坚硬义，坚栗即坚硬；如作粟，则文义屈曲。

　　[10]浊泽有而光，郭璞曰："浊谓润厚。"郝懿行曰："'有而'当为'而有'。"

　　释文　再往西北四百二十里，叫峚山，山上有许多丹木，叶子是圆的，茎是红色的，黄色的花，红色的果实，味道像饴糖，可以用来充饥。丹水在这里发源，向西流注入稷泽，水中多产白玉，这里有玉膏涌出，汹涌翻腾。黄帝用它作食物和祭祀用品。玉膏中也有黑玉。玉膏涌出浇灌了丹木，丹木长到五年就具备了清丽的五色，芬芳的五味。于是黄帝把峚山的玉华投到钟山的南面，瑾瑜由此生出了好品种，坚硬而细腻，润厚而光泽，五彩焕发，可以调剂刚柔。这玉可以用作献给天地鬼神的祭品，君子佩戴它可以抵御各种灾祸。从峚山到锺山一共四百六十里，其间都是沼泽，那里有许多奇怪的鸟、兽和鱼类，都是写些常罕见的物种。

西3-5 又西北四百二十里，曰锺山[1]，其子曰鼓[2]，其状如人面而龙身，是与钦䲹[3]杀葆江于昆仑之阳，帝乃戮之锺山之东曰崤崖[4]，钦䲹化为大鹗，其状如雕而黑文白首，赤喙而虎爪，其音如晨鹄[5]，见则有大兵；鼓亦化为鵕[6]鸟，其状如鸱，赤足而直喙，黄文而白首，其音如鹄[7]，见则其邑大旱。

注释

[1] 锺山，《五藏山经传》卷二："伊犁河南岸自特克斯会口以西总名曰锺山。锺，古文同钟，两水形如寝钟也。"

[2] 鼓，郭璞曰："此亦神名，名之为锺山之子耳，其类皆见《归藏·启筮》。《启筮》曰：'丽山之子，青羽人面马身。'亦似此状也。"

[3] 䲹，音pí。

[4] 崤（yáo）崖，吕调阳校作崤岸，《五藏山经传》卷二："瑶岸即沙拉博霍齐岭，在会口之西北临河之上。蒙古语：沙拉，月也；博霍齐，忙牛也。"

[5] 晨鹄，郭璞曰："鹗属，犹云晨凫耳。"

[6] 鵕，音jùn。

[7] 鹄，鸿鹄，今称天鹅。

鼓

释文 再往西北四百二十里，叫锺山，山神的儿子名叫鼓，长着人脸和龙的身子，曾和钦䲹一起在昆仑山南杀死了葆江，于是天帝将他们杀死在锺山的东面一个叫做崤崖的地方，钦䲹化作大鹗，长得像雕，有黑色的纹理，白色的头，嘴是红色的，爪子像老虎，叫声像晨鹄，它的出现预示着有大规模的战争。鼓被杀后也化作了鵕鸟，长得像鸱鹰，脚爪是红色的，嘴是直的，有黄色的纹路，白色的头，叫声

钦䴔、鶺鸟

像天鹅，它的出现意味着地方上要遭遇大旱。

西3-6又西百八十里，曰泰器之山[1]。观水[2]出焉，西流注于流沙。是多文鳐[3]鱼，状如鲤鱼，鱼身而鸟翼，苍文而白首，赤喙，常行西海，游于东海，以夜飞。其音如鸾鸡，其味酸甘，食之已狂，见则天下大穰[4]。

[1]泰器之山，《五藏山经传》卷二："泰器之山，扣肯布拉克山也。"

[2]观水，吕调阳校作"灌水"，《五藏山经传》卷二："灌者，溺沃之义。《西域水道记》云，山北向如张两股，正中一泉潏然，故曰扣肯（蒙古语谓女子）。登山西北望，苍茫郁蒸，银涛一线，即巴勒喀什淖尔也。伊犁河北岸之山，东西数百里，层冈叠阜，至此皆截然而止。山下北眺，平沙浩渺，不知其极。"

[3]鳐，音yáo。

[4]穰（ráng），庄稼丰收。

文鳐鱼

释文 再往西一百八十里，叫泰器山，观水在这里发源，向西流注入流沙。这里有许多文鳐鱼，长得像鲤鱼，有鱼的身体和鸟的翅膀，青黑色的纹路，白色的头，红色的嘴，经常从西海游到东海，夜里飞行，叫声像鸾鸡，味道酸中带甜，吃了它的肉可以治疗癫狂，它的出现预示着天下大丰收。

西3-7 又西三百二十里，曰槐江之山[1]。丘时之水出焉，而北流注于泑水。其中多嬴母[2]，其上多青雄黄[3]，多藏[4]琅玕[5]、黄金、玉，其阳多丹粟[6]，其阴多采[7]黄金、银。实惟帝之平圃，神英招司之，其状马身而人面，虎文而鸟翼，徇[8]于四海，其音如榴。南望昆仑[9]，其光熊熊，其气魂魂[10]。西望大泽[11]，后稷所潜[12]也；其中多玉。其阴多榣木之有若[13]。北望诸毗[14]，槐鬼离仑[15]居之，鹰鹯[16]之所宅也。东望恒山[17]四成[18]，有穷鬼居之，各在一搏[19]。爰有淫水[20]，其清洛洛[21]。有天神焉，其状如牛，而八足二首马尾，其音如勃皇[22]，见则其邑有兵。

嬴母

注释

[1] 槐江之山，《五藏山经传》卷二："槐江即沙尔巴克图河，东北流注喀拉塔拉额西柯淖尔。"

[2] 嬴母，郭璞曰："即蜾螺也。"中3-2又作"仆累"，郭注曰："蜗牛也。"

[3] 青雄黄，参见西2-14注[2]。

[4] 藏，郝懿行曰："古字作'臧'，臧，善也。此言琅玕、黄金、玉之最善者。"

[5] 琅玕，《石雅·琳琅》："即今斯璧尼石（Spinel）"，今学名尖晶石，俗称红宝石。严格意义上的红宝石应指刚玉，但红色尖晶石和刚玉外形很像，而且多在一处生成，前人没有足够的矿石知识加以区分。《石雅》又称古代名称多假借，有因形似，有因色似，绿松石形似尖晶石，故而古书中也有不少"琅玕"指绿松石而言。原文繁复，今不俱录。

英招

[6] 丹粟，参见南2-1注[7]。

[7] 采，郝懿行曰："谓金银之有符采者。"

[8] 徇，巡视。

[9] 南望昆仑，《五藏山经传》卷二："南望，谓东南也。锺山以东总曰昆仑。"

[10]"其光"两句，《五藏山经传》卷二："光、气所见指谓哈什河北岸之吉勒苏胡岭，蒙古语谓日光眩目也。"魂魂，旺盛炽烈的样子。

[11] 大泽，《五藏山经传》卷二："大泽即巴勒喀什淖尔。巴勒喀什即布尔哈斯，如云黄玉池也。此泽

东西袤八百馀里，南北广处二百馀里，狭处百馀里，中有三山，以其为后稷之神所潜，因名曰稷泽焉。"

［12］后稷所潜，郭璞曰："后稷生而灵知，及其终，化形遁此泽而为之神，亦犹傅说骑箕尾也。"毕沅曰："即稷泽，稷所葬也。"

［13］榣（yáo）木之有若，郭璞曰："榣木，大木也。言其上复生若木。大木之奇灵者为若，见《尸子》。"

天神

［14］诸毗，《五藏山经传》卷二："诸毗，塔尔巴哈台西之阿拉克图古勒淖尔也。"参见南2-1注［4］。

［15］离仑，郭璞曰："其神名。"

［16］鹑（zhān），郭璞曰："鹑亦鸱属也。"

［17］恒山，《五藏山经传》卷二："在安阜城南，古尔班晶河所出，北流经城西注喀拉塔拉尼西柯淖尔。"

［18］成，重、层。

［19］各在一搏，郭璞曰："搏犹胁也。言群鬼各以类聚，处山四胁。有穷，其总号耳。"

［20］淫（yáo）水，《五藏山经传》卷二："淫水即古尔班晶河，唐人名石漆河，以产石漆，故名。"

［21］洛洛，水流下的样子。

［22］勃皇，郝懿行曰："即发皇属。发皇，《尔雅》作'蚨蟥'，声近字通。"蚨蟥，即金龟子。

释文 再往西三百二十里，叫槐江山，丘时水在这里发源，向北流注入泑水。水中有许多嬴母，山上多产青雄黄及上好的琅玕、黄金和玉。山的南面多产丹粟，北面多产带有符采的黄金和银。这里本是天帝的平圃，名叫英招的神负责掌管，它长有马的身子人的面孔，身上有老虎的花纹和鸟的翅膀，能周游四海，叫声像榴。它的南面是昆仑山，光焰万张，云气缭绕。西面是大泽，后稷就葬在这里，其中多产玉。山的北面有许多榣木，上面长有若木。再往北是诸毗，槐鬼离仑住在那里，鹰鹑以此为家。东面是恒山，有四重，山的四角分别住着有穷鬼。这里有淫水，清澈奔流。有天神，形状像牛，八条腿、两个头，长着马的尾巴，叫声像勃皇，它的出现意味着地方上将要发生战争。

西3-8西南四百里，曰昆仑之丘[1]，是实惟帝之下都，神陆吾[2]司之。其神状虎身而九尾，人面而虎爪；是神也，司天之九部及帝之囿时[3]。有兽焉，其状如羊而四角，名曰土蝼，是食人。有鸟焉，其状如蜂，大如鸳鸯，名曰钦原，蠚[4]鸟兽则死，蠚木则枯。有鸟焉，其名曰鹑鸟[5]，是司帝之百服[6]。有木焉，其状如棠[7]，黄华赤实，其味如李而无核，名曰沙棠，可以御水，食之使人不溺。有草焉，名曰薲草[8]，其状如葵，其味如葱，食之已劳。河水[9]出焉，而南流东注于无达[10]。赤水[11]出焉，而东南流注于汜天之水。洋水[12]出焉，而西南流注于丑涂之水[13]。黑水出焉，而西流于大杅[14]。是多怪鸟兽。

陆吾

[1]昆仑之丘，《五藏山经传》卷二："昆仑之丘在今绥来县南，其北为玛纳斯河所出。河中产玉，黝碧而文，璞大者重数十斤，禁人盗采，故名玛纳斯。准噶尔语玛纳，巡逻也。"

[2]陆吾，郭璞曰："即肩吾也。庄周曰：'肩吾得之，以处大山'也。"郝懿行曰："郭说见《庄子·大宗师篇》；《释文》引司马彪云：'山神不死，至孔子时。'"

[3]"司天"句，郭璞曰："主九域之部界、天帝苑囿之时节也。"

[4]蠚（hē），指某些动物用毒刺刺其他动物。

[5]鹑鸟，郝懿行曰："凤也。《海内西经》云'昆仑开明西北皆有凤皇'，此是也。《埤雅》引师旷《禽经》曰：'赤凤谓之鹑。'"

[6]服，郭璞曰："器服也。一曰，服，事也。"

[7]棠，棠梨，蔷薇科植物。

[8]薲（pín），水生植物名，后写作"萍"或"苹"，有时分指两物，有时混用。这里用来表示特定的草名。

[9]河水，《五藏山经传》卷二："河水即博尔图河，出山之东南阿尔辉山，南流，东出山至托克逊军台而伏，故曰无达。"

[10]无达，郭璞以为是山名，郝懿行进而指出是《水经注》上说的阿耨达山。汪绂以为是泽名。而吕调阳在上注中只说明为什么叫无达，并未指明无达是什么。

[11]赤水，《五藏山经传》卷二："赤水，即乌兰乌苏河，出山之西南，东流经山前三哈布齐峧之北，至登努勒台，会阿尔辉西谷水，又南会三哈布齐水，入裕勒都斯，又东南注博斯滕淖尔，即汜天之水。"

[12]洋水，《五藏山经传》卷二："即空吉斯河，出裕勒河源之西，在南名乌拉哈达岭，西北流至锺山之东，特克斯河自西东迳山南来会。"

[13]丑涂之水，《五藏山经传》卷二："又西北哈什河自东北来会，即丑涂之

土蝼、钦原

水，又名丹水。""丑涂犹列涂，哈什源处尽泽，淖滑难行，故得名焉。"

[14] 大杅（yú），郭璞曰："山名也。"吕调阳以为即渤泽，《五藏山经传》卷二："哈什之东为三，喀喇乌苏即黑水，并西北流合注喀喇塔拉额西柯淖尔，即渤泽，名大杅者，池形象盘杅。"

释文 再往西南四百里，叫昆仑丘，这里就是天帝的下都，名叫陆吾的神是主管。这个神长着老虎的身子，有九条尾巴，有人的脸和老虎的爪子。这个神掌管天上的九部和天帝苑围的时节。有一种兽，形状像羊，有四个角，名叫土蝼，能吃人。有一种鸟，形状像蜂，大小和鸳鸯差不多，名叫钦原，鸟兽被它蜇了会死，草木被它蜇了就枯萎。又有一种鸟，名叫鹑鸟，掌管天帝的各种服饰器物。有一种树，形状像棠，花是黄色的，果实是红色的，味道像李子但没有核，名叫沙棠，这东西可以防水，吃了它可以使人不会淹死。有一种草名叫薲草，形状像葵，味道像葱，吃了它可以消除疲劳。河水在这里发源，向南流注入无达。赤水在这里发源，向东南流注入氾天之水。洋水在这里发源，向西南流注入丑涂之水。黑水在这里发源，向西流注入大杅。这里有很多奇怪的鸟兽。

西3-9 又西三百七十里，曰乐游之山。桃水[1]出焉，西流注于稷泽，是多白玉。其中多鳛鱼[2]，其状如蛇而四足，是食鱼。

注释

[1] 桃水，《五藏山经传》卷二："桃水今名洮赖图河。"

[2] 鳛，音huá。

鳛鱼

释文 再往西三百七十里，叫乐游山。桃水在这里发源，向西流注入稷

59

泽，这里多产白玉。水中有许多鳛鱼，形状像蛇，有四只脚，能吃鱼。

西3-10 西水行四百里，曰流沙，二百里至于嬴母之山[1]，神长乘司之，是天之九德也[2]。其神状如人而犳[3]尾。其上多玉，其下多青石而无水。

长乘

注释

[1]嬴母之山，《五藏山经传》卷二："伊犁河自巴克岭出山，两岸皆沙，北岸水草俱无，南岸虽有水泉，无寸草，故须水行。今自车里克河口西至库鲁图河口二百六十馀里，即经云'四百里'也。又南经流沙百三十馀里抵山，东当库鲁图之隩，西当哈什塔克河之限，即经云'二百里至于嬴母之山'也。嬴母者，车里克西诸水象嬴形，最西库鲁图哈什二水象嬴魇也。"

[2]"是天"句，郭璞曰："九德之气所生。"意在强调并非长乘即天之九德。

[3]犳，参见西2-12注[5]。

释文 沿水西行四百里是流沙，再二百里就到了嬴母山，由名叫长乘的神主管，他是天的九德之气所生。长乘神形状像人，长着犳的尾巴。山上多产玉，山下多产青石，但没有水。

西3-11 又西三百五十里，曰玉山[1]，是西王母所居也。西王母其状如人，豹尾虎齿而善啸，蓬发戴胜[2]，是司天之厉及五残[3]。有兽焉，其状如犬而豹文，其角如牛，其名曰狡，其音如吠犬，见则其国大穰。有鸟焉，其状如翟[4]而赤，名曰胜[5]遇，是食鱼，其音如录[6]，见则其国大水。

注释

[1]玉山，郭璞曰："此山多玉石，因以名云。《穆天子传》谓之群玉之山。"《五藏山经传》卷二："玉山，哈什塔克山也，为哈什塔克河所出，东北入伊犁河，又北百里注巴勒喀什

西王母

淖尔。"

[2]胜，郭璞曰："玉胜也。"古代一种妇女的头饰。

[3]厉及五残，郝懿行曰："皆星名也。"二者都是古代天文书上记载的代表凶兆的星。

[4]翟，参见西2-5注[4]。

[5]胜（qīng），写作胜，不是"勝"的简体字。

[6]录，参见中5-2注[9]。

狡

释文 再往西三百五十里，叫玉山，这里是西王母居住的地方。西王母长得像人，有豹的尾巴、虎的牙齿，善于长啸，头发蓬乱，上面有玉石的装饰物，它主管天上的凶星厉和五残。有一种兽，形状像狗而有豹一样的花纹，角像牛，名字叫狡，叫声像狗叫，它的出现预示着该国将大丰收。有一种鸟，形状像翟，但是红色的，名叫胜遇，能吃鱼，叫声像录，它的出现意味着该国会发大水。

胜遇

西3-12 又西四百八十里，曰轩辕之丘[1]，无草木。淘水[2]出焉，南流注于黑水，其中多丹粟[3]，多青雄黄[4]。

注释
[1]轩辕之丘，郭璞曰："黄帝居此丘，娶西陵氏女，因号轩辕丘。"《五藏山经传》卷五："河套之北自博托河以东皆曰轩辕之丘，河流象轩辕也。"

[2]淘（xún），《五藏山经传》卷五："淘水四水均列，象赴公旬者均地就役也，其水皆南入河，东南会黛山湖水，湖之上源即哈拉乌苏也。"公旬，劳役。

[3]丹粟，参见南2-1注[7]。

[4]青雄黄，参见西2-14注[2]。

释文 再往西四百八十里，叫轩辕丘，没有草木。淘水在这里发源，向南流注入黑水，水中多产丹粟，又多产青雄黄。

西3-13 又西三百里，曰积石之山[1]，其下有石门，河水冒[2]以西流。是山也，万物无不有焉。

注释

〔1〕积石之山，《五藏山经传》卷五："今河滩北之阿尔坦托辉，《汉》志所谓阳山，《穆天子传》所谓阳纡之山。积石阜在西南，北河迳其西，屈西南与南二枝会，所谓冒以西流也。"

〔2〕冒，覆盖，笼罩。

释文 再往西三百里，叫积石山，山下有石门，河水从它上面向西流。这座山上什么都有。

西3-14 又西二百里，曰长留之山〔1〕，其神白帝少昊〔2〕居之。其兽皆文尾，其鸟皆文首。是多文玉石〔3〕。实惟员神魂〔4〕氏之宫。是神也，主司反景〔5〕。

神魂氏

注释

〔1〕长留之山，《五藏山经传》卷二："伊犁塔勒奇城北百里有谷曰果子沟，长七十里，为伊犁驿程所经，岭上出泉，南会众流出。山曰乌里雅苏图，水峡流迅急，跨桥四十有二，故长留所由纳称也。"

〔2〕少昊，上古帝王，名挚，号金天氏。传说死后为西方之神，按五行说，西方为白，故称白帝。

〔3〕文玉石，《石雅·辨疑》以为文玉石即文石，参见北1-1注〔5〕、西4-3注〔2〕。

〔4〕员神郝懿行曰："盖即少昊也。"魂，音wěi。

〔5〕反景，夕阳返照。

释文 再往西二百里，叫长留山，山神白帝少昊在这里居住。山上的兽尾巴都有花纹，鸟头上都有花纹。山上多产文玉石。这里又是员神魂氏的住处。这个神主管夕阳返照。

西3-15 又西二百八十里，曰章莪之山〔1〕，无草木，多瑶碧〔2〕。所为甚怪〔3〕。有兽焉，其状如赤豹，五尾一角，其音如击石，其名如狰。有鸟焉，其状如鹤，一足，赤文青质而白喙，名曰毕方，其鸣自叫也，见则其邑有讹火〔4〕。

注释

〔1〕章莪（é）之山，吕调阳校作"章我之山"，《五藏山经传》卷二："章我，

狰、毕方

察林河口以东山也。河自特克斯河北岸山阴西流，环屈而北而东，又东北分二支入伊犁河，合南所受水视之，象鸷鸟仰立侧目之形，故名章莪。古错革鸟于旗章，故谓之章，经中诸漳水皆取象鸷鸟也。我同俄，侧首也。"

　　[2]瑶碧，郭璞曰："碧亦玉属。"《石雅·琳琅》："是郭氏不明瑶碧与青碧之别矣。案青碧，今石青之属，与瑶分言之，则明别于瑶，亦单称碧。如《淮南子·墬形训》云'碧树、瑶树在其北'是也。若合言之曰瑶碧，即玛瑙之为碧色者。《淮南子·泰族训》云'瑶碧玉珠'是也。"参见西2-4注[2]。

　　[3]所为甚怪，郭璞曰："多有非常之物。"

　　[4]讹火，怪火，或指磷火。

　　释文 再往西二百八十里，叫章莪山，没有草木，多产瑶碧。山上有许多奇怪的东西。有一种兽，形状像赤豹，有五条尾巴一个角，叫声像敲打石头，名字叫如狰。有一种鸟，形状像鹤，一只脚，青色身体上有红色纹路，嘴是白色的，名叫毕方，是根据它自己的叫声得名的，它的出现预示着地方上会有怪异的火灾。

　　西3-16 又西三百里，曰阴山。浊浴之水[1]出焉，而南流注于蕃泽，其中多文贝[2]。有兽焉，其状如狸而白首，名曰天狗，其音如榴榴，可以御凶。

　　注释

　　[1]浊浴之水，《五藏山经传》卷二："蒙古语谓牲畜粪曰和尔郭斯。有和尔郭斯河，出槐江源之南曰松山，南流注伊犁河，又西车集河、齐齐罕河并南

天狗

流遇沙而伏，又西曰撒玛勒河，曰奎屯河，皆南流达苇荡。又西曰图尔根河，南流达小苇荡，诸水并秽恶不可食，故曰浊浴之水。阴山即图尔根源之都兰哈喇山，蕃泽即苇荡也。小泽在西北二十馀里，周三十馀里，大泽东西百八十馀里，南北八十馀里，中有洲方四五十里，有陇亩遗迹，盖古浊繇氏所国也。"

[2] 文贝，即紫贝，贝科动物的壳。

释文 再往西三百里，叫阴山。浊浴水在这里发源，向南流注入蕃泽，水中多文贝。有一种兽，形状像狸，头是白色的，名叫天狗，叫声像榴榴，可以防御凶灾。

江凝

西3-17 又西二百里，曰符惕之山[1]，其上多棕、枏，下多金、玉，神江疑居之。是山也，多怪雨，风云之所出也。

注释

[1] 惕（yáng），郝懿行曰："《艺文类聚》二卷、《太平御览》九卷及十卷并引此经作'符阳之山'，与今本异。"《五藏山经传》卷二："伊犁河自察林河口西北流百馀里，得巴克岭，连山百里，至车里克河口，即符阳之山也。巴克，回语谓丛林也。车里克河即符水，山在其东，故曰符阳。符者，水形似剖竹也。"

释文 再往西二百里，叫符惕山，山上多棕树和枏树，山下多产金、玉，叫江疑的神住在这里。这里经常下怪雨，是风云的发源地。

西3-18 又西二百二十里，曰三危之山[1]，三青鸟[2]居之。是山也，广员百里。其上有兽焉，其状如牛，白身四角，其豪如披蓑[3]，其名曰傲狠[4]，是食人。有鸟焉，一首而三身，其状如鹗[5]，其名曰鸱。

注释

[1] 三危之山，《五藏山经传》卷二："山在今绥来县西南二百里，有和尔郭斯河、车集

傲狠

西山经

河、察罕河三水合为一北流，阿什木河合四水自西南来会，又北出山口，分为三，北入苇泽而止，象三鸟翼，故曰三危。自此西逾黑水，皆古三危戎地。"

[2]三青鸟，郭璞曰："主为西王母取食者，别自栖息于此山也。"

[3]蓑，用草或棕制成的防雨用具。

[4]徽铟，音áo yē。

[5]鹨（luò），郭璞曰："鹨似鹛，黑文赤颈。"

鹛

释文 再往西二百二十里，叫三危山，三青鸟住在这里。这座山方圆百里，山上有一种兽，形状像牛，白色的身体，四只角，身上的刺像披着蓑衣，名字叫徽铟，会吃人。有一种鸟，一个头三个身体，形状像鹨，名字叫鹛。

西3-19 又西一百九十里，曰騩山[1]，其上多玉而无石。神耆童[2]居之，其音常如钟磬[3]。其下多积蛇。

注释

[1]騩山，《五藏山经传》卷二："騩山，昌吉县南之孟克图岭及其西之呼图必山也，有罗克伦河、呼图必河并北流而会，又西北合南来诸水注额彬格逊池，象騩形，故名呼图必，言有鬼也。"参见西1-19注[1]。

[2]耆童，郭璞曰："老童，颛顼之子。"

[3]郝懿行曰："此亦天授然也，其孙长琴所以能作乐风，本此。亦见《大荒西经》。"乐风，乐曲。荒西-9说老童的孙子长琴创造了乐曲，所以郝懿行认为从他爷爷老童开始就"音如钟磬"，很有音乐天赋。当然，这种对神话的联想性注释对阅读只能起增加趣味的辅助作用，下文多有此类，不再一一说明。

释文 再往西一百九十里，叫騩山，山上多产玉而没有石头。名叫耆童的神住在这里，它的声音通常像钟磬一样。山下有许多盘叠的蛇。

耆童

西3-20又西三百五十里，曰天山[1]，多金玉，有青雄黄[2]。英水[3]出焉，而西南流注于汤谷[4]。有神焉，其状如黄囊，赤如丹火[5]，六足四翼，浑敦无面目，是识歌舞，实为帝江也。

帝江

注释

[1]天山，《五藏山经传》卷二："当西域东西之中，小裕勒都斯河所出也。"

[2]青雄黄，参见西2-14注[2]。

[3]英水，《五藏山经传》卷二："山名阿勒坦阴克逊，金水出其北，西流屈而西南，注大裕勒都斯。形仰，故亦名英水。"参见南1-8注[5]。

[4]汤谷，《五藏山经传》卷二："大裕勒源鄂敦库尔岭有温泉，准部时石甃犹存。河东流，南受特尔默哈达布拉克水，又受布兰布拉克水，故名汤谷。"

[5]"其状"两句，郭璞曰："体色黄而精光赤也。"黄、赤二色同时出现，故郭璞为之疏通。汪绂则将"黄囊"改作"革囊"，不知所据。

释文 再往西三百五十里，叫天山，山上多产金、玉，有青雄黄。英水在这里发源，向西南流注入汤谷。有一个山神，身体像黄色的布口袋，发出红色的光，有六只脚、四个翅膀，面部混沌一片分辨不出五官，它能歌善舞，其实就是帝江。

西3-21又西二百九十里，曰泑山[1]，神蓐收[2]居之。其上多婴短之玉[3]，其阳多瑾瑜之玉[4]，其阴多青雄黄[5]。是山也，西望日之所入，其气员[6]，神红光[7]之所司也。

注释

[1]泑山，《五藏山经传》卷二："长沙西北也。泑山因泽纳称。在晶河口不周支麓尽处。"

[2]蓐（rù）收，郭璞曰："亦金神也，人面、虎爪、白尾，执钺，见《外传》云。"按五行说，西方属金，白色。上文西3-14少昊也是西方金神。

蓐收

西
山
经

66

　　[3] 婴短之玉，参见西1-10注[5]。

　　[4] 瑾瑜之玉，参见西3-4注[8]。

　　[5] 青雄黄，参见西2-14注[2]。

　　[6] 其气员，俞樾《读山海经》曰："此当作'其气员员'。古书重文每于字下作二小画识之，传写脱去耳。上文于槐江之山曰'南望昆仑，其光熊熊，其气魂魂'，此云员员，犹魂魂也。员、魂古字通。"

　　[7] 红光，郝懿行曰："盖即蓐收也。"

　　释文 再往西二百九十里，叫泑山，名叫蓐收的神在这里居住。山上多产婴短玉，山南面多产瑾瑜玉，北面多产青雄黄。这座山的西面就是日落的地方，所以那里的气象旺盛炽烈，由名叫红光的神主管。

　　西3-22 西水行百里，至于翼望之山[1]，无草木，多金玉。有兽焉，其状如狸，一目而三尾，名曰讙[2]，其音如夺百[3]声，是可以御凶，服之已瘅[4]。有鸟焉，其状如乌，三首六尾而善笑，名曰鸰鹕[5]，服之使人不厌[6]，又可以御凶。

讙

　　注释

　　[1] 翼望之山，《五藏山经传》卷二："由泽中行也。泽自西南而东北，其形斜长而东南凸出，南北广八十里，东西百五十里，肖杵，侈其口，口向西北，喀喇乌苏入其东，萨尔巴克图河入其西，晶河入其西南，自东视之象仆死者屈臂而垂其首，故曰敦薨。自西视之，又象偃寝者据掌而仰其首，故曰翼望也。翼者，震子之义。山在萨尔巴克河口也。"震子，娠子。参见南1-3注[5]。

　　[2] 讙，音huān。

　　[3] 夺百，郭璞曰："言其能作百种物声也。或曰，夺百，物名，亦所未详。"

　　[4] 瘅（dàn），郭璞曰："黄瘅病也。"今写作黄疸。

　　[5] 鸰鹕，音qí tú。

　　[6] 厌（yǎn），恶梦。

　　释文 沿水路西行一百里，就到了翼望山，这里没有草木，多产金、玉。有一种兽，形状像狸，一只眼睛、三条尾巴，名叫讙，叫声像夺百声，可以抵御凶灾，吃了它的肉可以治疗黄疸病。有一种鸟，形状像乌鸦，三

鸰鹕

个头、六条尾巴，常常发出笑声，名叫鹕鵸，吃了它的肉可以使人不做恶梦，也可以抵御凶灾。

凡西次三经之首，崇吾之山至于翼望之山，凡二十三山，六千七百四十四里。其神状皆羊身人面。其祠之礼，用一吉玉[1]瘞，糈用稷[2]米。

鹕鵸

注释

[1]吉玉，郭璞曰："玉加采色者也。"

[2]稷，五谷之一，即粟。

释文 《西次三经》一组，从崇吾山到翼望山，一共二十三座山，六千七百四十四里。山神都是羊的身体、人的面孔。祭祠的礼仪为：埋一块吉玉，精米用粟米。

西山经

西次四经

题解 吕调阳说见《西山经》题解。

西4-1 西次四经之首，曰阴山[1]，上多谷[2]，无石，其草多茆、蕃[3]。阴水出焉，西流注于洛。

注释

[1]阴山，《五藏山经传》卷二："以阴水名，今澄城县西南捌铃泉也，其北亦有甘泉，与雕阴之甘泉同名，故旧说或指雕山为阴山矣。"

[2]谷，参见南1-1注[7]。

[3]茆（mǎo）、蕃，郭璞曰："茆，凫葵也；蕃，青蕃，似莎而大。"郝懿行曰："茆见陆机《诗疏》云：'江南人谓之莼菜。'《说文》云：'茆，凫葵也。'"

释文 《西次四经》一组，第一座山叫阴山，山上有许多穀树，没有石头，草多是茆和蕃。阴水在这里发源，向西流注入洛水。

西4-2 北五十里，曰劳山，多茈草[1]。弱水[2]出焉，而西流注于洛。

注释

[1]茈，通紫。郝懿行曰："茈草即紫草。"紫草科植物。

[2]弱水，《五藏山经传》卷二："弱同溺。溺水即甘泉，西南流会阴水注洛。"

释文 往北五十里，叫劳山，山上有许多茈草。弱水在这里发源，向西流注入洛水。

西4-3 西五十里，曰罢父之山。洱水[1]出焉，而西流注于洛，其中多茈[2]、碧[3]。

注释

[1]洱水，《五藏山经传》卷二："山在澄城东北，其水曰大谷河，即洱水也，南流西注洛，形如珥。"

[2]茈，郝懿行曰："茈、碧二物也。茈即茈石。"《石雅·琳琅》论紫石英："古时亦称茈石，或作芘石。《山海经·北山经》之首曰单狐之山，逢水出焉，其中

多茈石、文石。《中次六经》娄涿之山，陂水出其阴，其中多茈石、文石。郝懿行疏曰：茈当为茈。茈，古字叚借为紫也。《本草别录》云紫石华一名茈石华。《盐铁论》云周人以紫石，即茈石矣。案郝说是也。《山海经》茈每作茈，如《南山经》洵山，洵水出焉，其中多茈赢。郭璞曰，紫色赢也。《太平御览》引此经茈作茈。又《东山经》竹山，激水出焉，其中多茈赢，亦正作茈，而赢当为赢。然则茈石即茈石亦即紫石，明矣。经每言茈石与文石同产，则亦当与文石同属，盖物以类聚，石亦然也。《本草纲目》谓玛瑙一名文石，今紫石英与玛瑙质皆近似，则茈石之为紫石英又审矣。"

〔3〕碧，青碧之类，参见西3-15注〔2〕。

释文 往西五十里叫罢父山。洱水在这里发源，向西南流注入洛水，水中多产茈和碧。

西4-4 北百七十里，曰申山[1]，其上多谷[2]、柞[3]，其下多杻、橿[4]，其阳多金、玉。区水[5]出焉，而东流注于河。

注释

〔1〕申山，《五藏山经传》卷二："申山在洛川县东五十里，有丹阳水东流，又东北右合朱砂岭水，两川若垂绅之厉，故名。"厉，腰带下垂。

〔2〕谷，参见南1-1注〔7〕。

〔3〕柞，参见西1-13注〔3〕。

〔4〕杻橿，参见西1-7注〔1〕。

〔5〕区水，《五藏山经传》卷二："又东北银川水合众流自西北来会，总名曰区水也。"

释文 往北一百七十里，叫申山，山上有许多榖树和柞树，山下有许多杻、橿，山的南面多产金、玉。区水在这里发源，向东流注入河。

西4-5 北二百里，曰鸟山[1]，其上多桑，其下多楮，其阴多铁，其阳多玉。辱水[2]出焉，而东流注于河。

注释

〔1〕鸟山，《五藏山经传》卷二："甘泉县东北有野猪歧泉水，西有甘泉水，东有准利川水交会于洛，象飞鸟形。鸟山即野猪歧山也。"

〔2〕辱水，《五藏山经传》卷二："浊筋河出其东北，北会延水，东流注河，即辱水也。"

释文 往北二百里，叫鸟山，山上有许多桑树，山下有许多楮树，山的北面多产铁，南面多产玉。辱水在这里发源，向东流注入河。

西4-6 又北百二十里，曰上申之山[1]，上无草木，而多硌石[2]，下多榛楛[3]，兽多白鹿。其鸟多当扈，其状如雉，以其髯[4]飞，食之不胸目[5]。汤水[6]出焉，东流注于河。

当扈

注释

[1]上申之山，《五藏山经传》卷二："上申与天带义同。"参见西1-15注[1]。

[2]硌（luò），大石头。

[3]楛（hù），郭璞曰："榛子似栗而小，味美。楛木可以为箭。"李时珍《本草纲目》卷三十六："牡荆，有青赤二种。青者为荆，赤者为楛，嫩条皆可为筥箧。古者贫妇以荆为钗，即此二木也。"牡荆，马鞭草科植物。

[4]髯，郭璞曰："咽下须毛也。"髯本指人的胡须、颊毛，这里是说鸟的相应部位的毛，故郭璞特为指出。

[5]眴同瞬，眴目即瞬目，眨眼。

[6]汤水，《五藏山经传》卷二："银川两源所发，即汤水也。"

释文 再往北一百二十里，叫上申山，上面没有草木，但有许多大石头，下面有许多榛和楛。兽类多是白鹿。鸟类多是当扈，形状像雉，用它脖子下面的毛飞，吃了它的肉可以不眨眼。汤水在这里发源，向东流注入河。

西4-7 又北百八十里，曰诸次之山[1]，诸次之水出焉，而东流注于河。是山也，多木无草，鸟兽莫居，是多众蛇[2]。

注释

[1]诸次之山，《五藏山经传》卷二："延安府北神木山也，有雷公川东南合潘陵川南入延水而东注河，即诸次水。"

[2]多众蛇，俞樾《读山海经》："毕氏校正曰：'《水经注》引经作"象蛇"，当为"众蛇"。其地无象。'愚按毕说误也。象蛇乃鸟名，《北山经》阳山'有鸟焉，其状如雌雉，而五采以文，是自为牝牡，名曰象蛇'，亦即是鸟。毕氏误以象蛇为二物，遂以其地无象谓当为众蛇，既云多，又云众，不辞矣。"《五藏山经传》卷二："山之西即大虫岭，所谓'多象蛇'也。象蛇，即巴蛇也。"

释文 再往北一百八十里叫诸次山，诸次水在这里发源，向东流注入河。这座山有许多树木但没有草，鸟兽都不住在这里，有许多象蛇。

西4-8 又北百八十里，曰号山，其木多漆、棕，其草多药、蘼、芎劳[1]。多泠石[2]。端水[3]出焉，而东流注于河。

注释

[1] 药蘪（xiāo）芎䓖（xiōng qióng），郭璞曰："药，白芷别名。蘪，香草也。芎䓖一名江蓠。"《广雅·释草》："白芷，其叶谓之药。"王念孙疏证："芷与茝古同声，芷即茝也。《说文》云：'茝，蘪也。''楚谓之蓠，晋谓之蘪，齐谓之茝。'"故药、蘪同指伞形科植物白芷。芎䓖指伞形科植物川芎。

[2] 泠（gàn），郝懿行曰："《说文》泠字作淦，云泥也，艺石质柔软如泥者，今水中土中俱有此石也。"《石雅·辨疑》列举《山海经》中所有泠石、泠石、涂石的相关条目及各家注，并曰："上述诸说，郭氏辨其字而未详其义，毕、郝二氏并引《说文》，渐由字之义以推及其物矣。顾其说亦有异同，于今思之，泠、淦古通，泠、涂字异而义同，一物数名，古当有之，不必为淦之讹也。泠与泠字为近，古或并作泠，《水经注》引经亦作泠石，疑即冷石，亦即滑石也。"

[3] 端水，吕调阳校作"湍水"，《五藏山经传》卷二："湍水，今秀延河，出安定县西北之灌清谷，即号山。号，湍注声也。"

释文 再往北一百八十里，叫号山，树木多漆树和棕树，草多药、蘪和芎䓖。有许多泠石。端水在这里发源，向东流注入河。

西4-9 又北二百二十里，曰盂山，其阴多铁，其阳多铜，其兽多白狼白虎，其鸟多白雉白翟[1]。生水[2]出焉，而东流注于河。

白虎

注释

[1] 白翟，郭璞曰："或作'白翠'。"郝懿行曰："雉、翟一物二种，经'白翟'当为'白翠'。"参见西2-5注[4]。

[2] 生水，《五藏山经传》卷二："他克拉布河出榆林府西六十里，南流右受二水，其西北有哈柳图河，亦南流右受三水，并注西拉乌苏东南入河，两水并象艸茁之形，故曰生水。"

释文 再往北二百二十里，叫盂山，山的北面多产铁，南面多产铜。兽类多是白狼、白虎，鸟类多是白雉、白翟。生水在这里发源，向东流注入河。

西4-10 西二百五十里，曰白於之山[1]，上多松柏，下多栎[2]、檀，其兽多㸲牛[3]、羬羊[4]，其鸟多鸮[5]。洛水出于其阳，而东流注于渭；夹水出于其阴，东流注于生水。

注释

〔1〕白於之山，《五藏山经传》卷二："号山西也，洛正源所出也。人寐目上反谓之白。白於，洛源诸水象死鸟仰卧也。洛本作雒，水又象鸟被啄仰地急鸣也。"

〔2〕栎，郭璞曰："栎即柞。"

〔3〕牦牛，参见南1-5注〔5〕。

〔4〕羬羊，参见西1-1注〔3〕。

〔5〕鹑，郭璞曰："鹑似鸠而青色。"参见西1-17注〔5〕。

释文 往西二百五十里，叫白於山，山上有许多松、柏，山下有许多栎和檀。兽类多牦牛和羬羊，鸟类多是鹑。洛水在它的南面发源，向东流注入渭水；夹水在它的北面发源，向东流注入生水。

西4-11 西北三百里，曰申首之山〔1〕，无草木，冬夏有雪。申水出于其上，潜于其下，是多白玉。

注释

〔1〕申首之山，郝懿行曰："《艺文类聚》二卷、《太平御览》十二卷并引此经作由首。"《五藏山经传》卷二："由首，由水之首也。今水名把都河，北流出塞，潴为通哈拉克池，所谓出于其上，潜于其下也。墨室之穴谓之由，绳之所自出也。此池及水形似之。把都，一作巴图，蒙古语，坚实也。"墨室，即墨斗的主体部分。

释文 往西北三百里，叫申首山，没有草木，冬天夏天都有雪。申水在它上面发源，然后在它下面流淌，这里多产白玉。

西4-12 又西五十五里，曰泾谷之山〔1〕，泾水出焉，东南流注于渭，是多白金、白玉。

注释

〔1〕泾谷之山，《五藏山经传》卷二："山在定边县南天池铺，泾水正源所发。"

释文 再往西五十五里，叫泾谷山，泾水在这里发源，向东南流注入渭水，这里多产白金和白玉。

西4-13 又西百二十里，曰刚山〔1〕，多柒木〔2〕，多㻬琈〔3〕之玉。刚水〔4〕出焉，北流注于渭。是多神𩳁〔5〕，其状人面兽身，一足一手，其音如钦〔6〕。

注释

〔1〕刚山，《五藏山经传》卷二："山在庆阳府铁边城西北。"

〔2〕刚水，《五藏山经传》卷二："有铁边河南会泾水东南注渭，即刚水也。"

神魁

［3］柒木，汪绂曰："柒即'漆'字。"郝懿行认为柒别是一种树木的名字，但没有说明理由。

［4］璚玗，参见西1-4注［5］。

［5］傀，同魑，音chī。

［6］钦，郭璞曰："钦亦吟字假音。"郝懿行曰："《说文》云'钦，欠皃'，盖人呵欠则有音声也。"

释文 再往西一百二十里，叫刚山，有许多柒木，多产璚玗玉。刚水在这里发源，向北流注入渭水。这里有许多神傀，长着人面兽身，只有一只脚、一只手，声音像打呵欠。

西4-14 又西二百里，至刚山之尾[1]，洛水[2]出焉，而北流注于河。其中多蛮蛮，其状鼠身而鳖首，其音如吠犬。

注释

［1］刚山之尾，《五藏山经传》卷二："刚山之尾在今山城驿。"

［2］洛水，《五藏山经传》卷二："有水西北流，右合二水至惠安盐池入清水河，即洛水。《水经注》谓之肥水，有惠安堡盐捕通判，即三水县故城也。水有肥可然，故名洛。洛，古酪字，煮豆汁也。"

蛮蛮

释文 再往西二百里，就到了刚山的尾端，洛水在这里发源，向北流注入河。水中有许多蛮蛮，身体像老鼠，头像鳖，叫声像犬吠。

西4-15 又西三百五十里，曰英鞮之山[1]，上多漆木，下多金玉，鸟兽尽白。涴水[2]出焉，而北注于陵羊之泽。是多冉遗之鱼，鱼身蛇首六足，其目如马耳，食之使人不眯[3]，可以御凶。

注释

［1］英鞮（dī）之山，吕调阳校作"英提之山"，《五藏山经传》卷二："山在固原州南张义堡，首山之北峰也。清水河数源合北流，象提物屈中两指之状，故曰英提，曰涴。英，央也；宛，曲也。"见中10-1。

　　[2]浼，音yuǎn。

　　[3]眯，袁珂《山海经校注》曰："郝懿行云：'《说文》云："眯，艸入目中也。"'珂案：此固眯之一义，然以此释此经之眯，则未当也。'艸入目中'，偶然小事，勿用服药；即令服药，亦何能'使人不眯'？《庄子·天运篇》云：'彼不得梦，必且数眯焉。'《释文》引司马彪云：'眯，厌也。'厌，俗作'魇'，即厌梦之义：此经文眯之正解也，与下文'可以御凶'之义亦合。西次三经翼望之山鸱鵂，'服之使人不厌'，郭注云：'不厌梦也。'山经凡言'不眯'，均当作此解。"此说截取自段玉裁《说文解字注》䁤字注。引前人旧说不注明出处已然不合规范，又截取段氏所用材料强解"眯"字为梦魇则更是生造字义。眯字在这里确当释作梦魇更为合理，然而并非这个字固有其义。段玉裁明言"䁤，古多假借眯为之"，《山海经》中的"眯"也可视为"䁤"的通假字，䁤的字义才是"寐而厌也"。厌、魇二字又是正体、俗体的关系，今多用后者，所以今天可用"做恶梦"来解释"眯"。

冉遗

释文 再往西三百五十里，叫英鞮山，山上多漆树，山下多产金、玉，鸟兽都是白色的。浼水在这里发源，向北流注入陵羊泽。这里有许多冉遗鱼，长着鱼的身体、蛇的头和六只脚，它的眼睛像马耳，吃了它的肉可以使人不做恶梦，也可以抵御凶灾。

西4-16　又西三百里，曰中曲之山[1]，其阳多玉，其阴多雄黄[2]、白玉及金。有兽焉，其状如马而白身黑尾，一角，虎牙爪，音如鼓音，其名曰駮[3]，是食虎豹，可以御兵。有木焉，其状如棠[4]，而员叶赤实，实大如木瓜，名曰櫰[5]木，食之多力。

注释

　　[1]中曲之山，《五藏山经传》卷二："中曲，今会宁县东鸦岔山也。响水河即虎尾山水环其三面如筐曲，故名。"

　　[2]雄黄，《石雅·乐石》："即今称鸡冠石是也。今亦有名雄黄者，乃即古之雌黄。"

　　[3]駮，音bó。

　　[4]棠，参见西3-8注[7]。

駮

［5］檅，音huái。

释文 再往西三百里叫中曲山，山的南面多产玉，北面多产雄黄、白玉和金。有一种兽，形状像马，白身黑尾，有一只角和老虎的爪牙，叫声像敲鼓，名字叫駮，能吃虎豹，可以抵御刀兵之灾。有一种树，形状像棠，叶子是圆的，果实是红的，大小像木瓜，名叫檅木，吃了可以使人更有力气。

穷奇

西山经

西4-17 又西二百六十里，曰邽山[1]。其上有兽焉，其状如牛，猬毛，名曰穷奇，音如獆狗[2]，是食人。濛水[3]出焉，南流注于洋水，其中多黄贝[4]、蠃鱼，鱼身而鸟翼，音如鸳鸯，见则其邑大水。

注释 ［1］邽（guī）山，《五藏山经传》卷二："今宁远西南老君山，即古西倾山也。""邽从跬省，顷而履植，似圭也；五交谷水，象人顷跌形也。"

［2］獆，同嗥。獆狗在其他书中罕见记载，当是指豺狼一类经常嗥叫的犬科动物。

［3］濛水，《五藏山经传》卷二："濛水即西汉水，东南会乌油江、嘉陵江，南注白水，水西出岷山，与大江源近，番人名祥楚河，即洋水也。""蒙，蔽翳也。山丹、渭水、藕水、乌油、白龙众流环西汉水，如人翳木间也。"

［4］黄贝，郭璞曰："贝，甲虫，肉如科斗，但有头尾耳。"

释文 再往西二百六十里，叫邽山。山上有兽，形状像牛，长着刺猬一样的硬毛，名叫穷奇，叫声像獆狗，能吃人。濛水在这里发源，向南流注入洋水，水中有许多黄贝、蠃鱼，身体像鱼，有鸟一样的翅膀，叫声像鸳鸯，它出现意味着地方上会发大水。

蠃鱼

西4-18 又西二百二十里，曰鸟鼠同穴[1]之山，其上多白虎、白玉。

渭水出焉，而东流注于河。其中多鳒鱼[2]，其状如鳣鱼[3]，动则其邑有大兵。滥[4]水出于其西，西流注于汉水。多絮䰲[5]之鱼，其状如覆铫[6]，鸟首而鱼翼鱼尾，音如磬石[7]之声，是生珠玉。

注释

[1] 鸟鼠同穴，郭璞曰："今在陇西首阳县西南，山有鸟鼠同穴，鸟名曰鵌，鼠名曰鼵。鼵如人家鼠而短尾，鵌似燕而黄色。穿地入数尺，鼠在内，鸟在外而共处。孔氏《尚书传》曰，共为雌雄；张氏《地理记》云，不为牝牡也。"清徐松《西域水道记》卷五："（赛喇木淖尔东北）有鸟鼠同穴者，鼠如常鼠，鸟长尾绿身，如鹊而小。黎明，鸟先出翱翔，鼠蹲穴口顾望，渐走平地，鸟来集鼠背，张翼以噪，鼠往返驰而鸟不坠，良久乃已。是即《尔雅》鵌鼵。"

鸟鼠同穴

[2] 鳒，音sāo。

[3] 鳣（zhān），郭璞曰："鳣鱼，大鱼也，口在颔下，体有连甲也。"即鲟科动物鳇鱼。参见东3-6注[2]。

[4] 滥（jiàn）水，《五藏山经传》卷二："今水出石井所，西北流至旧临洮府城北，西入洮，即此经云汉水也。"

[5] 絮䰲，音rú pí。

[6] 铫（yáo），今读diào，一种带柄有嘴的小锅。

[7] 磬石，参见西1-4注[4]。

释文 再往西二百二十里，叫鸟鼠同穴山，山上有许多白虎、白玉。渭水在这里发源，向东流注入河。水中多鳒鱼，形状像鳣鱼，这种鱼外

鳒鱼、絮䰲鱼

出活动预示着地方上会有大规模战争。滥水在它的西面发源，向西流注入汉水。水中多鮆鮣鱼，形状像倒扣着的铫子，长有鸟的头和鱼鳍、鱼尾，叫声像磬石发出的声音，能产珠玉。

西4-19 西南三百六十里，曰崦嵫[1]之山，其上多丹木，其叶如谷[2]，其实大如瓜，赤符[3]而黑理，食之已瘅[4]，可以御火。其阳多龟，其阴多玉。苕水[5]出焉，而西流注于海[6]，其中多砥砺[7]。有兽焉，其状马身而鸟翼，人面蛇尾，是好举人，名曰孰湖。有鸟焉，其状如鸮[8]而人面，蜼[9]身犬尾，其名自号也，见则其邑大旱。

孰湖

注释

[1]崦嵫（yān zī），郭璞曰："日没所入山也。"《五藏山经传》卷二："崦嵫，今玉门县南昌马山也。"

[2]谷，参见南1-1注[7]。

[3]符，毕沅曰："借为柎也。"

[4]瘅，参见西3-22注[4]。

[5]苕水，《五藏山经传》卷二："昌马河出其北，分流数十里复合，象苕陵，故曰苕水。"参见南2-7注[4]。

[6]海，《五藏山经传》卷二："又西凡六百馀里注哈拉淖尔，即此经所云海。"

[7]砥砺，郭璞曰："磨石也。精为砥，粗为砺也。"

[8]鸮，参见西1-17注[5]。

[9]蜼（wèi），郭璞曰："狝猴属也。"参见中9-7注[5]。

释文 往西南三百六十里，叫崦嵫山，山上有许多丹木，果实大如瓜，红色的花萼，有黑色的纹理，吃了可以治疗黄疸，可以防火。山的南面有许多龟，北面多产玉。苕水在这里发源，向西流注入大海，水中多砥砺。有一种兽，长着马的身体又有鸟的翅膀、人的面孔、蛇的尾巴，喜欢把人举起来，名叫孰湖。有一种鸟，形状像猫头鹰，长着人的面孔，身体像蜼，尾巴像狗，它的名字是根据叫声得来得，它的出

人面鸮

西山经

现预示着地方上将遭遇大旱。

凡西次四经自阴山以下，至于崦嵫之山，凡十九山，三千六百八十里。其神祠礼，皆用一白鸡祈。糈以稻米，白菅为席。

释文《西次四经》一组，从阴山到崦嵫山，一共十九座山，三千六百八十里。祭祀山神的礼仪为：都用一只白鸡祈祷。精米用稻米，用白菅编的席子。

右西经之山，凡七十七山，一万七千五百一十七里。

释文以上是《西山经》的内容，一共七十七座山，一万七千五百一十七里。

卷三　北山经

山海经卷三

北 山 经

题解《五藏山经传》卷三："此经所志，今山西涑川以北、河水以东诸山也。涑水古名杠水，其北源曰边水，并西南流合泐泽水与浍水南枝会。泐泽一名少泽，故陂在今闻喜县东北二十五里。闻喜即晋曲沃也。泐水流至县南，左会沙渠水即潈水，少南右会野狐泉水即洓水，又西南百三十馀里，至虞乡县西北注五姓湖，与夏县水会，即三经之教水。此湖《水经》谓之张杨池，即下文云栎泽也。"

北1-1北山经之首，曰单狐之山[1]，多机木[2]，其上多华草。潈水[3]出焉，而西流注于泐水，其中多芘石[4]文石[5]。

注释

[1] 单狐之山，《五藏山经传》卷三："单狐之山即三经所云发丸之山，在教山北并中条枝阜，教水出其阳，西南流，沙渠水出其阴，西北会涑水，亦西南流，并注栎泽。合两水视之，象弹者摄丸之形，故曰发丸。北受栎水象狐首，此水象狐鸣，故曰单狐。单，鸣也。"

[2] 郭璞曰："机木似榆，可烧以粪稻田，出蜀中。"杨慎云："即今之桤也。"桤木，桦木科植物。

[3] 潈（féng）水，《五藏山经传》卷三："涑水诸源自东北来象蜂形，著于狐首之上，故曰潈水。逢者人与蜂遇也。"

[4] 芘石，参见西4-3注[2]。

[5] 文石，《石雅·辨疑》："意文石必非专指一物，乃泛称石之多文者，而其用之也至普。""于今考之，其足当文石之称者略有三焉：一为玛瑙，一为大理石，又一为麻石之属是也。"文石为玛瑙之说，参见西4-3注[2]，而其馀二说所举例证均不涉及《山海经》。

释文《北山经》一组，第一座山叫单狐山，山上有许多机木，也有许多华草。潈水在这里发源，向西流注入泐水，水中多产芘石和文石。

北1-2又北二百五十里，曰求如之山[1]，其上多铜，其下多玉，无草木。滑水[2]出焉，而西流注于诸毗之水[3]。其中多滑鱼，其状如鳝[4]，赤背，其音如梧[5]，食之已疣[6]。其中多水马，其状如马，文臂^[7]牛尾，其音如呼^[8]。

滑鱼

注释

[1] 求如之山，《五藏山经传》卷三："浍水自翼城南六源合北流屈而西，东二源西流经翼城南北来会，象扰取者曲其掌，故山曰求如。求、捄也。"扰取，舀取。

[2] 滑水，《五藏山经传》卷三："又西枝津南注泑泽，象滑稽之状，故曰滑水。"参见西1-19注〔2〕。

[3] 诸毗之水，《五藏山经传》卷三："其正流西注汾，汾自泰泽以南谓之诸毗之水也。"参见南2-1注〔3〕。

[4] 鳕，郭璞曰："鳕鱼似蛇。"也写作鮖，即鳝，合鳃鱼科动物，俗称黄鳝。

[5] 梧，郝懿行曰："义当如据梧之梧。《庄子·齐物论篇·释文》引司马彪云：'梧，琴也。'崔譔云：'琴瑟也。'"

[6] 疣，皮肤病，症状是皮肤上出现跟正常的皮肤颜色相同的或黄褐色的突起，一个或多个，表面干燥而粗糙，不疼不痒，好发于面部和手背。

[7] 臂，郭璞曰："前脚也。"

[8] 呼，郝懿行曰："谓马叱吒也。"

释文 再往北二百五十里，叫求如山，山上多产铜，山下多产玉，没有草木。滑水在这里发源，向西流注入诸毗水。水中有许多滑鱼，形状像鳝，背部红色，叫声像琴声，吃了它的肉可以治疗疣子。水中有许多水马，形状像马，前腿有花纹，尾巴像牛，叫声像马打鼻。

北1-3 又北三百里，曰带山^[1]，其上多玉，其下多青碧^[2]。有兽焉，其状如马，一角有错^[3]，其名曰䑏^[4]疏，可以辟火。有鸟焉，其状如乌，五采而赤文，名曰鵸鵌，是自为牝牡，食之不疽^[5]。彭水出焉，而西流注于芘湖^[6]之水，其中多儵^[7]鱼，其状如鸡而赤毛，三尾、六足、四首，其音如鹊，食之可以已忧。

䑏疏

注释

[1] 带山，《五藏山经传》卷三："带山，王屋北山也。黑水河西南流，环曲西北，南受二水，象彭腹缓带之形，故曰带山，

鹊鵨、鯈鱼

曰彭水。"王屋山在北3-8。

　　[2]青碧，参见西2-4注[2]。

　　[3]一角有错，汪绂曰："言角有甲如错。"郝懿行曰："《说文》云：厝，厉石也；引《诗》'他山之石，可以为厝'。今《诗》通作错。"

　　[4]臘，音huān。

　　[5]疽(jū)，局部皮肤肿胀坚硬的毒疮。

　　[6]茈(bǐ)湖，《五藏山经传》卷三："重匕曰比，叶相比曰茈。茈湖之水盖即百金泊，在平阳府东十里，与府西之平湖两两相比也。"

　　[7]鯈，音tiáo。

释文 再往北三百里，叫带山，山上多产玉，山下多产青碧。有一种兽，形状像马，有一只角，角上还有错，名叫臘疏，可以防火。有一种鸟，形状像乌鸦，体色五采而有红色纹路，名叫鹊鵨，这种鸟可以自己交配繁殖，吃了它的肉可以治疗毒疮。彭水在这里发源，向西流注入茈湖水，水中多鯈鱼，形状像鸡，红毛，三条尾巴、六只脚、四个头，叫声像鹊，吃了它的肉可以消除忧愁。

北1-4又北四百里，曰谯明之山[1]，谯水[2]出焉，西流注于河。其中多何罗之鱼，一首而十身，其音如吠犬，食之已痈[3]。有兽焉，其状如貆[4]而赤豪，其音如榴榴，名曰孟槐，可以御凶。是山也，无草木，多青雄黄[5]。

注释

　　[1]谯(qiáo)明之山，《五藏山经传》卷三："谯通焦。焦明之山，今宁乡县东南焦山，即《汉书·地理志》西河郡之蔺县，有火井

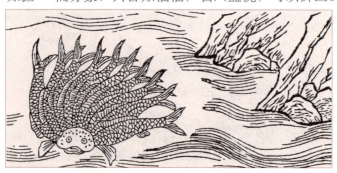

何罗鱼

祠火从地出者也。"

[2] 谯水，《五藏山经传》卷三："南川河导源西北，流至永宁州西南，北川东川两水合而南流来会，名三川河。又西至上平关，北注于河，即焦水也。"

[3] 痈，肿疡。一种皮肤和皮下组织的化脓性炎症，多发于颈、背，常伴有寒热等全身症状，严重者可并发败血症。

[4] 狟（huán），郭璞曰："狟，豪猪也。"参见西1-8注[10]。

[5] 青雄黄，参见西2-14注[2]。

释文 再往北四百里，叫谯明山，谯水在这里发源，向西流注入河。水中有许多何罗鱼，一个头十个身子，叫声像犬吠，吃了它的肉可以治疗肿疡。有一种兽，形状像豪猪，但刺是红的，叫声像榴榴，名叫孟槐，可以抵御凶灾。这座山没有草木，多产青雄黄。

孟槐

北1-5 又北三百五十里，曰涿光之山[1]，嚣水[2]出焉，而西流注于河。其中多鳛鳛[3]之鱼，其状如鹊而十翼，鳞皆在羽端，其音如鹊，可以御火，食之不痒[4]。其上多松柏，其下多棕枬[5]，其兽多麢羊[6]，其鸟多蕃。

注释

[1] 涿光之山，吕调阳校作"逐犬之山"，《五藏山经传》卷三："洞涡水盖本作狪狪水，出乐平州判西之斗泉山，即嚣水，西北流合寿水，又西南受大小涂水，诸水象犬见逐反噬之状，故曰狪狪，曰逐犬之山。"

[2] 嚣水，《五藏山经传》卷三："其水又西南受象谷水，西会汾水注河。汾水自此以下名嚣水也。"

[3] 鳛，音zhě。

[4] 痒，参见西3-22注[4]。

[5] 枬，参见西1-7注[1]。

[6] 麢羊，参见西1-18注[4]。

释文 再往北三百五十里，叫涿光山，嚣水在这里发源，向西流注入河。水中多鳛鳛鱼，形状像鹊，有十个翅膀，鳞片都长在羽毛的末端，叫声像鹊，可以防

鳛鳛

火，吃了它的肉可以预防黄疸。山上有许多松、柏，山下有许多棕、橿。兽类多麢羊，鸟类多蕃。

橐驼

北1-6 又北三百八十里，曰虢山[1]，其上多漆，其下多桐椐[2]，其阳多玉，其阴多铁。伊水出焉，西流注于河。其兽多橐驼[3]，其鸟多寓[4]，状如鼠而鸟翼，其音如羊，可以御兵。

注释

[1] 虢（guó）山，《五藏山经传》卷三："虢，虎食兽遗其皮也。山在方山镇西临县东，曰连枝山，有水三源合西北流折而西而西南，北合数水，西南入河，象委皮爪足狼籍之形，又象道殣之状，故曰虢山、曰伊水。伊，死人也。"参见中2-9注[3]。

[2] 椐（jū），郭璞曰："椐，樻木，肿节中杖。"后世手杖中有"灵寿杖"十分有名，据说是用"灵寿木"制成，于是又有人认为所谓灵寿木就是《山海经》里的椐。汉朝又因灵寿木的传说，特地在河北置灵寿县，当地一些树木也被指为灵寿木，也就成了"椐"。但这些说法本来互有出入，不足以作为指认此树的依据。

[3] 橐驼，郭璞曰："有肉鞍，善行流沙中，日行三百里，其负千斤，知水泉所在也。"即骆驼。

[4] 寓，郝懿行曰："《方言》云：'寓，寄也。'《尔雅》有寓属，又有寓鼠曰嗛，此经寓鸟，盖蝙蝠之类。"

寓

释文 再往北三百八十里，叫虢山，山上有许多漆树，山下有许多桐和椐，山的南面多产玉，北面多产铁。伊水在这里发源，向西流注入河。兽类多是橐驼，鸟类多是寓，形状像鼠，长有鸟的翅膀，叫声像羊，可以抵御兵灾。

北1-7 又北四百里，至于虢山之尾[1]，其上多玉而无石。鱼水[2]出焉，西流注于河，其中多文贝[3]。

注释

[1] 虢山之尾，《五藏山经传》卷三："虢山北也。山在神池县西南，即管涔西

麓。"

[2]鱼水，《五藏山经传》卷三："鱼水即六涧河，两源象鱼尾，西合五水象翅足也。"

[3]文贝，参见西3-16注[2]。

释文 再往北四百里，就到了虢山的尾端，山上多产玉，但没有石头。鱼水在这里发源，向西流注入河，水中有许多文贝。

北1-8 又北二百里，曰丹熏之山[1]，其上多樗[2]柏，其草多韭薤[3]，多丹雘[4]。熏水出焉，而西流注于棠水[5]。有兽焉，其状如鼠，而菟[6]首糜身，其音如獋犬，以其尾飞，名曰耳鼠，食之不睬[7]，又可以御百毒。

注释

[1]丹熏之山，《五藏山经传》卷三："丹熏盖即赤红山，在兴县南，其水今亦名南川河，西北流注蔚。"

[2]樗，参见西1-8注[3]。

[3]薤（xiè），《玉篇·韭部》："薤，俗作'薤'。"百合科植物，其鳞茎即藠头。

[4]丹雘，参见南3-9注[2]、西2-4注[2]。

[5]棠水，《五藏山经传》卷三："汾水即棠水。"

[6]菟，通兔。

[7]睬（cǎi），郭璞曰："睬，大腹也，见《禅苍》。"

耳鼠

释文 再往北二百里，叫丹熏山，山上有许多樗、柏，草多是韭、薤，又多产丹雘。熏水在这里发源，向西流注入棠水。有一种兽，形状像鼠，长有兔子的头、糜鹿的身体，叫声像獋犬，用尾巴飞行，名叫耳鼠，吃了它的肉可以预防肚子鼓胀，又可以抵御各种毒物。

北1-9 又北二百八十里，曰石者之山[1]，其上无草木，多瑶碧[2]。泚水[3]出焉，西流注于河。有兽焉，其状如豹，而文题[4]白身，名曰孟极，是善伏，其鸣自呼。

注释

[1]石者之山，吕调阳校作"根者之山"，《五藏山经传》卷三："山在岢岚州东南，漪水源也。木根旁鼠曰耆，通'謷'，漪水数源西北流象之。"

[2]瑶碧，参见西3-15注[2]。

孟极

［3］泚水，《五藏山经传》卷三："又西经岢岚州南，西注于河，亦象足此戾，故曰泚水。"参见西3-2注［2］。

［4］题，额。

释文 再往北二百八十里，叫石者山，山上没有草木，多产瑶碧。泚水在这里发源，向西流注入河。有一种兽，形状像豹，额头有花纹，身体是白色的，名叫孟极，善于潜伏，它的名字是据自己的叫声得来的。

北1-10 又北百一十里，曰边春之山[1]，多葱、葵、韭、桃、李。杠水出焉，而西流注于泑泽。有兽焉，其状如禺[2]而文身，善笑，见人则卧[3]，名曰幽鴳[4]，其鸣自呼。

注释

［1］边春之山，《五藏山经传》卷三："涷水源也。"

［2］禺，参见南1-1注［8］。

［3］见人则卧，郭璞曰："言佯眠也。"

［4］鴳，音è。

释文 再往北一百一十里，叫边春山，多葱、葵、韭、桃、李。杠水在这里发源，向西流注入泑泽。有一种兽，形状像禺，身上有花纹，特别爱笑，看见人就假装睡觉，名叫幽鴳，它的名字是据自己的叫声得来的。

幽鴳

北1-11 又北二百里，曰蔓联之山[1]，其上无草木。有兽焉，其状如禺而有鬣，牛尾、文臂、马蹄，见人则呼，名曰足訾，其鸣自呼。有鸟焉，群居而朋飞[2]，其毛如雌雉，名曰鵁[3]，其鸣自呼，食之已风。

注释

［1］蔓（wàn）联之山，《五藏山经传》卷三："蔓联，潓水，形如联蔓也。在浮山县南。"

［2］朋，同、一起。

［3］鵁（jiāo），与南3-2的鵁不同，古称鹭科动物池鹭为鵁鶄，又是另一种鸟。

释文 再往北二百里，叫蔓联山，山上没有草木。有一种兽，形状像禺，脖子上有鬃毛，长着牛的尾巴、前肢有花纹、蹄子像马，看见人就叫，名叫足訾，它的名字是据自己的叫声得来的。有一种鸟，成群生活，一起飞翔，毛像雌雉，名叫鵁，它的名字也是据自己的叫声得来的。吃了它的肉可以治疗风症。

足訾

北1-12 又北百八十里，曰单张之山[1]，其上无草木。有兽焉，其状如豹而长尾，人首而牛耳，一目，名曰诸犍，善吒[2]，行则衔其尾，居则蟠其尾。有鸟焉，其状如雉，而文首、白翼、黄足，名曰白鵺[3]，食之已嗌[4]痛，可以已痸[5]。栎水出焉，而南流注于杠水。

注释

［1］单张之山，《五藏山经传》卷三："张义同长。张者，弦弓也。长，木工垂墨举左掌也。野狐泉三水合南流象之，故山得名。"

［2］吒（zhà），吆喝。

［3］鵺，音yè。

［4］嗌（ài），郭璞曰："咽也。《谷梁传》曰：'嗌不容粒。'今吴人呼咽为嗌。"

［5］痸（chì），癫狂病。

诸犍、白鵺

释文 再往北一百八十里，叫单张山，山上没有草木。有一种兽，形状像豹，尾巴很长，长着人的头和牛的耳朵，一只眼，名叫诸犍，常常发出吆喝声，行走时叼着自己的尾巴，停下来就把尾巴盘起来。有一种鸟，形状像雉，头上长着花纹，白色的翅膀，黄色的脚，名叫白鹇，吃了它的肉可以治疗咽喉痛，也可以治疗癫狂症。栎水在这里发源，向南流注入杠水。

竦斯

北1-13 又北三百二十里，曰灌题之山[1]，其上多樗[2]柘，其下多流沙，多砥[3]。有兽焉，其状如牛而白尾，其音如訆[4]，名曰那父。有鸟焉，其状如雌雉而人面，见人则跃，名曰竦斯，其鸣自呼也。匠韩之水[5]出焉，而西流注于泑泽，其中多磁石[6]。

注释

[1]灌题之山，《五藏山经传》卷三："浍水北流西屈象题，东源出翼城东三十馀里中卫镇北高山，西流注之当其屈处，故曰题灌，因以名山也。"题，额。

[2]樗，参见西1-8注[3]。

[3]砥，参见西4-19注[7]。

[4]訆（jiào），大呼。

[5]匠韩之水，《五藏山经传》卷三："浍交象斫木之柿，故曰匠。东源象桔槔之摇，故曰韩。"柿，削斫的木片；韩，原义为水井周围的栏圈。

[6]磁石，《石雅·杂金》："磁石亦称磁君，一名处石，亦曰熠铁石，今又通称磁铁，盖名石而实铁也。"

释文 再往北三百二十里，叫灌题山，山有许上多樗和柘，山下有许多流沙，又有许多砥。有一种兽，形状像牛，尾巴是白色的，叫声像人呼叫，名叫那父。有一种鸟，形状像雌雉，长有人一样的脸，看见人就跳，名叫竦斯，它的名字是据叫声得来的。匠韩水在这里发源，向西流注入

那父

渤泽，水中多产磁石。

北1-14 又北二百里，曰潘侯之山[1]，其上多松、柏，其下多榛、楛[2]，其阳多玉，其阴多铁。有兽焉，其状如牛，而四节生毛，名曰旄牛[3]。边水出焉，而南流注于栎泽。

注释

　[1]潘侯之山，《五藏山经传》卷三："潘，潘也，渐米以掌摩挲之也。山在边春西北，当求如水之下，故曰潘。潘侯如云成侯，古潘国所在也。《春秋传》晋有潘父，盖食邑于潘也。"

　[2]榛、楛，参见西4-6注[3]。

　[3]旄牛，参见南1-5注[5]。

　释文 再往北二百里，叫潘侯山，山上有许多松、柏，山下有许多榛、楛，山的南面多产玉，北面多产铁。有一种兽，形状像牛，四肢关节上都长有长毛，名叫旄牛。边水在这里发源，向南流注入栎泽。

北1-15 又北二百三十里，曰小咸之山[1]，无草木，冬夏有雪。

注释

　[1]小咸之山，《五藏山经传》卷三："山盖葫芦泉所出，在岚县西北。"

　释文 再往北二百三十里，叫小咸山，没有草木，无论冬夏都有雪。

北1-16 北二百八十里，曰大咸之山[1]，无草木，其下多玉。是山也，四方，不可以上。有蛇名曰长蛇，其毛如彘豪，其音如鼓柝[2]。

注释

　[1]大咸之山，《五藏山经传》卷三："今岚县南七十馀里有石楼山，山之西曰方山镇，盖即大咸之山。"

　[2]柝（tuò），古代巡夜人敲以报更的木梆。

长蛇

　释文 往北二百八十里，叫大咸山，没有草木，山下多产玉。这座山四方形，不能上去。有蛇名叫长蛇，长着像猪鬃一样的硬毛，叫声像更夫敲梆子。

北1-17又北三百二十里，曰敦薨之山[1]，其上多棕、枏，其下多茈草[2]。敦薨之水出焉，而西流注于泑泽。出于昆仑之东北隅，实惟河原。其中多赤鲑[3]，其兽多兕[4]、旄牛[5]，其鸟多鸤鸠[6]。

注释

[1] 敦薨之山，《五藏山经传》卷二："亦昆仑西也。以大形言之，则在东北。敦薨之水即黑水，注泽象死人顿伏形。《书》言导黑水至于三危，入于南海，盖重源再发于卫藏之喀喇乌苏，流为梁州之黑水，是与济溢为荥、汉漾为潜、汾出东西皆脉水而知之，非臆度也。黑水亦名河者，重源远出，同为呵之义也。"

[2] 茈草，参见西4-2注[1]。

[3] 鲑（guī），郭璞曰："今名鯸鲐为鲑鱼。"《尔雅翼》卷二十九："鯸，今之河豚，状如科斗，腹下白，背上青黑有黄文。一名鯸鲐。"

[4] 兕，参见南3-2注[2]。

[5] 旄牛，参见南1-5注[5]。

[6] 鸤鸠，参见西1-12注[4]。

赤鲑

释文 再往北三百二十里，叫敦薨山，山上有许多棕树和枏树，山下有许多茈草。敦薨之水在这里发源，向西流注入泑泽。再从昆仑山的东北角流出，成为河的源头。水中多赤鲑，兽类多兕和旄牛，鸟类多鸤鸠。

北1-18又北二百里，曰少咸之山[1]，无草木，多青碧[2]。有兽焉，其状如牛，而赤身、人面、马足，名曰窫窳[3]，其音如婴儿，是食人。敦水出焉，东流注于雁门之水[4]，其中多鮆鮆之鱼[5]，食之杀人。

注释

[1] 少咸之山，《五藏山经传》卷三："少咸，兴安之首，潦水所源，在克什克屯部蒙古之西。潦水即潢水，今名西拉木伦，皆取污潦为义，汉人作辽，非也。"

[2] 青碧，参见西2-4注[2]。

[3] 窫窳，音yà yǔ。

[4] 雁门之水，郭璞曰："水出雁门山间。"《五藏山经传》卷三："雁门指谓今山海关。雁门之水即《汉》志之龙鲜水，出关北二百五十里，在喀剌沁中

窫窳

旗南，名老哈河。"

［5］鲯（bèi），《本草纲目》卷四十四："河豚，《北山经》名鲯鱼。"毕沅曰："即鲔鱼也，一名江豚。"二说不同，未详孰是。

释文 再往北二百里，叫少咸山，没有草木，多产青碧。有一种兽，形状像牛，有着红色的身体、人一样的脸面、马蹄一样的脚，名叫窫窳，叫声像婴儿啼哭，会吃人。敦水在这里发源，向东流注入雁门水，水中有许多鲯鲯鱼，吃了会毒死人。

北1-19 又北二百里，曰狱法之山[1]。滚泽之水[2]出焉，而东北流注于泰泽。其中多鱳鱼[3]，其状如鲤而鸡足，食之已疣[4]。有兽焉，其状如犬而人面，善投，见人则笑，其名山㹨[5]，其行如风，见则天下大风。

注释

［1］狱法之山，《五藏山经传》卷三："狱法，今平山也。在平阳府治临汾县西南八里，平水出而东北流至城西五里，潴为平湖。"

［2］滚（huái）泽之水，《五藏山经传》卷三："汾水枝津入焉，溢而西南入襄陵县界，分为数渠下流，经城北及城西，东入于汾，即此经滚泽之水，东北注泰泽者也。滚泽以泽名水，即泰泽也。"

［3］鳞，音zǎo。

［4］疣，参见北1-2注［6］。

［5］㹨，音huī。

释文 再往北二百里，叫狱法山。滚泽水在这里发源，向东北流注入泰泽。水中有许多鱳鱼，形状像鲤鱼，有鸡一样的脚，吃了它的肉可以治疗疣子。有一种兽，形状像狗，有人一样的脸，善于投掷，看见人就笑，名叫山㹨，走起路来像一阵风，它一出现天下就会刮大风。

鱳鱼、山㹨

诸怀、鮨鱼

北1-20 又北二百里，曰北岳之山[1]，多枳、棘[2]、刚木[3]。有兽
焉，其状如牛而四角、人目、彘耳，其名曰诸怀，其音如鸣雁，是食
人。诸怀之水出焉，而西流注于嚣水，其中多鮨鱼[4]，鱼身而犬首，其
音如婴儿，食之已狂。

[1] 北岳之山，《五藏山经传》卷三："太岳山也。在赵城县东北五十里，亦曰霍
太山，盖古之北岳。"

[2] 棘，指酸枣树，也泛指有刺的树木。

[3] 刚木，郭璞曰："檀柘之属。"《说文》："桢，刚木也。"段玉裁注："此
谓木之刚者曰桢，非谓木名也。"古无树木名"刚木"，故段玉裁特为注明，中9-4郭璞
注"楢曰刚木"，与此同。

[4] 鮨，音yì。

释文 再往北二百里，叫北岳山，山上有许多枳、棘和硬木。有一种
兽，形状像牛，有四只角、人一样的眼睛、野猪一样的耳朵，名叫诸
怀，叫声像大雁，会吃人。诸怀水在这里发源，向西流注入嚣水，水中
有许多鮨鱼，长着鱼的身体和狗的头，叫声像婴儿啼哭，吃了它的肉可
以治疗狂病。

北1-21 又北百八十里，曰浑夕之山[1]，无草木，多铜玉。嚣水[2]出
焉，而西北流注于海[3]。有蛇一首两身，名曰肥遗，见则其国大旱。

[1] 浑夕之山，吕调阳校作"浑多之山"，《五藏山经传》卷三："浑多，以水名
山，言浮沤流转也。"

[2]嚣水，《五藏山经传》卷三："水即图尔根河，其上源曰喀喇乌苏，蒙古谓水流迅急为图尔根，故曰嚣水。"

[3]海，《五藏山经传》卷三："海即黛山湖。"

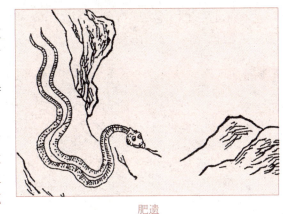

肥遗

释文 再往北一百八十里，叫浑夕山，没有草木，多产铜和玉。嚣水在这里发源，向西北流注入大湖。有一种蛇，一个头两个身体，名叫肥遗，它一出现国内就会大旱。

北1-22 又北五十里，曰北单之山[1]，无草木，多葱韭。

注释

[1]北单之山，《五藏山经传》卷三："鼓堆泉水出其上。清浊二源，一南流，一北流，并东折而合，南注于汾，象张口形。"

释文 再往北五十里，叫北单山，那里没有草木，有许多葱、韭。

北1-23 又北百里，曰罴差之山[1]，无草木，多马。

注释

[1]罴差之山，《五藏山经传》卷三："牧马堡在大同府西北，西临长城，曰马市楼口，即罴差之山也。"

释文 再往北一百里，叫罴差山，没有草木，有许多马。

北1-24 又北百八十里，曰北鲜之山[1]，是多马。鲜水出焉，而西北流注于涂吾之水。

注释

[1]北鲜之山，《五藏山经传》卷三："鲜，生鱼也。山在平鲁县西南，对鱼水及鲜于之水而言，故曰北鲜。其水今名兔毛河，二源合北流，屈而东北而北，受西一小水，又北少东，至朔平府城西南受东西二水，又迳城少屈西北，受东一水，西北至杀虎口，西出边注于乌蓝木伦河，即余吾之水。"

释文 再往北一百八十里，叫北鲜山，那里有许多马。鲜水在这里发源，向西北流注入涂吾水。

北1-25又北百七十里，曰堤山[1]，多马。有兽焉，其状如豹而文首，名曰狕[2]。堤水出焉，而东流注于泰泽，其中多龙龟。

注释

[1]堤山，《五藏山经传》卷三："山在汾西县西凤头镇，轰涧河所出，水形象穿梁，即春秋晋高梁之墟也。其西北即饮马山，故曰多马。"

[2]狕：音yǎo。

狕

释文 再往北一百七十里，叫堤山，有许多马。有一种兽，形状像豹，头上有花纹，名叫狕。堤水在这里发源，向东流注入泰泽，水中有许多龙龟。

凡北山经之首，自单狐之山至于堤山，凡二十五山，五千四百九十里，其神皆人面蛇身。其祠之，毛用一雄鸡彘瘗，吉玉用一珪，瘗而不糈。其山北人，皆生食不火之物。

释文 《北山经》一组，从单狐山到堤山，一共二十五座山，五千四百九十里，山神都是人面蛇身。祭祀的礼仪为：毛物埋一只雄鸡和一头猪，吉玉用一块珪，只埋祭物不用精米。这些山以北的人都不用火，吃生的东西。

北次二经

题解 《五藏山经传》卷三："此经所志，自今永定河源以北迄黑龙江源诸山也。"

北2-1 北次二经之首，在河之东，其首枕汾，其名曰管涔之山。其上无木而多草，其下多玉。汾水[1]出焉，而西流注于河。

注释

[1]汾水，《五藏山经传》卷三："汾有南、北二水，南汾即今汾河，北汾即灰水，东北合漯水始名桑乾水，今名永定河也。汾，分也；涔，潜也。管涔源与朔州泉潜通如管也。山即天池南脊。"

释文 《北次二经》一组，在河水的东面，前半部分紧挨着汾水，名叫管涔山。山上没有树木，有许多草，山下多产玉。汾水在这里发源，向西流注入河。

北2-2 又西二百五十里，曰少阳之山，其上多玉，其下多赤银[1]。酸水[2]出焉，而东流注于汾水，其中多美赭[3]。

注释

[1]赤银，郭璞曰："银之精也。"《石雅·色金》："案银色赤者，今非无之，如深红银矿、淡红银矿之类。然赭为铁类，其色若朱，故俗称铁朱，银之下不当有赭，则赤银非银也。然则何者为近？曰当与今之赤铁矿为近。赤铁与赭每生一处，如木之同根、水之同源也。而赤铁亦易化为赭，如子育母，青出于蓝也，其泽光莹可鉴，仿佛若银，赤银之名或原于此，盖亦以贱拟贵之例也。"

[2]酸水，《五藏山经传》卷三："酸水即朔州泉，今俗误指为桑乾泉者是也。"

[3]赭，暗红色土石，一般多指含铁的氧化物。郭璞曰："《管子》曰：'山上有赭者，其下有铁。'"

释文 再往西二百五十里，叫少阳山，山上多产玉，山下多产赤银。酸水在这里发源，向东流注入汾水，水中多产漂亮的赭。

北2-3 又北五十里，曰县雍之山[1]，其上多玉，其下多铜，其兽多闾[2]、麋，其鸟多白翟[3]、白䳗[4]。晋水[5]出焉，而东南流注于汾水。其中多鮆鱼[6]，其状如儵[7]而赤麟，其音如叱，食之不骄[8]。

注释

[1] 县雍之山，吕调阳校作"县甕之山"，《五藏山经传》卷三："县甕即洪涛山，洪源七轮如县甕。"

[2] 闾，郭璞曰："闾即羭也，似驴而岐蹄，角如麢羊，一名山驴。《周书》曰：'北唐以闾。'亦见《乡射礼》。"

[3] 白翟，参见西2-5注[4]。

[4] 白鵺（yǒu），郭璞曰："即白鵺也。"郝懿行曰："白鵺即白鷕"，参见西1-14注[7]。

[5] 晋水，《五藏山经传》卷三："其水东南流至马邑乡西潴为金龙池，象鸟首出于穴，故名晋水。（古作𣅀，从○，穴也。从两至，审所集也。）"审字义未详。《说文》以"至"为飞鸟下地的象形，故谓"晋"为二鸟头探出巢穴的象形。

[6] 紫鱼，参见南2-7注[5]。

[7] 鮆，郭璞曰："小鱼曰鮆。"郝懿行曰："鮆、鯈字通。"鮆即鲤科动物白鲦。

[8] 骄，郭璞曰："或作'骚'，骚臭也。"郝懿行曰："骚臭盖即蕴羝之疾，俗名狐骚也。"

闾

释文 再往北五十里，叫县雍山，山上多产玉，山下多产铜。兽类多闾和麢，鸟类多白翟、白鵺。晋水在这里发源，向东南流注入汾水。水中有许多紫鱼，形状像鮆，但鳞是红色的，叫声像呵叱，吃了它的肉不生狐臭。

北2-4 又北二百里，曰狐岐之山[1]，无草木，多青碧[2]。胜水[3]出焉，而东北流注于汾水，其中多苍玉。

注释

[1] 狐岐之山，《五藏山经传》卷三："山在今大同府左云县西南，即古武州县。武州川水两源翼导，俱发一山，东北流又东合漯水，南注于汾，其形肖狐而源有两岐，故曰狐岐。"

[2] 青碧，参见西2-4注[2]。

[3] 胜水，《五藏山经传》卷三："胜读如朕，水形象覆舟视其朕也。"朕，船上裂缝。

[4] 苍玉，参见西1-8注[7]。

释文 再往北二百里，叫狐岐山，没有草木，多产青碧。胜水在这里发源，向东北流注入汾水，水中多产苍玉。

北2-5 又北三百五十里，曰白沙山[1]，广员三百里，尽沙也，无草木鸟兽。鲔[2]水出于其上，潜于其下[3]，是多白玉。

注释

[1] 白沙山，《五藏山经传》卷三："白海子亦曰长水海，在阿巴垓蒙古右翼旗南三十里，四望皆白沙。"

[2] 鲔，音wěi。

[3] "鲔水"句，郭璞曰："出山之顶，停其底也。"

释文 再往北三百五十里，叫白沙山，方圆三百里，都是沙子，没有草木鸟兽。鲔水在山上发源，在它下面流淌。这里多产白玉。

北2-6 又北四百里，曰尔是之山[1]，无草木，无水。

注释

[1] 尔是之山，《五藏山经传》卷三："山在上都河东西之中，潮河源之北，哈剌布拉克之南。尔，牖帷也；是，提也。谓褰帷也。潮源在两河间象之。"

释文 再往北四百里，叫尔是山，没有草木，也没有水。

北2-7 又北三百八十里，曰狂山[1]，无草木。是山也，冬夏有雪。狂水出焉，而西流注于浮水[2]，其中多美玉。

注释

[1] 狂山，《五藏山经传》卷三："山在宣化张家口外哈剌城南，有西巴尔台河西北流，与南二水合北流者会，又东北折而西，名哈剌乌苏，西注昂吉里池，译言鹅雁池也。狂者，水形象猘犬弭其尾。"

[2] 浮水，《五藏山经传》卷三："浮，孚也。言多雁卵也。"孚，即孵。

释文 再往北三百八十里，叫狂山，没有草木。这座山上冬夏都有雪。狂水在这里发源，向西流注入浮水，水中多产美玉。

北2-8 又北三百八十里，曰诸馀之山[1]，其上多铜玉，其下多松、柏。诸馀之水出焉，而东流注于旄水。

注释

[1] 诸馀之山，《五藏山经传》卷三："诸馀，色野尔济山之东麓，乌蓝古衣河所出也。"

释文 再往北三百八十里，叫诸馀山，山上多产铜和玉，山下有许多松、柏。诸馀水在这里发源，向东流注入旄水。

北2-9 又北三百五十里，曰敦头之山[1]，其上多金玉，无草木。旄水[2]出焉，而东流注于印泽，其中多駹[3]马，牛尾而白身，一角，其音如呼。

注释
[1]敦头之山，《五藏山经传》卷三："敦头，西兴安山也。"

[2]旄水，《五藏山经传》卷三："洮赖河出其东麓曰木什夏河，两源合东南流数十里，折东北百里，会北二源而东而东南，左右受大小水十，象旄形。"

[3]駹，音bó。

駹马

释文 再往北三百五十里，叫敦头山，山上多产金、玉，没有草木。旄水在这里发源，向东流注入印泽，泽中有许多駹马，尾巴像牛，身体白色，有一个角，叫声像人在呼喊。

北2-10 又北三百五十里，曰钩吾之山[1]，其上多玉，其下多铜。有兽焉，其状如羊身人面，其目在腋下，虎齿人爪，其音如婴儿，名曰狍鸮[2]，是食人。

狍鸮

注释
[1]钩吾之山，《五藏山经传》卷三："吾通余。山在今巴林部南潦河南岸，有小水出山南，西流十馀里，屈而东北注潦象钩，潦水象钩竿。余，曲也。"

[2]狍鸮，郭璞曰："为物贪惏，食人未尽，还害其身，像在夏鼎，《左传》所谓饕餮是也。"

释文 再往北三百五十里，叫钩吾山，山上多产玉，山下多产铜。有一种兽，形状像羊的身体人的面孔，眼睛在腋下，有虎一样的牙齿和人手脚一样的爪子，叫声像婴儿啼哭，名叫狍鸮，会吃人。

北山经

北2-11 又北三百里，曰北嚣之山^[1]，无石，其阳多碧^[2]，其阴多玉。有兽焉，其状如虎，而白身犬首，马尾彘鬣，名曰独㺎^[3]。有鸟焉，其状如乌，人面，名曰䴔鹛^[4]，宵飞而昼伏，食之已暍^[5]。涔水^[6]出焉，而东流注于邛泽^[7]。

䴔鹛

注释

[1] 北嚣之山，《五藏山经传》卷三："北嚣在札鲁特蒙古西北曰模苏说伦哈达，其北麓为阿鲁坤都仑河所出。蒙古语阿鲁，山阴也；坤都仑，溜急而深也。即北嚣之谓矣。"

[2] 碧，青碧之类，参见西3-15注[2]。

[3] 㺎，音yù。

[4] 䴔鹛（pán mào），郭璞曰："䴔鹛之属。"

[5] 暍（yē），中暑。汪绂曰："今䴔鹛亦可治热及头风。"

[6] 涔水，《五藏山经传》卷三："其水合二涧北流折东南而东，右合尼伯尔坤都仑河，又东拜尔河自北合二水东南流来会，名和尔河。诸水象手，阿鲁坤都崙象屈指有所爪取，故曰涔。"参见西1-13[5]。

[7] 邛泽，《五藏山经传》卷三："又东南经奎屯山北，东南曲曲三百馀里，潴为因沁察罕池，即邛泽也。山路峥嵘谓之邛，此水及旄水入泽处亦皆曲曲象绳狰萦，故皆曰邛也。"

独㺎

释文 再往北三百里，叫北嚣山，没有石头，山的南面多产碧，北面多产玉。有一种兽，形状像虎，有白色的身体和狗一样的头，马一样的尾巴和野猪一样的鬃毛，名叫独㺎。有一种鸟，形状像乌鸦，有人一样的面孔，名叫䴔鹛，晚上出来飞行，白天蛰伏不动，吃了它的肉可以治疗中暑。涔水在这里发源，向东流注入邛泽。

北2-12 又北三百五十里，曰梁渠之山^[1]，无草木，多金玉。修水出焉，而东流注于雁门，其兽多居暨，其状如汇^[2]而赤毛，其音如豚。有鸟焉，其状如夸父，四翼、一目、犬尾，名曰嚣，其音如鹊，食之已腹痛，可以止衕[3]。

注释

[1] 梁渠之山，《五藏山经传》卷三："梁渠当作良举，即兴安岭东之海喇喀山，为英金河所出。"

[2] 彙（huì），刺猬。

[3] 衕（dòng），即腹泻。

居暨

释文 再往北三百五十里，叫梁渠山，没有草木，多产金、玉。修水在这里发源，向东流注入雁门。兽类多是居暨，形状像刺猬，但毛是红的，叫声像猪。有一种鸟，形状像夸父，有四个翅膀、一只眼睛、狗一样的尾巴，名叫嚣，叫声像鹊，吃了它的肉可以治疗肚子疼，又可以治疗腹泻。

嚣

北2-13 又北四百里，曰姑灌之山[1]，无草木，是山也，冬夏有雪。

注释

[1] 姑灌之山，《五藏山经传》卷三："贝尔湖之喀尔喀河口也。河东源于噶尔必池，西流四百余里来入，又北溢出二百数十里注枯伦湖，卒然临之，弗详所灌，故名姑灌。"

释文 再往北四百里，叫姑灌山，没有草木，这座山冬夏都有雪。

北2-14 又北三百八十里，曰湖灌之山[1]，其阳多玉，其阴多碧[2]，多马。湖灌之水出焉，而东流注于海，其中多鳢[3]。有木焉，其叶如柳而赤理。

注释

[1] 湖灌之山，《五藏山经传》卷三："枯伦湖东北水口之噶尔巴里山也。湖灌，湖水所灌也。湖自西南而东北，袤百余里，东西阔五六十里，喀尔喀河注其东，克鲁伦注其南，又自东北流出，名额尔纳古尔河，凡行八百余里入黑龙江而东注海也。"

[2] 碧，青碧之类，参见西3-15注[2]。

[3] 鳢，郭璞曰："亦鳢鱼字。"参见北1-2注[4]。

释文 再往北三百八十里，叫湖灌山，山的南面多产玉，北面多产碧，又有许多马。湖灌水在这里发源，向东流注入大海，水中有许多鳝鱼。有一种树木，叶子像柳树而有红色纹理。

北2-15 又北水行五百里，流沙三百里，至于洹山[1]，其上多金、玉。三桑生之，其树皆无枝，其高百仞。百果树生之。其下多怪蛇。

注释

[1]洹山，《五藏山经传》卷三："自额尔纳古尔河迳枯伦湖溯克鲁伦河而西至尼勒莫山，今水路约千七百馀里，以西南北皆沙地，水行沙中，不可舟也。自尼勒莫西北行沙地二百里，至必尔哈岭，为克鲁伦所源，肯特山之东南干，即洹山也。洹者，克鲁伦大形象钩援也。（古文作㳅，从氵，象形。）"

释文 再往北沿水路走五百里，过流沙三百里，就到了洹山，山上多产金、玉。这里长着三桑，这种树都没有枝，高达百仞。又生有百果树。山下多怪蛇。

北2-16 又北三百里，曰敦题之山[1]，无草木，多金玉。是錞[2]于北海。

注释

[1]敦题之山，《五藏山经传》卷三："黑龙江所源之小肯特山也，象水为名。"
[2]錞，参见西1-19注[2]。

释文 再往北三百里，叫敦题山，那里没有草木，多产金、玉。这座山坐落在北海边。

凡北次二经之首，自管涔之山至于敦题之山，凡十七山，五千六百九十里。其神皆蛇身人面。其祠：毛用一雄鸡彘瘗，用一璧一珪，投[1]而不糈。

注释

[1]投，郭璞曰："擿玉于山中以礼神，不薶之也。"

释文 北次二经》一组，从管涔山到敦题山，一共十七座山，

蛇身人面神

五千六百九十里。山神都是蛇身人面。祭祀的礼仪为：毛物埋一只雄鸡和一头猪，把一块璧和一块珪扔在山里，不用精米。

北次三经

题解《五藏山经传》卷三："此经所志，自河曲东北迄潦海诸山也。"

北3-1 北次三经之首曰太行之山，其首曰归山[1]，其上有金玉，其下有碧[2]。有兽焉，其状如麢羊[3]而四角，马尾而有距，其名曰䯄[4]，善还[5]，其名自訆。有鸟焉，其状如鹊，白身、赤尾、六足，其名曰𪃑[6]，是善惊，其鸣自詨[7]。

驒马

注释

[1] 归山，《五藏山经传》卷三："归山在蒲州西南中条所起处，本作'峛'，同'巍'，山小而众也。"

[2] 碧，青碧之类，参见西3-15注[2]。

[3] 麢羊，参见西1-18注[4]。

[4] 䯄，音hún。

[5] 还（xuán），同旋，盘旋起舞。

[6] 𪃑，音fén。

[7] 詨（xiào），郭璞曰："今吴人谓呼为詨。"

𪃑

释文《北次三经》一组叫太行山。第一座是归山，山上产金、玉，山下产碧。有一种兽，形状像麢羊，但有四个角，尾巴像马，脚上有鸡距一样的突起，名字叫䯄，善于盘旋舞蹈，它的名字是据他自己的叫声得来的。有一种鸟，形状像鹊，身体白色，尾巴红色，有六只脚，名叫𪃑，容易受惊，它的名字也是据它自己的叫声得来的。

北3-2 又东北二百里，曰龙侯之山[1]，无草木，多金、玉。决决之水[2]

出焉，而东流注于河。其中多人鱼，其状如鯑鱼[3]，四足，其音如婴儿，食之无痴疾。

注释

[1] 龙侯之山，《五藏山经传》卷三："侯通胡。山在磁州西彭城镇。滏水出焉，南源曰黑龙河，东流会北源象龙胡。"

[2] 决决之水，《五藏山经传》卷三："又东南折而东少北，又北少东，会滏阳河而东北注大陆泽，又东北注宁晋泊，与河水会，曲处象釜，亦象侧口啮物，故曰决决，犹夬夬也。"

[3] 鯑（tí），郭璞曰："鯑见《中山经》。或曰，人鱼即鲵也，似鮎而四足，声如小儿啼，今亦呼鲐为鯑。"参见西1-8注〔8〕。

释文 再往东北二百里，叫龙侯山，那里没有草木，多产金、玉。决决水在这里发源，向东流注入河。水中有许多人鱼，形状像鯑鱼，有四只脚，叫声像婴儿啼哭，吃了它的肉不会痴呆。

鹂鵙

北3-3 又东北二百里，曰马成之山[1]，其上多文石[2]，其阴多金玉。有兽焉，其状如白犬而黑头，见人则飞，其名曰天马，其鸣自訆。有鸟焉，其状如乌，首白而身青、足黄，是名曰鹂鵙[3]，其鸣自詨，食之不饥，可以已寓[4]。

注释

[1] 马成之山，《五藏山经传》卷三："既作室，杵地令平曰成。马成，今十八盘山也。马足般旋上下如筑也。"

[2] 文石，参见西4-3注〔2〕。

[3] 鹂鵙，音qū jū。

[4] 寓，郭璞曰："未详；或曰，寓犹误也。"郝懿行曰："寓、误盖以声近为义，疑昏忘之病也。王引之曰：'案寓当是瘑字之假借，《玉篇》、《广韵》并音牛具切，疣病也。'"

释文 再往东北二百里，叫马成山，山上多产文石，山的北面多产金、玉。有一种兽，形状像白狗，但头是黑的，看见人就飞，名叫天马，它的名字是据自己的叫声得来的。有一种鸟，形状像乌鸦，头是白的，身子是青的，脚是黄的，名叫鹂鵙，它的名字是据自己的叫声得来的，吃了它的肉可以不饿，又可以治疣子。

北山经

北3-4 又东北七十里，曰咸山[1]，其上有玉，其下多铜，是多松、柏，草多茈草[2]。条菅[3]之水出焉，而西南流注于长泽。其中多器酸[4]，三岁一成，食之已疠。

天马

注释

[1] 咸山，《五藏山经传》卷三："咸山，崞县东南凤凰山也。"

[2] 茈草，参见西4-2注[1]。

[3] 条菅，吕调阳校作"条管"，《五藏山经传》卷三："条管水即铜河。"

[4] 器酸，《五藏山经传》卷三："草名。每干辄分三枝，枝又各分为三，多汁，粘人。"

释文 再往东北七十里叫咸山，山上产玉，山下多产铜。有许多松、柏，草多是茈草。条菅在这里发源，向西南流注入长泽。水中多器酸，三年一成，吃了它可以治疗疫病。

北3-5 又东北二百里，曰天池之山[1]，其上无草木，多文石[2]。有兽焉，其状如兔而鼠首，以其背飞[3]，其名曰飞鼠。渑水[4]出焉，潜于其下，其中多黄垩[5]。

注释

[1] 天池之山，《五藏山经传》卷三："即管涔山也。在宁武府南，有分水岭，天池亦名祁连泊，在管涔北原上方里馀，潭而不流，潜通朔州二泉，今名桑乾泉。"

[2] 文石，参见西4-3注[2]。

[3] 以其背飞，郭璞曰："用其背上毛飞，飞则仰也。"

[4] 渑水，《五藏山经传》卷三："渑水即北汾水，今名灰河，北流经府东出山口，至朔州西南之洪崖村，伏流十五六里涌出，会西二源，又东北会朔州泉。"

飞鼠

[5] 垩，郭璞曰："土也。"参见西2-10注[2]。

释文 再往东北二百里，叫天池山，山上没有草木，多产文石。有一种兽，形状像兔，但头像老鼠，能用背上的毛飞行，名叫飞鼠。渑水在这里发源，在它下面流淌，水中多产黄垩。

北3-6 又东三百里，曰阳山[1]，其上多玉，其下多金铜。有兽焉，其状如牛而赤尾，其颈䫴[2]，其状如句瞿[3]，其名曰领胡，其鸣自詨，食之已狂。有鸟焉，其状如雌雉，而五采以文，是自为牝牡，名曰象蛇，其鸣自詨。留水[4]出焉，而南流注于河。其中有鮯[5]父之鱼，其状如鲋鱼[6]，鱼首而彘身，食之已呕。

象蛇

注释

[1] 阳山，《五藏山经传》卷三："山在栾城县西北治（当作治）河铺，平浅石阜也。"

[2] 䫴，音shèn，肉瘤。

[3] 句瞿，斗的别名。

[4] 留水，《五藏山经传》卷三："留水为汉太白渠故道，今渠绝而此水仍流，其水东南绕迳县城合西北一小水，又东南分绕赵州复合，水形肖墨黙。"

[5] 鮯，音xiàn。

[6] 鲋鱼，参见南3-9注[4]。

鮯父之鱼

释文 再往东三百里，叫阳山，山上多产玉，山下多产金和铜。有一种兽，形状像牛，尾巴是红色的，脖子上有肉䫴，形状像斗，名叫领胡，它的名字是据自己的叫声得来的，吃了它的肉可以治疗狂病。有一种鸟，形状像雌雉，羽毛五彩而有花纹，这种鸟可以自己交配繁殖后代，名叫象蛇，它的名字是据自己的叫声得来的。留水在这里发源，向南流注入河。水中有鮯父鱼，形状像鲋鱼，长着鱼的头和猪的身体，吃了它的肉可以治疗呕吐。

北3-7 又东三百五十里，曰贲闻之山[1]，其上多苍玉[2]，其下多黄垩[3]，多涅石[4]。

注释

　　[1]贲闻之山，《五藏山经传》卷三："贲同奔。汾水自临汾而南而东南，西合诸渠水，又西南分二枝复合，又南会涧河仟级堡水西南流，象奔者转望急走，故曰贲。亦象以手掩耳，故曰闻。山在今赵曲镇，为晋赵氏地，其襄陵县则古耿国也。"

　　[2]苍玉，参见西1-8注[7]。

　　[3]黄垩，参见西2-10注[2]。

　　[4]涅石，郝懿行曰："即矾石也。"参见西2-5注[2]。

领胡

　　释文 再往东三百五十里，叫贲闻山，山上多产苍玉，山下多产黄垩，又多产涅石。

北3-8 又北百里，曰王屋之山[1]，是多石。㴃水[2]出焉，而西北流注于泰泽。

注释

　　[1]王屋之山，《五藏山经传》卷三："王屋，浮山县东南龙角山也。有水西北流，合南北二水，象蔓联之形，从北视之，又象帻屋之形。王，大也。"

　　[2]㴃，音lián。

　　释文 再往北一百里，叫王屋山，这里有许多石头。㴃水在这里发源，向西北流注入泰泽。

北3-9 又东北三百里，曰教山[1]，其上多玉而无石。教水[2]出焉，西流注于河，是水冬干而夏流，实惟干河。其中有两山。是山也，广员三百步，其名曰发丸之山，其上有金、玉。

注释

　　[1]教山，《五藏山经传》卷三："教山即单狐之山。"单狐之山在北1-1。

　　[2]教水，《五藏山经传》卷三："教水即夏县水，西南会盐水，经安邑、盐池、解州，北注张杨池入河，亳水在其东，象父指斥教其子形。逢水连其北，象子被责俯首之形，故曰教。"

　　释文 再往东北三百里，叫教山，山上多产玉但，没有石头。教水在这里发源，向西流注入河，这条河流冬天干涸，夏天流淌，其实就是干河。其中有座两山，这座山方圆三百步，名叫发丸山，山上产金、玉。

北3-10 又南三百里，曰景山[1]，南望盐贩之泽[2]，北望少泽，其上多草、藷藇[3]，其草多秦椒[4]，其阴多赭[5]，其阳多玉。有鸟焉，其状如蛇，而四翼、六目、三足，名曰酸与，其鸣自詨，见则其邑有恐。

注释

[1] 景山，《五藏山经传》卷五："甘枣西南也。山在夏县南，为中条之脊，《传》所谓'景霍以为城'也。"

[2] 盐贩之泽，郭璞曰："即盐池也，今在河东猗氏县。"《五藏山经传》卷五："盐池在夏县西南。少泽在东北，即泏泽。"

[3] 藷藇（shǔ yù），郭璞曰："根似羊蹄，可食。"郝懿行曰："即今之山药也。"

[4] 秦椒，郭璞曰："子似椒而细叶，草也。"即花椒，以产于秦地，故名。

[5] 赭，参见北2-2注[3]。

释文 再往南三百里，叫景山，南面是盐贩泽，北面是少泽，山上有许多草和藷藇，草多是秦椒，山的北面多产赭，南面多产玉。有一种鸟，形状像蛇，有四个翅膀、六只眼睛、三只脚，名叫酸与，它的名字是据自己的叫声得来的，它的出现预示着地方上会有恐慌。

酸与

北3-11 又东南三百二十里，曰孟门之山[1]，其上多苍[2]玉，多金，其下多黄垩[3]，多涅石[4]。

注释

[1] 孟门之山，《五藏山经传》卷三："今天井关也，在泽州之南，丹水之西。"

[2] 苍玉，参见西1-8注[7]。

[3] 黄垩，参见西2-10注[2]。

[4] 涅石，参见西2-5注[2]。

释文 再往东南三百二十里，叫孟门山，山上多产苍玉，多产金，山下多产黄垩和涅石。

北3-12 又东南三百二十里，曰平山[1]。平水出于其上，潜于其下，是多美玉。

注释

[1] 平山，《五藏山经传》卷五："亦甘枣西南也，即《水经注》张杨池南盐道山，厥顶方平，有泉发于其上，北流五里而伏者也。"

释文 再往东南三百二十里，叫平山。平水在山上发源，在它下面流淌，这里多产美玉。

北3-13 又东二百里，曰京山^[1]，有美玉，多漆木，多竹，其阳有赤铜，其阴有玄礵^[2]。高水出焉，南流注于河。

注释

〔1〕京山，吕调阳校作"亳山"，《五藏山经传》卷三："亳山即甘枣之山，其水即共水，今名亳清河。"甘枣之山在中1-1。

〔2〕礵（sù），郭璞曰："黑砥石也。"《石雅·杂金》："磁石与玄石虽皆为铁石，犹有慈不慈之分焉。古有称玄礵或玄厉者，疑即玄石之属。玄礵见《山海经·北山经》及《中山经》，郭璞注曰黑砥石，是礵亦砥类也。又《史记·司马相如传》'瑊玏玄厉'注：'玄厉，黑石可用磨者。'砥厉古或以铁石为之，亦往往与磁石同产。《山海经》称灌题之山多砥，匠韩之水出焉，西流注于泑泽，中多磁石，是也。然则玄礵、玄厉与玄石同，其质亦或为铁，故曰即其属也。"

释文 再往东二百里，叫京山，山上产美玉，有许多漆木、竹子，山的南面产赤铜，北面产玄礵。高水在这里发源，向南流注入河。

北3-14 又东二百里，曰虫尾之山^[1]，其上多金、玉，其下多竹，多青碧^[2]。丹水^[3]出焉，南流注于河。薄水^[4]出焉，而东南流注于黄泽。

注释

〔1〕虫尾之山，《五藏山经传》卷三："山在高平县北，即丹林。其山东历洹、淇诸源，皆其脊脉。"

〔2〕青碧，参见西2-4注〔2〕。

〔3〕丹水，《五藏山经传》卷三："丹水即丹林之水。"见北3-19。

〔4〕薄水，《五藏山经传》卷三："薄同亳。薄水即五峪河，出马武山。"

释文 再往东二百里，叫虫尾山，山上多产金、玉，山下有多竹子，多产青碧。丹水在这里发源，向南流注入河。薄水在这里发源，向东南流注入黄泽。

北3-15 又东三百里，曰彭毗^[1]之山，其上无草木，多金、玉，其下多水。蚤林之水出焉，东南流注于河。肥水出焉，而南流注于床水^[2]，其中多肥遗之蛇。

注释

〔1〕彭毗之山，《五藏山经传》卷五："漳沱水象腹彭，西南受诸小水象辅员于辐。"毗有辅佐、比附之义。

［2］床水，《五藏山经传》卷五："滹沱东流南受诸水象床也。"

释文 再往东三百里，叫彭毗山，山上没有草木，多产金、玉，山下多水。蚩林水在这里发源，向东南流注入河。肥水在这里发源，向南流注入床水，水中多肥遗蛇。

北3-16 又东百八十里，曰小侯之山。明漳之水[1]出焉，南流注于黄泽。有鸟焉，其状如乌而白文，名曰鸪鹠[2]，食之不灂[3]。

注释

［1］明漳水，《五藏山经传》卷三："今名桃花水。"

［2］鹠，音xí。

［3］灂（jiào），眼睛昏蒙。

释文 再往东一百八十里，叫小侯山。明漳水在这里发源，向南流注入黄泽。有一种鸟，形状像乌鸦，有白色的纹路，名叫鸪鹠，吃了它的肉眼睛不会昏蒙。

鸪鹠

北3-17 又东三百七十里，曰泰头之山[1]。共[2]水出焉，南注于虖池[3]。其上多金玉，其下多竹箭[4]。

注释

［1］泰头之山，吕调阳校作"秦头之山"，《五藏山经传》卷三："辛椒谓之秦，析麻折其首亦谓之秦。清水河象折麻首，亦象仰掌向上，故曰秦头，曰共。"

［2］共，音gōng。

［3］虖池，即虖沱。

［4］竹箭，参见西1-7注［4］。

释文 再往东三百七十里，叫泰头山。共水在这里发源，向南注入虖池。山上多产金、玉，山下有许多竹箭。

北3-18 又东北二百里，曰轩辕之山[1]，其上多铜，其下多竹。有鸟焉，其状如枭[2]而白首，其名曰黄鸟，其鸣自詨，食之不妒。

　　〔1〕轩辕之山，《五藏山经传》卷三："山在唐县西北二十馀里，当唐河折西南会般水处。辕前高谓之轩也，古轩辕氏居此，因以为有天下之号也。"

　　〔2〕枭，参见南3-10注〔4〕。

　　释文 再往东北二百里，叫轩辕山，山上多产铜，山下有许多竹子。有一种鸟，形状像枭，头是白色的，名叫黄鸟，它的名字是据自己的叫声得来的，吃了它的肉不会妒忌。

北3-19　又北二百里，曰谒戾之山[1]，其上多松、柏，有金、玉。沁水出焉，南流注于河。其东有林焉，名曰丹林[2]。丹林之水出焉，南流注于河。婴侯之水出焉，北流注于汜水[3]。

　　〔1〕谒戾之山，《五藏山经传》卷三："沁水出王屋山南乌岭关，东南至武陟入河，大形象谒者跪戾其足。"

　　〔2〕丹林，《五藏山经传》卷三："丹林即下虫尾之山云多竹者是也。丹林之水即丹水也。"虫尾之山在北3-14。

　　〔3〕汜水，《五藏山经传》卷三："汜水有二，一出长子县西南，二源合东北流经县南，又左合一水而东。一出壶关县南，二源合东北流经县东而西北。婴侯水近出潞安府治西南，北流至府北二十馀里，与二水会参交也。"

　　释文 再往北二百里，叫谒戾山，山上有许多松、柏，产金、玉。沁水在这里发源，向南流注入河。东面有一片树林，名叫丹林。丹林水在这里发源，向南流注入河。婴侯水在这里发源，向北流注入汜水。

北3-20　东三百里，曰沮洳之山，无草木，有金、玉。濝水[1]出焉，南流注于河。

　　〔1〕濝（qí）水，《五藏山经传》卷三："濝同淇，今水出淇县西三十馀里兴工山，东北流会洹水环曲东南注卫河，象箕形，故名。"

　　释文 往东三百里，叫沮洳山，没有草木，产金、玉。濝水在这里发源，向南流注入河。

北3-21　又北三百里，曰神囷之山[1]，其上有文石[2]，其下有白蛇，有飞虫。黄水出焉，而东流注于洹[3]。滏水[4]出焉，而东流注于欧水[5]。

注释

〔1〕囷（qūn），圆形谷仓。又北三百里，吕调阳校作"又东三百里"，《五藏山经传》卷三："神囷之山，丹水以西与沁分水诸岭皆是。今云亳山东三百里，则在泽州凤台县也。"

〔2〕文石，参见西4-3注〔2〕。

〔3〕洹（huán）水，《五藏山经传》卷三："洹水即淇水，别源出陵川县，东北流环曲东南合淇水，象钩援也。"参见北2-15注〔1〕。

〔4〕滏（fǔ），《五藏山经传》卷三："滏水即天井溪水，东会黄入丹水，折东南流而东而东北又东，象釜形。"

〔5〕欧水，《五藏山经传》卷三："欧水即五峪河，北出马武川合二小水东南流来入，象欧者俯躬之形也。"欧，古"呕"字。

白蛇

释文 再往北三百里，叫神囷山，山上产文石，山下有白蛇，又有飞虫。黄水在这里发源，向东流注入洹。滏水在这里发源，向东流注入欧水。

北3-22 又北二百里，曰发鸠之山[1]，其上多柘木。有鸟焉，其状如乌，文首、白喙、赤足，名曰精卫，其鸣自詨。是炎帝[2]之少女，名曰女娃，女娃游于东海，溺而不返，故为精卫，常衔西山之木石以堙[3]于东海。漳水[4]出焉，东流注于河。

精卫

注释

〔1〕发鸠之山，郭璞曰："今在上党郡长子县西。"《五藏山经传》卷三："臂鹰纵之曰发鸠。鸠，爽鸠也。山在今武乡县西北。"

〔2〕炎帝，郭璞曰："神农也。"

〔3〕堙（yīn），填、堵塞。

〔4〕漳水，《五藏山经传》卷三："今名甲水河，东南流合数水东南入汣，象飞鹰之形，汣则象纵鹰屈其挽之形，故曰漳，曰发鸠。"参见西3-15注〔1〕。

释文 再往北二百里，叫发鸠山，山上有许多柘木。有一种鸟，形状像乌鸦，头上有花纹，嘴是白色的，脚是红色的，名叫精卫，它的名字是据自己的叫声得来的。炎帝的小女儿名叫女娃，女娃在东海游玩，溺水而死再没有回去，于是就化作精卫，常从西山叼树枝和石块来填塞东海。漳水在这里发源，向东流注入河。

北3-23 又东北百二十里，曰少山[1]，其上有金、玉，其下有铜。清漳之水[2]出焉，东流于浊漳之水[3]。

注释

[1] 少山，《五藏山经传》卷三："山在今辽州西北横岭镇。"

[2] 清漳之水，《五藏山经传》卷三："清漳水导源东南流合东数水，屈曲至交漳入漳。"

[3] 浊漳之水，《五藏山经传》卷三："漳自合泽、沁以后，其流变浊，故曰浊漳也。"

释文 再往东北一百二十里叫少山，山上产金、玉，山下产铜。清漳水在这里发源，向东流入浊漳水。

北3-24 又东北二百里，曰锡山[1]，其上多玉，其下有砥[2]。牛首之水[3]出焉，而东流注于滏水。

注释

[1] 锡山，《五藏山经传》卷三："燕哺子谓之锡。邢台南北二水东注大陆似之。（两水象燕尾，大陆其身也）"

[2] 砥，参见西4-19注[7]。

[3] 牛首之水，吕调阳校作牛页之水，《五藏山经传》卷三："北水即牛页之水，今俗呼牛尾河也。"

释文 再往东北二百里，叫锡山，山上多产玉，山下产砥。牛首水在这里发源，向东流注入滏水。

北3-25 又北二百里，曰景山[1]，有美玉。景水[2]出焉，东南流注于海泽。

注释

[1] 景山，《五藏山经传》卷三："满城县西北眺山也。"

[2] 景水，《五藏山经传》卷三："景水即鸡距泉，东南经清苑县流入西淀，即海泽，言深晦也。"

释文 再往北二百里，叫景山，山上产美玉。景水在这里发源，向东南流注入海泽。

北3-26 又北百里，曰题首之山[1]，有玉焉，多石，无水。

注释

[1]题首之山，《五藏山经传》卷三："白石山在今广昌县东南浮图峪，多确石，可为墓题。"

释文 再往北一百里，叫题首山，山上产玉，有许多石头，没有水。

北3-27 又北百里，曰绣山[1]，其上有玉、青碧[2]，其木多枸[3]，其草多芍药[4]、芎䓖[5]。洧水[6]出焉，而东流注于河。其中有鳠[7]、黾[8]。

注释

[1]绣山，《五藏山经传》卷三："即恒山，在平定州西北芹泉驿。"

[2]青碧，参见西2-4注[2]。

[3]枸（xún），郭璞曰："木中枚也。"汪绂曰："木可为琴。"均不详所指。

[4]芍药，郭璞曰："芍药一名辛夷，亦香草属。"

[5]芎䓖，参见西4-8注[1]。

[6]洧（wěi）水，《五藏山经传》卷三："洧水即桃河，出鸦鸣谷，两源似弦月，东会沾水入虖沱，至宁晋泊东北注河也。"

[7]鳠（hù），郭璞曰："鳠似鲇而大，白色也。"《本草纲目》卷四十四："鮠鱼，北人呼鳠，南人呼鮠，并与鮰音相近，迩来通称鮰鱼，而鳠、鮠之名不彰矣。"即鮠科动物长吻鮠。

[8]黾（měng），郭璞曰："鼍黾似虾蟆，小而青。或曰，鳠、黾一物名耳。"汪绂曰："黾，青蛙。"

鳠、黾

释文 再往北一百里，叫绣山，山上产玉和青碧，树木多是枸，草多是芍药和芎䓖。洧水在这里发源，向东流注入河。水中有鳠和黾。

北3-28 又北百二十里，曰松山[1]，阳水[2]出焉，东北流注于河。

注释

［1］松山，《五藏山经传》卷三："山在忻州阳西镇之东。"

［2］阳水，《五藏山经传》卷三："今名涧河，东北流入虖沱注河。"

释文 再往北一百二十里，叫松山，阳水在这里发源，向东北流注入河。

北3-29 又北百二十里，曰敦与之山[1]，其上无草木，有金、玉。漻水[2]出于其阳，而东流注于泰陆之水；泜[3]水出于其阴，而东流注于彭水[4]。槐水[5]出焉，而东流注于泜泽。

注释

［1］敦与之山，吕调阳校作"敦舆之山"，《五藏山经传》卷三："自牛页水循大陆北岸而东北达宁晋泊象牛朏颔，折西北至泜口溯行西南象牛唇，又西而南象顶额。两源岐出象角，其大形则象牛负舆仰其首，故曰敦舆也。"

［2］漻（suò）水，《五藏山经传》卷三："漻水即邢台南水，象索缲也。"

［3］泜，音chí。

［4］彭水，《五藏山经传》卷三："宁晋泊，象腹彭也。"

［5］槐水，《五藏山经传》卷三："槐水出赞皇县南，东流经柏乡县北，东北注宁晋泊。彭水、泜泽，变名耳。"

释文 再往北一百二十里，叫敦与山，山上没有草木，产金、玉。漻水从山的南面发源，向东流注入泰陆水；泜水从山的北面发源，向东流注入彭水。槐水在这里发源，向东流注入泜泽。

北3-30 又北百七十里，曰柘山[1]，其阳有金玉，其阴有铁。历聚之水[2]出焉，而北流注于洧水。

注释

［1］柘山，《五藏山经传》卷三："柘山，今石马山，在旧乐平县西。"

［2］历聚之水，《五藏山经传》卷三："历聚之水，沿河也。"

释文 再往北一百七十里，叫柘山，山的南面产金、玉，北面产铁。历聚之水在这里发源，向北流注入洧水。

北3-31 又北三百里，曰维龙之山[1]，其上有碧[2]玉，其阳有金，其阴有铁。肥水[3]出焉，而东流注于皋泽[4]，其中多礨石[5]。敞铁之水[6]出焉，而北流注于大泽[7]。

注释

［1］维龙之山，吕调阳校作"维虺之山"，《五藏山经传》卷三："髦马曰虺，虏

沱合诸小水象之。"

  [2] 碧玉，参见西1-8注〔7〕。

  [3] 肥水，《五藏山经传》卷三："肥水即空桑山水，东南流入虖沱。"

  [4] 皋泽，《五藏山经传》卷三："皋涂之水也。"

  [5] 礧（lěi），郭璞曰："或作垒，磈垒，大石貌。或曰石名。"汪绂曰："言肥水中多磈礧大石也。"

  [6] 敞铁之水，《五藏山经传》卷三："峨水也，西北流入虖沱。"

  [7] 大泽，《五藏山经传》卷三："大同泰。泰泽，泰戏山水也。"

  释文 再往北三百里，叫维龙山，山上产碧玉，山的南面产金，北面产铁。肥水在这里发源，向东流注入皋泽，水中有许多礧石。敞铁水在这里发源，向北流注入大泽。

北3-32 又北百八十里，曰白马之山[1]，其阳多石、玉，其阴多铁，多赤铜。木马之水[2] 出焉，而东北流注于虖沱。

注释

  [1] 白马之山，《五藏山经传》卷三："虖沱合诸水象白马矫顾之形。"

  [2] 木马之水，《五藏山经传》卷三："盂县之秀水河为其后足而状似木枝，故曰木马水。"

  释文 再往北一百八十里，叫白马山，山的南面多产石头和玉，北面多产铁，又多产赤铜。木马水在这里发源，向东北流注入虖沱。

北3-33 又北二百里，曰空桑之山[1]，无草木，冬夏有雪。空桑之水出焉，东流注于虖沱。

注释

  [1] 空桑之山，《五藏山经传》卷三："山在五台县西，清水河合诸水象枯桑，九女泉合南一小水东流入之，象空穴也。"

  释文 再往北二百里，叫空桑山，没有草木，冬夏都有雪。空桑水在这里发源，向东流注入虖沱。

北3-34 又北三百里，曰泰戏之山[1]，无草木，多金玉。有兽焉，其状如羊，一角一目，目在耳后，其名曰辣辣[2]，其鸣自訆。虖沱之水出焉，而东流注于娄水〔3〕。液女之水出于其阳，南流注于沁水。

注释

  [1] 泰戏之山，《五藏山经传》卷三："山在繁畤县东百里，虖沱正源青龙泉所发

也。”

[2] 辣，音dōng。

[3] 溇（lóu）水，《五藏山经传》卷三："溇水即液女之水，上文总名溇液水，出南台山麓，西流合清水河，南注虖沱，沱溇交相注也。"

辣辣

释文 再往北三百里，叫泰戏山，没有草木，多产金、玉。有一种兽，形状像羊，有一个角和一只眼，眼睛长在耳后，名字叫辣辣，它的名字是据自己的叫声得来的。虖沱水在这里发源，向东流注入溇水。液女水从山的南面发源，向南流注入沁水。

北3-35 又北三百里，曰石山[1]，多藏[2]金、玉。濩濩之水[3]出焉，而东流注于虖沱；鲜于之水[4]出焉，而南流注于虖沱。

注释

[1] 石山，《五藏山经传》卷三："山在忻州西南石岭关。"

[2] 藏，郝懿行曰："古字作'臧'，善也。《西次三经》槐江之山多藏黄金玉，义与此同。"

[3] 濩濩（huò huò）之水，《五藏山经传》卷三："有水三源，东北流合出石梯口，至定襄县东注于虖沱，即濩濩之水。濩，水泻落也。"

[4] 鲜于之水，《五藏山经传》卷三："山之南有石桥河南流，洛阴、直谷二水自东合而来会，又西南右受烈石泉水而南与西北来之埠谷水会，又东南而南经太原府治入汾，即鲜于之水。鲜于诸水象生鱼旋动纡曲之形也。"直谷，真谷之误。

释文 再往北三百里，叫石山，多产上好的金、玉。濩濩水在这里发源，向东流注入虖沱。鲜于水在这里发源，向南流注于虖沱。

北3-36 又北二百里，曰童戎之山[1]。皋涂之水[2]出焉，而东流注于溇液水。

注释

[1] 童戎之山，《五藏山经传》卷三："山即管涔东麓。"

[2] 皋涂之水，《五藏山经传》卷三："阳武河出而东流迳淖泥驿北，即皋涂之水。"

释文 再往北二百里，叫童戎山。皋涂水在这里发源，向东流注入溇液水。

北3-37 又北三百里，曰高是之山[1]。滋水[2]出焉，而南流注于虖沱，其木多棕，其草多条[3]。滱水[4]出焉，东流注于河。

注释

　[1]高是之山，《五藏山经传》卷三："五台县东射虎山也。是，用足上指也。射虎川水西南合清水河象之，故山得名。"

　[2]滋水，《五藏山经传》卷三："清水又象墨筵卓挹，射虎承之，象墨中茸，故曰滋。其水南入虖沱也。"

　[3]条，见西1-5。

　[4]滱（kòu）水，《五藏山经传》卷三："滱水今名沙河，出射虎山北，东南流至曲阳西北屈而南而东南，会郳水，象穿窬形，故名滱。"穿窬，挖墙洞。

　释文 再往北三百里，叫高是山。滋水在这里发源，向南流注入虖沱。树木多是棕树，草多条草。滱水在这里发源，向东流注入河。

北3-38 又北三百里，曰陆山，多美玉。郳水[1]出焉，而东流注于河。

注释

　[1]郳（jiāng）水，《五藏山经传》卷三："即邰河，今亦名姜河。"

　释文 再往北三百里，叫陆山，山上多产美玉。郳水在这里发源，向东流注入河。

北3-39 又北二百里，曰沂山［1］。般水［2］出焉，而东流注于河。

注释

　[1]沂山，《五藏山经传》卷三："山在曲阳县北少西之军城镇，有小水，郦注名马溺水，东南流入唐河，象堑刀形，故曰沂山。"古代锉刀名釿。

　[2]般（pán）水，《五藏山经传》卷三："亦象车辕形，故曰般水，般，輈还也。"輈，辕。

　释文 再往北二百里，叫沂山。般水在这里发源，向东流注入河。

北3-40 北百二十里，曰燕山[1]，多婴石[2]。燕水出焉，东流注于河。

注释

　[1]燕山，《五藏山经传》卷三："良乡县北，圣水所出也。圣水即北易水，水形象飞燕上颔。"

[2]婴石，郭璞曰："言石似玉有符彩婴带，所谓燕石者。"

释文 再往北一百二十里，叫燕山，山上多产婴石。燕水在这里发源，向东流注入河。

北3-41 又北山行五百里，水行五百里，至于饶山[1]。是无草木，多瑶碧[2]，其兽多橐驼[3]，其鸟多鹠[4]。历虢之水[5]出焉，而东流注于河。其中有师鱼[6]，食之杀人。

鹠

注释

[1]瑶碧，参见西3-15注[2]。

[2]饶山，《五藏山经传》卷三："饶山即西拉札拜岭，在多伦泊东北，当少咸之南，有安巴科坤河、西拉札拜岭河、库尔奇勒河诸水，象积禾。"

[3]橐驼，即橐驼，参见北1-6注[3]。

[4]鹠（liú），郭璞曰："未详。或曰，鹠，鸺鹠也。"鸺鹠，猫头鹰一类的鸟。

[5]历虢之水，《五藏山经传》卷三："上都河北对潦水，象虎食人，故名历虢。"

[6]师鱼，郭璞曰："或作鲵。"郝懿行曰："郭云'或作鲵'者，师、鲵声之转。鲵即人鱼也，已见上文。《酉阳杂俎》云：'峡中人食鲵鱼，缚树上，鞭至白汁出如构汁，方可食，不尔有毒也。'正与此经合。"

释文 再往北走山路五百里，水路五百里，就到了饶山。这里没有草木，多产瑶碧。兽类多橐驼，鸟类多鹠。历虢水在这里发源，向东流注入河。水中有师鱼，人吃了它能被毒死。

狼

北3-42 又北四百里，曰乾山[1]，无草木，其阳有金、玉，其阴有铁而无水。有兽焉，其状如牛而三足，其名曰狼[2]，其鸣自詨。

注释

[1]乾山，《五藏山经传》卷三："山在赤城县西北栅

口外，拜察河在南象建旗，故曰乾。（古作斡，从倝，旗干也；从乞，曳旃也。）"

[2] 獂，音yuán。

释文 再往北四百里，叫乾山，那里没有草木，山的南面产金、玉，北面有铁而没有水。有一种兽，形状像牛，三条腿，名叫獂，它的名字是据自己的叫声得来的。

北3-43又北五百里，曰伦山[1]。伦水出焉，而东流注于河。有兽焉，其状如麋，其川[2]在尾上，其名曰罴。

注释

[1] 伦山，《五藏山经传》卷三："伦、仑通。山为白河源五郎海山东脊，三水南流注白河，象编册，故曰仑。"

[2] 川，郭璞曰："川，窍也。"郝懿行曰："《尔雅》云：'白州驦。'郭云：'州，窍。'是州、川其义同。"

释文 再往北五百里，叫伦山。伦水在这里发源，向东流注入河。有一种兽，形状像麋，肛门和生殖孔在尾巴上，名字叫罴。

北3-44又北五百里，曰碣石之山[1]。绳水[2]出焉，而东流注于河，其中多蒲夷之鱼。其上有玉，其下多青碧[3]。

注释

[1] 碣石之山，《五藏山经传》卷三："碣石在滦河入海之西数十里，有海渚长直荼上如碑碣，今名长闸口，其北山脉循滦河之西五百馀里，与密云诸山相连。此言碣石之山，即密云南山也。"

[2] 绳水，《五藏山经传》卷三："有海子河东南流，会胸河，至宁河县，屈曲十馀折，分注大沽入海，象绅绳，故曰绳水，亦如金沙上源诸水皆曲曲流，名绳水也。"

[3] 青碧，参见西2-4注[2]。

释文 再往北五百里，叫碣石山。绳水在这里发源，向东流注入河，水中多蒲夷之鱼。山上产玉，山下多产青碧。

北3-45又北水行五百里，至于雁门之山[1]，无草木。

注释

[1] 雁门之山，《五藏山经传》卷三："雁门谓今山海关，山脉自白狼河、大凌河源南来，讫于海。《海内西经》'雁门山，雁出其间。在高柳北'，指谓白狼所出在柳条边外也。"

释文 再往北沿水路走五百里，就到了雁门山，那里没有草木。

北3-46又北水行四百里，至于泰泽[1]。其中有山焉，曰帝都之山[2]，广员百里，无草木，有金、玉。

注释

[1]泰泽，《五藏山经传》卷三："潦海。"

[2]帝都之山，《五藏山经传》卷三："长兴岛也。"

释文 再往北沿水路走四百里，就到了泰泽。其中有一座山叫帝都山，方圆百里，没有草木，产金、玉。

北3-47又北五百里，曰錞于毋逢之山[1]，北望鸡号之山[2]，其风如飋[3]。西望幽都之山，浴水出焉。是有大蛇，赤首白身，其音如牛，见则其邑大旱。

注释

[1]錞于毋逢之山，吕调阳校"曰"字衍，山名仅"毋逢"二字，《五藏山经传》卷三："毋逢，旅顺岛也。岛形似乳，其北岸悬入海中，有小水小渚在其端，似开口，故曰毋逢。"錞，参见西1-19注[2]。

[2]鸡号之山，《五藏山经传》卷三："鸡号亦象鸡俯鸣开其口也。"

[3]飋（lì），郭璞曰："飋，急风貌也。"

释文 再往北五百里，叫錞于毋逢山，北面是鸡号山，那里有非常猛烈的风。西面是幽都山，浴水在这里发源。
这里有大蛇，红色的头，白色的身体，叫声像牛，它的出现预示着地方上会出现大旱。

凡北次三经之首，自太行之山以至于无逢之山，凡四十六山，万二千三百五十里。其神状皆马身而人面者廿神。其祠之，皆用一藻茝[1]瘗之。其十四神状皆彘身而载[2]玉。其祠之，皆玉，不瘗。其十神状皆彘身而八足、蛇尾。其祠之，皆用一璧瘗之。大凡四十四神，皆用稌糈米祠之，此皆不火食。

马身人面廿神

注释

[1]茝（chǎi），郭璞曰："藻，聚藻。茝，香草，兰之类。"聚藻，生于水底的一种水草。

[2]载，同戴。

彘身八足神

十四神

北山经

释文 《北次三经》一组，从太行山到无逢山，共四十六座山，一万二千三百五十里。山神的形状马身人面的共有二十个。祭祀的礼仪为：都是埋藻和茝。另十四个山神的形状都是猪的身体并且戴着玉饰。祭祀都用玉，不埋。还有十个山神的形状都是猪的身体，长着八条腿、蛇的尾巴。祭祀的礼仪都为埋一块璧。一共四十四个山神，都用粳稻作为精米祭祀，这些山神都吃生的食物而不用火。

右北经之山志，凡八十七山，二万三千二百三十里。

释文 以上是《北山经》的内容，一共八十七座山，二万三千二百三十里。

124

卷四 东山经

山海经卷四

东 山 经

题解《五藏山经传》卷四："此经所志，今吉林之乌苏里江以西、图门江以北诸山也。"

东1-1东山经之首，曰樕螽之山[1]，北临乾昧[2]。食水出焉，而东北流注于海。其中多鱅鱅之鱼，其状如犁牛[3]，其音如彘鸣。

注释

[1] 樕螽（sùzhū），吕调阳校作"樕株"，《五藏山经传》卷四："乌苏西源曰呼野河，北流合诸小水如樕枝。又北当兴格湖之东有小水亦名呼野河，东南流屈而东北注之。又北少西伊鲁山北麓水东北流注之，两水之间有小水长十数里东注，象木中株，故名樕株，又象舌在口中，故曰食水，即伊鲁之谓也。（满洲语：伊鲁，舌也。）"株，树干。

[2] 乾昧，郭璞曰："亦山名也。"

[3] 犁牛，参见南1-5注[5]。

鱅鱅鱼

释文《东山经》一组，第一座山是樕螽山，北面是乾昧。食水在这里发源，向东北流注入大海。水中有许多鱅鱅鱼，形状像犁牛，叫声像猪叫。

东1-2又南三百里，曰藟山[1]，其上有玉，其下有金。湖水出焉，东流注于食水，其中多活师[2]。

注释

[1] 藟（lěi）山，《五藏山经传》卷四："山在兴格湖西岸，近南五札虎河口，河源出宁古塔之东二百六十里，东流百六十馀里，潴于湖。湖自西南而东北长百里，东西径七十馀里，自北溢出，流百五十里注乌苏里江。湖西北复有小湖，亦自西南而东北长五十里，广二十馀里，两两相附如藟，故山得名。藟，白蔹也，蔓生，根大如鸡鸭卵而长，一本三五枚累累然。"白蔹，葡萄科植物。

[2]活师，郭璞曰："科斗也，《尔雅》谓之活东。"

释文 再往南三百里叫蔇山，山上产玉，山下产金。湖水在这里发源，向东流注入食水，水中有许多活师。

东1-3 又南三百里，曰枸状之山[1]，其上多金、玉，其下多青碧[2]、石。有兽焉，其状如犬，六足，其名曰从从，其鸣自詨。有鸟焉，其状如鸡而鼠毛，其名曰蚩[3]鼠，见则其邑大旱。泜[4]水出焉，而北流注于湖水。其中多箴鱼，其状如鯈[5]，其喙如箴[6]，食之无疫疾。

注释

[1]枸状之山，吕调阳校作"扨扶之山"，《五藏山经传》卷四："山在兴格湖之南七十馀里，为尼雅林河所出，是多熊，土人名拉圬山，其东南曰圬富倭集。满洲语语富，熊也；拉圬，大母熊也。圣人作经不欲尽易旧号，因象水形文之曰扨扶，盖尼雅林河东南流屈而北会圬富河象扨，又北会三水入湖象扶也。四指谓之扶，小指曰扨。"

[2]青碧，参见西2-4注[2]。

[3]蚩，音zǐ。

[4]泜，音zhǐ。

从从

[5]鯈，参见北2-3注[7]。

[6]箴，通针。箴鱼，郭璞曰："出东海；今江东水中亦有之。"郝懿行曰："今登莱海中有箴梁鱼，碧色而长，其骨亦碧，其喙如箴，以此得名。"箴鱼今名鱵鱼，鱵科动物。

释文 再往南三百里叫枸状山，山上多产金、玉，山下多产青碧和石头。有一种兽，形状像狗，六条腿，名叫从从，它的名字是据自己的叫声得来的。有一种鸟，形状像鸡，长着老鼠一样的毛，名叫蚩鼠，它的出现意味着地方上会遭遇大旱。泜水在这里发源，向北流注入湖水。水中有许多箴鱼，形状像

蚩鼠

鲦，嘴像针，吃了它的肉可以预防疫病。

东1-4 又南三百里，曰勃壵之山[1]，无草木，无水。

注释

　　[1] 壵，汪绂曰："古'齐'字。"勃壵之山，《五藏山经传》卷四："勃齐以产葠得名，今名可朱岭，满洲语谓幽僻处也。"葠，人参。

　　释文 再往南三百里，叫勃壵山，山上没有草木，没有水。

东1-5 又南三百里，曰番条之山[1]，无草木，多沙。减水出焉，北流注于海，其中多鳡鱼[2]。

注释

　　[1] 番条之山，《五藏山经传》卷四："山在扶扐东南，锡拉河之北，佛林河南源之西，有水西北流沙中，若隐若见，凡二百里至尼雅河源之南而伏，重源再发为尼雅河，北流入海，即减水也。番条，锡拉河三源象仰掌，减水象折条也。"

　　[2] 鳡（gǎn）鱼，郭璞曰："一名黄颊。"又名黄钻、竿鱼，鲤科，肉食性淡水鱼。体长大，亚圆筒形。吻尖长，口大，眼小。性凶猛。

　　释文 再往南三百里，叫番条山，没有草木，多沙。减水在这里发源，向北流注入大海，水中有许多鳡鱼。

鳡鱼

东1-6 又南四百里，曰姑儿之山[1]，其上多漆，其下多桑、柘。姑儿之水出焉，北流注于海，其中多鳡鱼[2]。

注释

　　[1] 姑儿之山，《五藏山经传》卷四："山南曰勒特河，四源合南流山北曰富达锡浑河，南四源，北一源，合东流折而西南而西，与勒特河会，象抱子拊掌来之之形，故名姑儿。"

　　[2] 鳡鱼，参见东1-5注[2]。

　　释文 再往南四百里，叫姑儿山，山上有许多漆树，山下有许多桑、柘。姑儿之水在这里发源，向北流注入大海，水中有许多鳡鱼。

东1-7 又南四百里，曰高氏之山[1]，其上多玉，其下多箴石[2]。诸绳之水出焉，东流注于泽，其中多金、玉。

〔1〕高氏之山，《五藏山经传》卷四："长白山自松花、图门诸源北走，经平顶山而北，竦为是山，甚桀峻。以北呼拉哈河众源并导，象木柢旁薄，又象结绳纷垂其末，故号山曰高氏，而字水曰诸绳。"

〔2〕箴石，《石雅·制器》以为即古代用于针灸的石针，又称针石、砭石："今已无识砭石者，盖古者以石为针，季世以针代石，后人又以瓷针刺病，今且有用金针者，则大有进而愈上之势，虽皆本砭之遗意，而砭之为物，近已难详。"

释文 再往南四百里，叫高氏山，山上多产玉，山下多产箴石。诸绳水在这里发源，向东流注入泽，水中多产金、玉。

东1-8 又南三百里，曰岳山，其上多桑，其下多樗[1]。泺水[2]出焉，东流注于泽，其中多金、玉。

〔1〕樗，参见西1-8注〔3〕。

〔2〕泺（luò）水，《五藏山经传》卷五："章丘东之浒山泊也，其水今为小清河，东流合巨淀水注海，水形象罪人偃屈也。"

释文 再往南三百里，叫岳山，山上有许多桑树，山下有许多樗树。泺水在这里发源，向东流注入泽，水中多产金、玉。

东1-9 又南三百里，曰犲山[1]，其上无草木，其下多水，其中多堪孖[2]之鱼。有兽焉，其状如夸父而彘毛，其音如呼，见则天下大水。

〔1〕犲，郝懿行曰："犲即豺别字。"犲山，《五藏山经传》卷四："山在举尔和河三源之间，其水南流入富达锡浑河，象豺伏兽尾爪取其肠形。"

〔2〕孖，音xù。

释文 再往南三百里，叫犲山，山上没有草木，山下多水，水中有许多堪孖鱼。有一种兽，形状像夸父，长有猪毛，叫声像人呼喊，它的出现预示着天下会发大水。

如夸父兽

鯈鱅

东¹⁻¹⁰ 又南三百里，曰独山^[1]，其上多金玉，其下多美石。末涂之水^[2]出焉，而东南流注于沔，其中多鯈鱅^[3]，其状如黄蛇，鱼翼，出入有光，见则其邑大旱。

注释

[1] 独山，《五藏山经传》卷四："山在宁古塔东南百里馀，曰聂垮倭集。聂垮，满洲语，单弱也，即经所云独矣。"

[2] 末涂之水，吕调阳校作"末余之水"，《五藏山经传》卷四："木上曰末。余，曲也。舒尔哈河西南流合哈达河折南少东注英额河象之。英额，满洲语下坡之谓，经云沔，瀑布也。"

[3] 鯈鱅，音tiáo yóng。

释文 再往南三百里，叫独山，山上多产金、玉，山下多产美石。末涂水在这里发源，向东南流注入沔，水中多鯈鱅，形状像黄蛇，有鱼的鳍，出入时会发光，它的出现预示着地方上会遭遇大旱。

东¹⁻¹¹ 又南三百里，曰泰山^[1]，其上多玉，其下多金。有兽焉，其状如豚而有珠，名曰狪狪^[2]，其鸣自訆。环水^[3]出焉，东流注于江，其中多水玉。

注释

[1] 泰山，郭璞曰："即东岳岱宗也。今在泰山奉高县西北，从山下至顶四十八里三百步也。"

[2] 狪，音tóng。

[3] 环水，《五藏山经传》卷五："环水即汶水，出泰山东天门谷，亦曰弗其山也。江则后世目为牟汶者是也。凡水东西正平曰江。"

狪狪

释文 再往南三百里，叫泰山，山上多产玉，山下多产金。有一种兽，形状像猪，体内有珠子，名叫狪狪，它的名字是根据自己的叫声得来的。环水在这里发源，向东流注入江，水中多产水晶。

东1-12 又南三百里，曰竹山[1]，錞[2]于江，无草木，多瑶碧[3]。激水[4]出焉，而东南流注于娶檀之水[5]，其中多茈蠃[6]。

注释

［1］竹山，《五藏山经传》卷四："独山南也。山自英额岭东北环布尔哈图河源南属于江，布哈河三源象竹，其东西小水横列象笋也。"

［2］錞，参见西1-19注［2］。

［3］瑶碧，参见西3-15注［2］。

［4］激水，《五藏山经传》卷四："激，音噭，从敫，古觉了。布哈河南合英额、和土二河东流象惊窜伸举也。"

［5］娶檀之水，《五藏山经传》卷四："即末余水所合之哈达河。"

［6］茈蠃，郝懿行曰："蠃当为'蠃'字之讹。茈蠃，紫色蠃也。"参见西4-3注［2］。

释文 再往南三百里，叫竹山，坐落在江边，没有草木，多产瑶碧。激水在这里发源，向东南流注入娶檀水，水中有许多茈蠃。

凡东山经之首，自樕螽之山以至于竹山，凡十二山，三千六百里。其神状皆人身龙首。祠：毛用一犬祈，聏[1]用鱼。

［1］聏（èr），郭璞曰："以血涂祭为聏也。"

释文 《东山经》一组，从樕螽山到竹山，一共十二座山，三千六百里。山神形状都是人身龙头。祭祀的礼仪为：毛物用一条狗祈祷，用鱼血涂祭。

人身龙首神

东次二经

题解 《五藏山经传》卷四："此经所志，为乌苏里江以南讫于朝鲜南境诸山也。"

东2-1 东次二经之首，曰空桑之山[1]，北临食水，东望沮吴[2]，南望沙陵[3]，西望㴲泽[4]。有兽焉，其状如牛而虎文，其音如钦[5]，其名曰𪊨𪊨[6]，其鸣自叫，见则天下大水。

注释

[1] 空桑之山，《五藏山经传》卷四："空桑即楸株南山，取象与北次四经同。"参见北3-33注[1]。

[2] 沮吴，《五藏山经传》卷四："锡赫特山也。"

[3] 沙陵，《五藏山经传》卷四："减水所经。"

[4] 㴲（mǐn）泽，《五藏山经传》卷四："即湖水。"

[5] 钦，参见西4-13注[6]。

[6] 𪊨，音líng。

𪊨𪊨

释文 《东次二经》一组，第一座山是空桑山，北面靠近食水，东面是沮吴，南面是沙陵，西面是㴲泽。有一种兽，形状像牛，有虎的斑文，叫声像打呵欠，名叫𪊨𪊨，它的名字是据自己的叫声得来的，它的出现预示着天下将发大水。

东2-2 又南六百里，曰曹夕之山[1]，其下多谷[2]而无水，多鸟兽。

注释

[1] 曹夕之山，《五藏山经传》卷四："山在姑儿之西。姑儿水又象蜂形，西乡，故名曹夕。（曹，蜂房也。）"

[2] 谷，参见南1-1注[7]。

释文 再往南六百里，叫曹夕山，山下有许多穀树，但没有水，有许多

东山经

鸟兽。

东2-3又西南四百里，曰峄皋之山[1]，其上多金玉，其下多白垩[2]，峄皋之水出焉，东流注于激女之水[3]，其中多蜃珧[4]。

注释

[1]峄（yì）皋之山，《五藏山经传》卷四："山属者曰峄，沮洳曰皋。即长白山，北与费德里相属，图门源出其东麓，东北流会布尔哈图河入海。"

[2]白垩，参见西2-10注[2]。

[3]激女之水，《五藏山经传》卷四："激女之水即激水也。"

[4]蜃，大蛤蜊。珧（yáo），郝懿行曰："《尔雅》云：'蜃小者珧。'郭注云：'珧，玉珧，即小蚌也。'"

释文 再往西南四百里，叫峄皋山，山上多产金、玉，山下多产白垩，峄皋水在这里发源，向东流注入激女水，水中有许多蜃和珧。

东2-4又南水行五百里，流沙三百里[1]，至于葛山之尾，无草木，多砥砺[2]。

注释

[1]"又南"两句，《五藏山经传》卷四："五百里，自绥芬口沿海西南行又西北溯图门江至浑春河口也；流沙，水中多沙也；三百里，布尔哈图河、海兰河会处也。"

[2]砥砺，参见西4-19注[7]。

释文 再往南沿水路走五百里，过流沙三百里，就到了葛山的尾端，这里没有草木，有许多砥砺。

东2-5又南三百八十里，曰葛山之首[1]，无草木。澧水出焉，东流注于余泽，其中多珠蟞[2]鱼，其状如肺[3]而有目，六足有珠，其味酸甘，食之无疠。

珠蟞鱼

注释

[1]葛山之首，《五藏山经传》卷四："长白山自小图门源分枝东北走，纡回二百馀里，亘海兰河南岸，是为葛山。其首则海兰东南源之巴颜河所出是也。"

[2]蟞，音biē。

[3]肺，同肺。

释文 再往南三百八十里，叫葛山的首端，没有草木。澧水在这里发源，向东流注入余泽，水中有许多珠蟞鱼，形状像肺，有眼睛，有六只脚，体内有珠，味道酸中带甜，吃了它可以预防疫病。

东2-6 又南三百八十里，曰馀峨之山[1]，其上多梓、柟，其下多荆、芑[2]。杂余之水出焉，东流注于黄水[3]。有兽焉，其状如菟而鸟喙，鸱目蛇尾，见人则眠[4]，名曰犰狳[5]，其鸣自訆，见则螽[6]蝗为败。

注释

[1] 馀峨之山，吕调阳校作"馀我之山"，《五藏山经传》卷四："山在长白顶东南百里馀，入朝鲜境，洪丹河出焉，东流北屈注图门江。侧首曰我，馀，食已仍嚼也。"参见南2-6注[1]。

[2] 荆芑，郝懿行曰："《南山经》虖勺之山下多荆杞，此经作芑，同声假借字也；下文并同。"参见南2-14注[3]。

[3] 黄水，《五藏山经传》卷四："图门初出处若隐若见，凡数十里，盖水挟沙泥，故经以黄水目之。"

[4] 见人则眠，郭璞曰："言佯死也。"

[5] 犰狳（qiú yú），今指贫齿目犰狳科动物，这种动物生活在美洲，但和此处的描述十分相似，所以人们在翻译时用了这个名字。

[6] 螽（zhōng），蝗虫科和螽斯科部分昆虫的统称。

犰狳

释文 再往南三百八十里，叫馀峨山，山上有许多梓、柟，山下有许多荆棘、枸杞。杂余水在这里发源，向东流注入黄水。有一种兽，形状像兔子，长着鸟一样的嘴，眼睛像鹞鹰，尾巴像蛇，看见人就装死，名叫犰狳，它的名字是据自己的叫声得来的，它的出现预示着将有蝗灾出现。

东2-7 又南三百里，曰杜父之山[1]，无草木，多水。

注释

[1] 杜父之山，《五藏山经传》卷四："山在绥芬河海口，河西小水十数源，东有海港北出，长五十里，广十馀里，象杜木。杜，赤棠也，其实酢涩，伐干接梨则饶美，故又曰甘棠。凡木本谓之杜也。父，众小一大之称。"

释文 再往南三百里，叫杜父山，没有草木，多水。

朱獳

东2-8 又南三百里，曰耿山[1]，无草木，多水碧[2]，多大蛇。有兽焉，其状如狐而鱼翼，其名曰朱獳[3]，其鸣自訆，见则其国有恐。

注释

[1]耿山，《五藏山经传》卷四："耿犹囧也。古作囧，亦作囧，目相眈视也。山在朝鲜之端川郡西北三十里，有二水南北相累乡并东南流，至利城县入海，象囧形。"

[2]水碧，郭璞曰："亦水玉类。"《石雅·琳琅》："《山海经》所称碧与青碧均别有所指，非水碧也，故于耿山独言多水碧，以别于碧与青碧也，古之水苍玉庶或近之。《山海经》：竹山，竹水出焉，北流注于渭，多苍玉；丹水出焉，东南流注于洛水，其中多水玉。明水玉与苍玉流分而源合也。"参见西2-4注[2]。

[3]獳，音rú。

释文 再往南三百里，叫耿山，没有草木，多产水碧，又有许多大蛇。有一种兽，形状像狐，又长有鱼鳍，名字叫朱獳，它的名字是据自己的叫声得来的，它一出现该国就会有恐慌。

东2-9 又南三百里，曰卢其之山[1]，无草木，多沙石。沙水出焉，南流注于涔水，其中多鵹[2]鹕，其状如鸳鸯而人足[3]，其鸣自訆，见则其国多土功。

注释

[1]卢其之山，郝懿行曰："《太平御览》九百二十五卷引此经，卢其作宪期。"《五藏山经传》卷四："临津江即涔水，出铁原府西北八十馀里，东南流环曲西南似箕，其北一水即沙水南流入之，似宪。宪，县也。"参见南1-3注[5]。

[2]鵹，音lí。

[3]人足，郭璞曰："今鹈鹕足颇有似人脚形状也。"

鵹胡

鵹鹕

释文 再往南三百里，叫卢其山，没有草木，有许多沙石。沙水在这里发源，向南流注入涔水，水中多鵹鹕，形状像鸳鸯，脚的形状像人脚，它的名字是据自己的叫声得来的，它的出现预示着该国要大兴土木。

东2-10 又南三百八十里，曰姑射之山[1]，无草木，多水。

注释

[1] 姑射之山，《五藏山经传》卷四："襄阳府西有头蛇山，一水东流少南，经府南入海，其西北曰金刚山，一水西北流入秋池岭水，即北姑射水。西南曰张山，一水两源，西流少南，又西北入北姑射水，三水三面相直如投射，而张山水两源象剥麻剖其首之形，故总名曰姑射。"

释文 再往南三百八十里，叫姑射山，山上没有草木，多水。

东2-11 又南水行三百里，流沙百里，曰北姑射之山[1]，无草木，多石。

注释

[1] 北姑射之山，《五藏山经传》卷四："山即淮阳府北秋池岭。"

释文 再往南沿水路走三百里，过流沙一百里，就是北姑射山，山上没有草木，有许多石头。

东2-12 又南三百里，曰南姑射之山[1]，无草木，多水。

注释

[1] 南姑射之山，《五藏山经传》卷四："山在安东府北奉化城之东，一水二源，东流六十馀里至平海郡南入海。"

释文 再往南三百里，叫南姑射山，山上没有草木，多水。

东2-13 又南三百里，曰碧山[1]，无草木，多大蛇，多碧[2]、水玉。

注释

[1] 碧山，《五藏山经传》卷四："当即永清湾西面之道安山。"
[2] 碧，青碧之类，参见西3-15注[2]。

释文 再往南三百里，叫碧山，山上没有草木，有许多大蛇，多产碧和水晶。

东2-14 又南五百里，曰缑氏之山[1]，无草木，多金、玉。原水出焉，东流注于沙泽。

注释

[1] 缑（gōu）氏之山，《五藏山经传》卷四："山在陕川郡东，有水东北流入瓠卢河东南注海。"

释文 再往南五百里，叫缑氏山，山上没有草木，多产金、玉。原水在这里发源，向东流注入沙泽。

东2-15 又南三百里，曰姑逢之山[1]，无草木，多金、玉。有兽焉，其状如狐而有翼，其音如鸿雁，其名曰獙獙[2]，见则天下大旱。

注释

[1] 姑逢之山，《五藏山经传》卷四："乐安县北之无木山也。有水东南流，会北自南原府来之水，其水西一源，东二源，左右交流而南会无木山水，大形肖妇人后顾前指之状，故曰姑逢。"

[2] 獙，音bì。

獙獙

释文 再往南三百里，叫姑逢山，山上没有草木，多产金、玉。有一种兽，形状像狐，但有翅膀，叫声像鸿雁，名字叫獙獙，它的出现预示着天下大旱。

东2-16 又南五百里，曰凫丽之山[1]，其上多金、玉，其下多箴石。有兽焉，其状如狐，而九尾、九首、虎爪，名曰蠪侄[2]，其音如婴儿，是食人。

蠪侄

注释

[1] 凫丽之山，《五藏山经传》卷四："晋江出咸阳郡西，西南流环曲而东，受西北一小水，象凫尾接上屈，故名凫丽。丽，俪也。"

[2] 蠪（lóng）侄，又作蠪蚳、蠪蛭。

释文 再往南五百里，叫凫丽山，山上多产金、玉，山下多产箴石。有一种兽，形状像狐，有九条尾巴、九个头、虎一样的爪子，名字叫蠪侄，叫声像婴儿啼哭，会吃人。

东2-17 又南五百里，曰碽山[1]，南临碽水[2]，东望湖泽[3]。有兽焉，其状如马，而羊目、四角、牛尾，其音如獋狗，其名曰峳峳[4]，见则其国多狡客[5]。有鸟焉，其状如凫[6]而鼠尾，善登木，其名曰絜[7]钩，见则其国多疫。

注释

[1] 硬（zhēn）山，《五藏山经传》卷四："朝鲜西南海中之珍岛也。有珍岛郡城。"

[2] 硬水，《五藏山经传》卷四："郡南有南桃浦，盖即硬水。硬，婴石也。"

[3] 湖泽，《五藏山经传》卷四："岛之东为灵岩郡河口，有曲渚及大浅滩，所谓湖泽。"

被被

[4] 被，音yóu。

[5] 狡，狡猾。

[6] 凫，野鸭。

[7] 絜，音xié。

絜钩

释文 再往南五百里，叫硬山，南面紧挨着硬水，东面是湖泽。有一种兽，形状像马，眼睛像羊、四个角、尾巴像牛，叫声像獿狗，名字叫被被，它的出现预示着该国会出很多狡猾的人。有一种鸟，形状像野鸭，尾巴像老鼠，善于爬树，名字叫絜钩，它的出现预示着该国会疫病流行。

凡东次二经之首，自空桑之山至于硬山，凡十七山，六千六百四十里。其神状皆兽身人面载觡[1]。其祠：毛用一鸡祈，婴[2]用一璧瘗。

注释

[1] 觡（gé），郭璞曰："麋、鹿属角为觡。"

[2] 婴，此处的"婴"无法用上文"环绕陈列"来解释，有人怀疑"婴"是一种祭礼的名称，但苦于无据，故不译出，下同。

释文 《东次二经》一组，从空桑山到硬山，一共十七座山，六千六百四十里。山神的形状都是兽身人面，头上有鹿角。祭祀的礼仪为：毛物用一只鸡祈祷，婴用一块璧埋入土中。

东次三经

题解 《五藏山经传》卷四："此经所志，自今鸭绿江海口南讫朝鲜南境，西尽少海诸山也。"

东3-1 又东次三经之首，曰尸胡之山[1]，北望䍃山[2]，其上多金、玉，其下多棘。有兽焉，其状如麋而鱼目，名曰婠[3]胡，其鸣自訆。

注释

[1] 尸胡之山，《五藏山经传》卷四："海口东北，其水西流，数折南入于海，象卧尸胀大之形，故名尸胡。"

[2] 䍃（xiáng），同"䍃"。䍃山，《五藏山经传》卷四："暖河自辽阳州东之暖阳门北、分水岭南合数水来入，象死羊在负，其首反垂之形，故曰䍃山。"

[3] 棘，参见北1-20注[2]。

[4] 婠，音wǎn。

释文 《东次三经》一组，第一座山叫尸胡山，北面是䍃山，山上多产金、玉，山下有许多棘。有一种兽，形状像麋，长着鱼的眼睛，名字叫婠胡，它的名字是据自己的叫声得来的。

蠪侄

东3-2 又南水行八百里，曰岐山[1]，其木多桃李，其兽多虎。

注释

[1] 岐山，《五藏山经传》卷四："白翎三岛也。北距床山四十里，西距山东之成山三百六十里。"

释文 再往南沿水路走八百里，叫岐山，那里树木多桃、李，兽类多虎。

东3-3 又南水行五百里，曰诸钩之山[1]，无草木，多沙石。是山也，广员百里，多寐鱼[2]。

注释

［1］诸钩之山，《五藏山经传》卷四："泰山城南要儿梁也。"

［2］寐鱼，郭璞曰："即鲡鱼。"郝懿行曰"今未详"。今人多认为指鲤科动物墨头鱼或卷口鱼，但这两种鱼一在我国西南，一在东南沿海，又与吕调阳所说的地理定位不合。

释文 再往南沿水路走五百里，叫诸钩山，山上没有草木，有许多沙石。这座山方圆一百里，有许多寐鱼。

东3-4 又南水行七百里，曰中父之山[1]，无草木，多沙。

注释

［1］中父之山，《五藏山经传》卷四："朝鲜西南小岛也，去海约二百里。"

释文 再往南沿水路走七百里，叫中父山，山上没有草木，有许多沙。

东3-5 又东水行千里，曰胡射之山[1]，无草木，多沙石。

注释

［1］胡射之山，吕调阳校作"湖射之山"，《五藏山经传》卷四："朝鲜东南隅加德岛也。其东北晋江水东南注海，前阻绝影岛澳渚洄流，常西南注，故曰湖射。"

释文 再往东沿水路走一千里，叫胡射山，山上没有草木，有许多沙石。

东3-6 又南水行七百里，曰孟子之山[1]，其木多梓、桐，多桃、李，其草多菌蒲，其兽多麋、鹿。是山也，广员百里。其上有水出焉，名曰碧阳，其中多鳣、鲔[2]。

注释

［1］孟子之山，《五藏山经传》卷四："尸胡南、岐山北也。今为床山。大岛北际海岸向西突出，象孟。孟者，阴壮大也。"

［2］鳣鲔，郭璞曰："鲔即鲔也，似鳣而长鼻，体无鳞甲，别名鮥鲔，一名鳛也。"鳣、鲔都指鲟科鱼类，我国主要有鲟鱼、鳇鱼和白鲟等。

释文 再往南沿水路走七百里，叫孟子山，树木多梓树和桐树，又有许多桃、李，草多菌蒲，兽类多麋、鹿。这座山方圆一百

鳣

里。山上有水在这里发源，名叫碧阳，水中有许多鳣、鲔。

东3-7 又南水行五百里，曰流沙[1]，行五百里，有山焉，曰跂踵之山，广员二百里，无草木，有大蛇，其上多玉。有水焉，广员四十里皆涌[2]，其名曰深泽[3]，其中多蠵龟[4]。有鱼焉，其状如鲤，而六足鸟尾，名曰鲐鲐[5]之鱼，其名自叫。

注释

[1]流沙，《五藏山经传》卷四："流沙在要儿梁西北，长四十里，沙之北尾之东即唐津江入海之口也。自南尾向南行，经梁西又东南达向江口约二百馀里，溯江东行，曲折东北约三百里，至珍岑城北，城南即跂踵山。"

[2]"有水"两句，郭璞曰："今河东汾阴县有瀵水，源在地底，溃沸涌出，其深无限，即此类也。"

[3]深泽，《五藏山经传》卷四："山之南为连山县，山西有泥山城，有小水西入向江，即深泽。"

[4]蠵（xī），郭璞曰："蠵，觜蠵，大龟也，甲有文彩，似玳瑁而薄。"

[5]鲐，音gé。

蠵龟、鲐鲐鱼

释文 再往南沿水路走五百里是流沙，再走五百里，有一座山，名叫跂踵山，方圆二百里，没有草木，有大蛇，山上多产玉。有水在方圆四十里的范围内从地下涌出，名叫深泽，水中多蠵龟。有一种鱼，形状像鲤鱼，有六只脚和鸟一样的尾巴，名叫鲐鲐鱼，它的名字是据自己的叫声得来的。

东3-8 又南水行九百里，曰踇隅之山[1]，其上多草木，多金玉，多赭[2]。有兽焉，其状如牛而马尾，名曰精精，其鸣自叫。

注释

[1]踇（mǔ）隅之山，吕调阳校作"踇禺之山"，《五藏山经传》卷四："尸胡南也。荣城以东海岸参差象狒狒迅走踵反，故曰踇禺。"

[2]赭，参见北2-2注[3]。

释文 再往南沿水路走九百里，叫蹰隅山，山上有许多草木，多产金、玉，又有许多赭。有一种兽，形状像牛、尾巴像马，名叫精精，它的名字是据自己的叫声得来的。

精精

东3-9 又南水行五百里，流沙三百里，至于无皋之山[1]，南望幼海，东望榑木[2]，无草木，多风。是山也，广员百里。

注释

[1]无皋之山，《五藏山经传》卷四："今自鸭绿江口循海西南百八十馀里得沙河口，又五十里大庄河合沙河来入，又百四十里经水口四至大沙河口，又三十里至澄沙河口，此二百馀里中海中小岛十有九傍岸，皆沙浅，又百三十里讫旅顺城曰无皋之山，即《北次三经》云'鸡号之山'也。无皋，小儿号乳也，象形。"参见北3-47注[2]。

[2]榑（fú）木，吕调阳校作"搏爰"，《五藏山经传》卷四："搏通扶，爰，古女字，扶爰即扶馀也，今朝鲜之扶馀县，水自锦山城南两源合，北流受左右二水，经跂踵山之东环流而西而西北，受东北三源，合流西来之乌岭水，又西北屈而西南经县北，西合跂踵山水入海，自县以东水形象女子夭曲扶倚之状，故因以名洲。其水亦象日出渐上，故自古讹传扶爰为日出处也。桑名若木，从爰，以猗傩象女子也。战国以后人不识爰字，相沿读为桑，遂有日出扶桑之说矣。"

释文 再往南沿水路走五百里，再过流沙三百里，就到了无皋山，它南面是幼海，东面是榑木，没有草木，多风。这座山方圆一百里。

人身羊角神

凡东次三经之首，自尸胡之山至于无皋之山，凡九山，六千九百里。其神状皆人身而羊角。其祠：用一牡羊，米用黍。是神也，见则风雨水为败。

释文 《东次三经》一组，从尸胡山到无皋山，一共九座山，六千九百里。山神的形状都是人身羊角。祭祀的礼仪为：用一头公羊，米用黍米。这种山神一旦现身，风雨水患将会造成灾害。

东次四经

题解《五藏山经传》卷四："此经所志，今小辽河以南、鸭绿江以西诸山也。"

东4-1又东次四经之首，曰北号之山[1]，临于北海。有木焉，其状如杨，赤华，其实如枣而无核，其味酸甘，食之不疟。食水出焉，而东北流注于海。有兽焉，其状如狼，赤首鼠目，其音如豚，名曰獦狚[2]，是食人。有鸟焉，其状如鸡而白首，鼠足而虎爪，其名曰鵸[3]雀，亦食人。

獦狚

注释

[1]北号之山，《五藏山经传》卷四："北号在开原县东北二百里，为小辽河东源之大小雅哈河所出山，西自兴安岭循辽河北岸来折而南为此山，自北而南正支尽于鸭绿江口，其分支自松花西源东走，为东源所出之长白顶，又北为呼拉哈源，又东为乌苏里源，水皆北流下山，总曰北号。"

[2]獦狚，音gé jū。

[3]鵸，音qí。

鵸雀

释文《东次四经》一组，第一座山叫北号山，紧挨着北海。有一种树，形状像杨树，花是红色的，果实像枣，但没有核，味道酸中带甜，吃了可以预防疟疾。食水在这里发源，向东北流注入大海。有一种兽，形状像狼，红色的头，老鼠一样的眼睛，叫声像猪，名叫獦狚，会吃人。有一种鸟，形状像鸡，头是白色的，老鼠一样的脚上生有虎爪，名字叫曰𪄏雀，也会吃人。

东4-2 又南三百里，曰旄山[1]，无草木。苍体之水出焉，而西流注于展水。其中多鳝[2]鱼，其状如鲤而大首，食者不疣[3]。

注释

[1]旄山，《五藏山经传》卷四："鸭绿江上游北岸自三道沟以东小水十，南岸小水五，象旄形，亦象苍木不去其枝之形，体犹支也。山即三道沟所出之斐德里山，其水南入鸭绿而西南与佟家江会，即展水。"

[2]鳝（qiū），同鳅，即泥鳅。

[3]疣，参见北1-2注[6]。

鳝鱼

释文 再往南三百里，叫旄山，没有草木。苍体水在这里发源，向西流注入展水。水中有许多鳝鱼，它的形状像鲤鱼，但头很大，吃了可以不长疣子。

东4-3 又南三百二十里，曰东始之山[1]，上多苍玉[2]。有木焉，其状如杨而赤理，其汁如血，不实，其名曰芑，可以服马[3]。泚水出焉，而东北流注于海，其中多美贝，多茈鱼，其状如鲋[4]，一首而十身，其臭如蘪芜[5]，食之不糟[6]。

注释

[1]东始之山，《五藏山经传》卷四："山即松花西源柳沟河所出，兴安支干东行之始也。"

茈鱼

[2]苍玉，参见西1-8注[7]。

[3]可以服马，郭璞曰："以汁涂之，则马调良。"

[4]鲋，参见南3-9注[4]。

[5]蘪芜即蘼芜，参见西1-9注[5]。

[6]糟，汪绂曰："古屁字，气下泄也。"

释文 再往南三百二十里，叫东始山，山上多产苍玉。有一种树，形状像杨树而有红色纹理，树的汁液

东山经

像血，不结果实，名字叫芑，涂了可以使马驯服。泚水在这里发源，向东北流注入大海，水中有许多美贝，又有许多茈鱼，形状像鲋，一个头十个身体，气味像蘪芜，吃了可以不放屁。

东4-4 又东南三百里，曰女烝之山[1]，其上无草木。石膏水出焉，而西注于鬲水[2]，其中多薄鱼，其状如鳣鱼[3]而一目，其音如欧[4]，见则天下大旱。

注释

[1] 女烝之山，《五藏山经传》卷四："山盖在鸭绿江东岸朝鲜张杰城之东，有水西流合东南水而西注江，亦象女子天侧形而前临鬲水，故曰女烝。"

[2] 鬲水，《五藏山经传》卷四："鸭绿自栗子沟以南、佟家自玛察河口以南，两江左右环合，象鬲形也。"

[3] 鳣鱼，参见东3-6注[2]。

[4] 其音如欧，郭璞曰："如人呕吐声也。"

释文 再往东南三百里，叫女烝山，山上没有草木。石膏水在这里发源，向西流注入鬲水，水中有许多薄鱼，形状像鳣鱼，但只有一只眼，叫声像人呕吐，它的出现意味着天下大旱。

薄鱼

东4-5 又东南二百里，曰钦山[1]，多金、玉而无石。师水[2]出焉，而北流注于皋泽[3]，其中多鱃鱼[4]，多文贝[5]。有兽焉，其状如豚而有牙，其名曰当康，其鸣自叫，见则天下大穰。

注释

[1] 钦山，《五藏山经传》卷四："山在辽阳州东麟厂门内之西南，为哈什玛河所出。钦，吟也。"

[2] 师水，《五藏山经传》卷四："师，馨师也。麟厂门河自东南导源，少东北流，折西北会南二水及哈什河，象鼓琴推其指之状。"

[3] 皋泽，《五藏山经传》卷四："皋泽即泰泽，河水浑流，所潴多涂也。"

[4] 鱃鱼，参见东4-2注[2]。

[5] 文贝，参见西3-16注[2]。

释文 再往东南二百里，叫钦山，山上多产金、玉，但没有石头。师

当康

水在这里发源，向北流注入皋泽。水中有许多鳝鱼，许多文贝。有一种兽，形状像猪，有牙，名叫当康，它的名字是据自己的叫声得来的，它的出现预示着天下大丰收。

东山经

东4-6 又东南二百里，曰子桐之山[1]，子桐之水出焉，而西流注于馀如之泽。其中多鲭鱼，其状如鱼而鸟翼，出入有光，其音如鸳鸯，见则天下大旱。

注释

[1]子桐之山，吕调阳校作"辛桐之山"，《五藏山经传》卷四："辛梓通。梓桐，琴材也，因钦山为义。山为瑷河东源所导，西南会分水岭水而西南而东南入鸭绿江注海，海自口南东曲为大渚谓之馀如之泽也。"

释文 再往东南二百里，叫子桐山，子桐水在这里发源，向西流注入馀如泽。水中有许多鲭鱼，形状像鱼，有鸟一样的翅膀，行动时会发光，叫声像鸳鸯，它的出现预示着天下大旱。

鲭鱼

东4-7又东北二百里，曰剡山[1]，多金、玉。有兽焉，其状如彘而人面，黄身而赤尾，其名曰合窳，其音如婴儿。是兽也，食人，亦食虫蛇，见则天下大水。

注释

[1]剡山，《五藏山经传》卷四："今山在哈达河，南岸尽峰也，北岸即哈达城，并因山为名。"

合窳

释文 再往东北二百里，叫剡山，山上多产金、玉。有一种兽，形状像野猪，面孔像人，身体是黄色的，尾巴是红色的，名字叫合窳，叫声像婴儿啼哭。这种兽吃人，也吃蛇，它的出现预示着天下将发大水。

东4-8又东二百里，曰太山[1]，上多金、玉、桢木[2]。有兽焉，其状如牛而白首，一目而蛇尾，其名曰蜚[3]，行水则竭，行草则死，见则天下大疫。钩水出焉，而北流注于劳水，其中多鳡鱼[4]。

注释

[1]太山，《五藏山经传》卷四："山为小潦西源，库鲁河所出，北会赫尔苏河、雅哈河，屈西南注潦水，象钩形。"

[2]桢木，郭璞曰："女桢也，叶冬不凋。"即木犀科植物女贞。

[3]蜚，音fěi。

[4]鳡鱼，参见东4-2注[2]。

蜚

释文 再往东二百里，叫太山，山上多产金、玉和桢木。有一种兽，形状像牛，头是白色的，一只眼睛，尾巴像蛇，名字叫蜚，走到水里水就干涸，走到草上草就枯死，它的出现预示着天下会有大瘟疫流行。钩水在这里发源，向北流注入劳水，水中有许多鳡鱼。

凡东次四经之首，自北号之山至于太山，凡八山，一千七百二十里。

释文 《东次四经》一组，从北号山到太山，一共八座山，一千七百二十里。

右东经之山志，凡四十六山，万八千八百六十里。

释文 以上是《东山经》的内容，一共四十六座山，一万八千八百六十里。

东山经

卷五 中山经

山海经卷五

中 山 经

题解 《五藏山经传》卷五："此经志冀州全境诸山也。冀州，帝都所在，故中经先之。"

中1-1中山经薄山[1]之首，曰甘枣之山[2]。共水[3]出焉，而西流注于河。其上多枏木[4]，其下有草焉，葵本而杏叶，黄华而荚实，名曰箨[5]，可以已瞢[6]。有兽焉，其状如䖉[7]鼠而文题，其名曰㺲[8]，食之已瘿[9]。

注释

[1]薄山，《五藏山经传》卷五："薄同亳，一作'蒲'。中条山自河曲而东北属于太行，总曰薄山。其首则亳清河东源所出是也。"

[2]甘枣之山，吕调阳谓即亳山，在北3-13。

[3]共水，《五藏山经传》卷五："共，亳清河，象拱立形也。"

㺲

[4]枏木，参见西1-7注[1]。

[5]箨，音tuò。

[6]瞢（méng），眼睛看不清东西。

[7]䖉，独的古字。

[8]㺲，音nuó。

[9]瘿，参见西1-15注[8]。

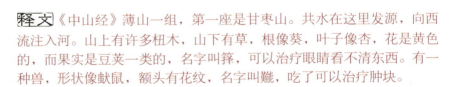

释文 《中山经》薄山一组，第一座是甘枣山。共水在这里发源，向西流注入河。山上有许多枏木，山下有草，根像葵，叶子像杏，花是黄色的，而果实是豆荚一类的，名字叫箨，可以治疗眼睛看不清东西。有一种兽，形状像䖉鼠，额头有花纹，名字叫㺲，吃了可以治疗肿块。

中1-2又东二十里，曰历儿之山[1]，其上多櫃[2]，多櫔[3]木，是木也，方茎而员叶，黄华而毛，其实如楝[4]，服之不忘。

释文 再往东二十里，叫历儿山，山上有许多楢木，又有许多櫃木，这种树茎是方的，叶子是圆的，黄色的花上有毛，果实像楝树子，吃了可以增强记忆力。

中1-3 又东十五里，曰渠猪之山[1]，其上多竹。渠猪之水[2]出焉，而南流注于河。其中是多豪鱼，状如鲔[3]，赤喙尾，赤羽，可以已白癣。

豪鱼

释文 再往东十五里叫渠猪山，山上有许多竹子。渠猪水在这里发源，向南流注入河。水中有许多豪鱼，形状像鲔，嘴、尾巴和鳍都是红色的，可以治疗白癣病。

中1-4 又东三十五里，曰葱聋之山[1]，其中多大谷，是多白垩，黑、青、黄垩[2]。

释文 再往东三十五里，叫葱聋山，山中有许多大谷，谷中多产白垩，兼产黑、青、黄垩。

中1-5 又东十五里，曰洼山[1]，其上多赤铜，其阴多铁。

注释

[1]洼（wǒ）山，《五藏山经传》卷五："洼，水所委流也。山在上峡东南，有古冶官。"

释文 再往东十五里，叫洼山，山上多产赤铜，山的北面多产铁。

中1-6 又东七十里，曰脱扈之山[1]。有草焉，其状如葵叶而赤华，荚实，实如棕荚，名曰植楮，可以已疬[2]，食之不眯[3]。

注释

[1]脱扈之山，《五藏山经传》卷五："今岳神山濩泽水所出，其东南即金星山，有水东北流，合濩泽水及西北一水，又东如南甘水两源自北东流而合而南注之，又东南合桑林河东注沁水，象扈脱而反顾鸣屏之形。扈、濩声同，因借作濩也。"
[2]疬（shǔ），瘘管。
[3]眯，参见西4-15注[3]。

释文 再往东七十里，叫脱扈山。山上有一种草，叶子像葵，开红色的花，果实属豆荚一类，像棕榈的果实，名叫植楮，可以治疗瘘管，吃了可以不做恶梦。

中1-7 又东二十里，曰金星之山，多天婴，其状如龙骨[1]，可以已痤。

注释

[1]龙骨，郝懿行曰："《本草别录》云：'龙骨生晋地川谷、及太山岩水岸土穴中死龙处。'"其所引述实际是古代某些动物的化石，中医上用做强壮剂。

释文 再往东二十里，叫金星山，山上有许多天婴，形状像龙骨，可以治疗痤疮。

中1-8 又东七十里，曰泰威之山[1]，其中有谷曰枭谷，其中多铁。

注释

[1]泰威之山，《五藏山经传》卷五："即鹿台山，桑林河所出，东合濩泽水入沁。"

释文 再往东七十里，叫泰威山，其中有山谷叫枭谷，谷中多产铁。

中1-9 又东十五里，曰櫃谷之山^[1]，其中多赤铜。

注释

[1] 櫃谷之山，《五藏山经传》卷五："渠猪之东，沇水东源所发，两源之间一水西南入鼓钟川，今谓之历山水也。"

释文 再往东十五里，叫櫃谷山，山中多产赤铜。

中1-10 又东百二十里，曰吴林之山^[1]，其中多薵草^[2]。

注释

[1] 吴林之山，《五藏山经传》卷五："吴同虞。虞林，今济源县西虎岭也。"

[2] 薵（jiān），郭璞曰："亦菅字。"郝懿行曰："薵乃香艸，郭注以薵为菅字，菅乃茅属，恐非也。"

释文 再往东一百二十里，叫吴林山，山中有许多薵草。

中1-11 又北三十里，曰牛首之山^[1]。有草焉，名曰鬼草，其叶如葵而赤茎，其秀如禾，服之不忧。劳水^[2]出焉，而西流注于潏水^[3]。是多飞鱼，其状如鲋鱼^[4]，食之已痔衕^[5]。

注释

[1] 牛首之山，《五藏山经传》卷五："山在浮山县南，王屋之西。牛首犹云龙角也。"

[2] 劳水，《五藏山经传》卷五："涝水与溅水并西北流合彭水，象劳者疾趋曳带之形。"

[3] 潏（jué）水，《五藏山经传》卷五："又西北受杨村河而西与潏水会，水自南来直北注劳水如聿也。（古文聿象手持笔形，亦作聿，从肉声，篆讹作聿。）"

飞鱼

[4] 鲋鱼，参见南3-9注[4]。

[5] 痔衕，又作痔漏，肛瘘的通称。

释文 再往北三十里，叫牛首之山。有一种草，名叫鬼草，叶子像葵，茎是红色的，像禾类植物一样开花抽穗，吃了它可以消除忧郁。劳水在这里发源，向西流注入潏水。这里有许多飞鱼，形状像鲋鱼，吃了它可以治疗肛瘘。

中1-12 又北四十里，曰霍山[1]，其木多穀[2]。有兽焉，其状如狸，而白尾有鬣，名曰脱脱[3]，养之可以已忧。

注释

[1]霍山，《五藏山经传》卷五："霍，暴雨声也，豆谓之霍，旋磨如暴雨声也。此山及平阳永安之霍山，皆有潭水泛转如旋磨也。"

[2]穀，参见南1-1注[7]。

[3]脱，音fěi。

脱脱

释文 再往北四十里，叫霍山，那里树木多穀树。有一种兽，形状像狸，尾巴是白色的，颈部有鬣毛，名叫脱脱，饲养它可以消除忧郁。

中1-13 又北五十二里，曰合谷之山[1]，是多蓍棘[2]。

注释

[1]合谷之山，《五藏山经传》卷五："在杀虎口。"

[2]蓍（zhān）棘，郝懿行曰："《本草》云：'天蓍冬一名颠棘。'即《尔雅》'髦，颠棘'也。蓍，《玉篇》云：'丁敢切。'疑蓍、颠古字或通。"

释文 再往北五十二里，叫合谷山，这里有许多蓍棘。

中1-14 又北三十五里，曰阴山[1]，多砺石[2]、文石[3]。少水出焉，其中多雕棠，其叶如榆叶而方，其实如赤菽[4]，食之已聋。

注释

[1]阴山，《五藏山经传》卷五："今晋祠泉所发，在太原县南。"

[2]砺石，参见西4-19注[7]。

[3]文石，参见西4-3注[2]。

[4]赤菽，赤小豆。

释文 再往北三十五里，叫阴山，山上有许多砺石、文石。少水在这里发源，这里有许多雕棠，叶子像榆树叶但是方的，果实像赤小豆，吃了可以治疗耳聋。

中1-15 又东北四百里，曰鼓镫之山[1]，多赤铜。有草焉，名曰荣草，其叶如柳，其本如鸡卵，食之已风。

注释

　［1］鼓镫之山，《五藏山经传》卷五："今灵丘县西之团山及鼓子山也。"

释文 再往东北四百里，叫鼓镫山，山上多产赤铜。有一种草，名叫荣草，叶子像柳叶，根茎像鸡蛋，吃了可以治疗风症。

　凡薄山之首，自甘枣之山至于鼓镫之山，凡十五山，六千六百七十里。历儿，冢也，其祠礼：毛，太牢之具[1]；县[2]以吉玉。其馀十三山者，毛用一羊，县婴[3]用桑封，瘗而不糈。桑封者，桑主[4]也，方其下而锐其上，而中穿之加金[5]。

注释

　［1］具，酒食，这里指祭献的食物。

　［2］县，音xuán。郭璞曰："县，祭山之名也，见《尔雅》。"

　［3］婴，疑是祭名，已见《东次二经》末段注［2］。若以此推论，则此处"县"、"婴"为并列的两件事。

　［4］桑主，袁珂曰："江绍原《中国古代旅行之研究》第一章注❿谓经文'桑封'系'藻珪'之误，桑主即藻玉，婴系以玉献神之专称。其说近是，可供参考。"今人多从其说。又汪绂以为"封"当作"卦"，卦同主，所谓桑封就是桑圭，也就是用桑木做成的圭形神主。"上尖下方"是古代玉器圭的形状，见《西山经》末段注［8］，而主、圭二字又形似，所以各家猜测结果类似，但所谓桑封究竟是何物，终究不得而详。

　［5］加金，汪绂曰："饰以金也。"

释文 薄山一组，从甘枣山到鼓镫山，一共十五座山，六千六百七十里。历儿山是众神之君，祭祀的礼仪为：毛物用太牢，县用吉玉。其余十三座山，毛物用一头羊，县、婴用桑封，只埋祭物而不用精米。桑封就是用桑木做的牌位，下面方、上面尖，中间穿产金属作装饰。

中次二经

题解 《五藏山经传》卷五："此经所志，自孟津南行循伊水南岸诸山也。"

中2-1 中次二经济山之首，曰辉诸之山[1]，其上多桑，其兽多闾[2]麋，其鸟多鹖[3]。

注释

[1] 辉诸之山，《五藏山经传》卷五："辉诸山在孟津县西，圈阜累累相属，今有员图寺，古谓之钧陈垒。"

[2] 闾，参见北2-3注[2]。

[3] 鹖（hé），郭璞曰："似雉而大，青色有毛，勇健，斗死乃止。"

释文 《中次二经》济山一组，第一座叫辉诸山，山上有许多桑，兽类多闾、麋，鸟类多鹖。

鹖

中2-2 又西南二百里，曰发视之山[1]，其上多金玉，其下多砥砺[2]。即鱼之水[3]出焉，而西流注于伊水。

注释

[1] 发视之山，《五藏山经传》卷五："山在伊阙之南，西临广成泽。"

[2] 砥砺，参见西4-19注[7]。

[3] 即鱼之水，《五藏山经传》卷五："《水经注》：'泽有二水，北水出泽西南，迳杨志坞北与南水合；南水自泽西流迳陆浑县南，又西北流屈而东迳杨志坞南，又北屈迳其坞东，又迳坞北合北水同注老倒涧入于伊'其大形象人启视，又象鱼首。即，嘷，食也。"

释文 再往西南二百里，叫发视山，山上多产金、玉，山下多产砥砺。即鱼水在这里发源，向西流注入伊水。

中2-3 又西三百里，曰豪山[1]，其上多金、玉而无草木。

[１]豪山，《五藏山经传》卷五："山在鲜水曲处之北，广成泽之东南。"

释文 再往西三百里，叫豪山，山上多产金、玉，但没有草木。

中2-4又西三百里，曰鲜山[1]，多金、玉，无草木。鲜水出焉，而北流注于伊水。其中多鸣蛇，其状如蛇而四翼，其音如磬，见则其邑大旱。

鸣蛇

注释

[１]鲜山，《五藏山经传》卷五："山与豪山连麓。《水经注》谓之狼皋山，其水西北流，阳水自西南来入，屈而西南注伊，象鲜尾。"

释文 再往西三百里，叫鲜山，山上多产金、玉，没有草木。鲜水在这里发源，向北流注入伊水。水中有许多鸣蛇，形状像蛇，有四个翅膀，叫声像磬音，它的出现预示着地方上会遭遇大旱。

中2-5又西三百里，曰阳山，多石，无草木。阳水[1]出焉，而北流注于伊水。其中多化蛇，其状如人面而豺身，鸟翼而蛇行，其音如叱呼，见则其邑大水。

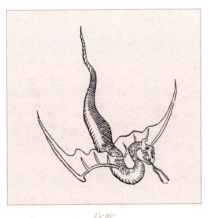

化蛇

注释

[１]阳水，《五藏山经传》卷五："阳水东北流，亦象形也。（动为阳，静为阴。）《水经注》谓之康水。"

释文 再往西三百里，叫阳山，山上有许多石头，没有草木。阳水在这里发源，向北流注入伊水。水中有许多化蛇，形状长得面孔像人，身体像豺，翅膀像鸟，行动像蛇，叫声像人呼喝，它的出现预示着地方上将发大水。

中2-6又西二百里，曰昆吾[1]之山，其上多赤铜。有兽焉，其状如彘而有角，其音如号，名曰蠪蚳[2]，食之不眯[3]。

注释

[1] 昆吾之山，《五藏山经传》卷五："山在今嵩县东北二十馀里，伊水南，隔岸即伏流岭。"

[2] 蟹蚳，见东2-16。

[3] 眯，参见西4-15注[3]。

蟹蚳

释文 再往西二百里，叫昆吾山，山上多产赤铜。有一种兽，形状像野猪而有角，叫声像人哭号，名叫蟹蚳，吃了它的肉可以不做恶梦。

中2-7 又西百二十里，曰葌山[1]，葌水出焉，而北流注于伊水，其上多金、玉，其下多青雄黄[2]。有木焉，其状如棠[3]而赤叶，名曰芒草[4]，可以毒鱼。

注释

[1] 葌山，《五藏山经传》卷五："山在西南，《水经注》所误指为鲜山者也。其水北流合独苏山水东北注伊。"

[2] 青雄黄，参见西2-14注[2]。

[3] 棠，参见西3-8注[7]。

[4] 芒草，又名莔草、莽草。形状像石楠而叶稀，有毒。即木兰科植物狭叶茴香。

释文 再往西一百二十里，叫葌山，葌水在这里发源，向北流注入伊水，山上多产金、玉，山下多产青雄黄。有一种树，形状像棠，叶子是红色的，名叫芒草，可以用来毒鱼。

中2-8 又西一百五十里，曰独苏之山[1]，无草木而多水。

马腹

注释

[1] 独苏之山，吕调阳校作"独稣之山"，《五藏山经传》卷五："鱼得水苏曰稣，从禾，尾动如木折末也。伊水之义为死，唯近源处之鸾、交二水东北注伊，似鲜尾，故曰独苏。"

释文 再往西一百五十里，叫独苏山，那里没有草木却有许多水。

中2-9 又西二百里，曰蔓渠之山[1]，其上多金、玉，其下多竹箭[2]。

伊水[3]出焉，而东流注于洛。有兽焉，其名曰马腹，其状如人面虎身，其音如婴儿，是食人。

[1]蔓渠之山，《五藏山经传》卷五："伊水源西隔山曰葛蔓谷。其水北流入洛屈曲如蔓，谷中潜通伊源如柜泄流，故曰蔓渠。"

[2]竹箭，参见西1-7注[4]。

[3]伊水，《五藏山经传》卷五："伊者，水形象死人，亦象蛇卧也。（古文作𠘱，案当作𢇰，人死似蛇卧也，从古死字，从己声。）"

释文 再往西二百里，叫蔓渠山，山上多产金、玉，山下多竹箭。伊水在这里发源，向东流注入洛水。有一种兽，名叫马腹，长着人一样的面孔和虎一样的身体，叫声像婴儿啼哭，会吃人。

凡济山之首，自辉诸之山至于蔓渠之山，凡九山，一千六百七十里。其神皆人面而鸟身。祠用毛，用一吉玉，投而不糈。

释文 济山一组，从辉诸山到蔓渠山，一共九座山，一千六百七十里。山神都是人面鸟身。祭祀用毛物，用一块吉玉，只是投到山上，不用精米。

人面鸟身神

中次三经

题解 《五藏山经传》卷五："此经所志，巩、氾水、荥阳诸山也。"

夫诸

中3-1中次三经萯山[1]之首，曰敖岸之山[2]，其阳多㻬琈[3]之玉，其阴多赭[4]、黄金。神熏池居之。是常出美玉。北望河林[5]，其状如蒨[6]如举。有兽焉，其状如白鹿而四角，名曰夫诸，见则其邑大水。

注释

[1] 萯（bèi）山，《五藏山经传》卷五："巩在洛东，东抵京索皆古东阳萯山地。《吕氏春秋》'夏后孔甲畋于东阳萯山'是也。"

[2] 敖岸之山，《五藏山经传》卷五："敖山亦总号，而敖岸则临洛滨，《诗》曰'搏兽于敖'，《春秋传》曰'晋师在敖鄗之间'是也。敖、磝通，山多小石也。"

[3] 㻬琈，参见西1-4注[5]。

[4] 赭，参见北2-2注[3]。

[5] 《五藏山经传》卷五："河林在河内，今清化镇。"

[6] 蒨（qiàn），汪绂曰："蒨，苍葱之貌；举，谓其林气之飞举也。"郝懿行曰："蒨，草也；举，木也。举即榉柳。"汪说比较牵强，但若以河林为地名，则郝说不可取。

释文 《中次三经》萯山一组，第一座叫敖岸山，山的南面多产㻬琈玉，北面多产赭和黄金。名叫熏池的神住在这里。这里常出美玉。北面是河林，郁郁葱葱，朝气蓬勃。有一种兽，形状像白鹿，有四个角，名叫夫诸，它的出现预示着地方上会发大水。

中3-2又东十里，曰青要之山[1]，实惟帝之密都。北望河曲[2]，是多驾鸟[3]。南望墠渚[4]，禹父之所化，是多仆累[5]、蒲卢[6]。魑武罗[7]司之，其状人面而豹文，小要而白齿，而穿耳以镍[8]，其鸣如鸣

中山经

玉。是山也，宜女子。畛水^[9]出焉，而北流注于河。其中有鸟焉，名曰鹠^[10]，其状如凫^[11]，青身而朱目赤尾，食之宜子。有草焉，其状如蘪^[12]，而方茎、黄华、赤实，其本如槁本^[13]，名曰荀草，服之美人色。

魅武罗

注释

[1] 青要之山，《五藏山经传》卷五："汜水自大騩山东北流，合正回水又北合畛水、潇潇水，又东北入河水，形似窥井者却手于要之状，而是山正当其要，故曰青要。（青，古文作𦰩，井上草也。）"

[2] 河曲，《五藏山经传》卷五："河水东北屈处。"

[3] 駕鸟，郭璞曰："或曰駕宜为䳜，䳜鹅也。"䳜（gē），即野鹅，今名鸿雁。

[4] 墠（shàn），郭璞曰："水中小洲名渚。"《五藏山经传》卷五："墠渚即嵩渚正回之水所出，《水经注》所谓'东关水出嵩渚之山'也。"

[5] 仆累，蜗牛。

[6] 蒲卢，郭璞认为即蜾蠃，蜾蠃科昆虫，又名细腰蜂。郝懿行认为是螺蛳一类。

[7] 魅武罗，郭璞曰："武罗，神名。魅即神字。"

[8] 鐻（qú），郭璞曰："鐻，金银器之名，未详也。"郝懿行曰："《说文》以为虡或字，其新附字引此则作'璩'，云：'璩，环属也。'"

[9] 畛（zhěn）水，《五藏山经传》卷五："水旁有数十石畦，畦有数野蔬，故畛水所由纳称矣。"

[10] 鹠，音yǎo。

[11] 凫，野鸭。

[12] 蘪，参见中1-10注[2]。

[13] 其本如槁本，郭璞曰："根似槁本，亦香草。"

鹠

释文 再往东十里，叫青要山，是天帝的密都。北面是河曲，有许多駕鸟。南面是墠渚，是禹的父亲变化的地方，有许多蜗牛和蒲卢。名叫武罗的神主管这里，它长着人的面孔，有豹子般的花纹，腰身细小，牙齿很白，耳朵穿有耳环，叫声像鸣玉。这座山很适合女子。畛水在这里发源，向北流注入河。水中有鸟，名叫鹠，形状像野鸭，身体是青色的，眼睛是浅红色的，尾巴是红色的，吃了它的肉可以多生孩子。有一种草，形状像蘪，茎是方的，花是黄的，果实是红的，根像槁本，名叫荀草，吃了它可以使人容貌美丽。

中3-3又东十里曰騩山[1]，其上有美枣，其阴有琈珸[2]之玉。正回之水[3]出焉，而北流注于河。其中多飞鱼，其状如豚而赤文，服之不畏雷，可以御兵。

飞鱼

释文 再往东十里，叫騩山，山上有美枣，山的北面产琈珸玉。正回水在这里发源，向北流注入河。水中有许多飞鱼，形状像猪而有红色花纹，吃了它可以不怕雷电，可以抵御兵灾。

中3-4又东四十里，曰宜苏之山[1]，其上多金玉，其下多蔓居之木[2]。潏潏[3]之水出焉，而北流注于河，是多黄贝[4]。

注释

[1]宜苏之山，《五藏山经传》卷五："芰苦谓之苏，为其拔而犹活，《尔雅》云'卷施草拔心不死'是也。此山以土宜得名。"

[2]蔓居之木，郝懿行曰："《广雅》云：'牡荆，曼荆也。'曼，《本草》作蔓。此经'蔓居'疑'蔓荆'声之转；蔓荆列《本草》木部，故此亦云蔓居之木也。"参见西4-6注[3]。

[3]潏，音yōng。

[4]黄贝，参见西4-17注[4]。

释文 再往东四十里，叫宜苏山，山上多产金、玉，山下有许多蔓居之木。潏潏水在这里发源，向北流注入河，这里有许多黄贝。

中3-5又东二十里，曰和山[1]，其上无草木而多瑶碧[2]，实惟河之九都[3]。是山也五曲，九水出焉，合而北流注于河[4]，其中多苍玉^[5]。吉神泰逢司之，其状如人而虎尾，是好居于蔒山之阳，出入有光。泰逢神动天地气也。

泰逢

注释

［1］和山，《五藏山经传》卷五："和山即'中次五经'少陉之山，与蔒山连麓。"见中7-14。

［2］瑶碧，参见西3-15注［2］。

［3］都，郝懿行曰："都者，潴也。"水流汇聚的意思。

［4］"九水"两句，《五藏山经传》卷五："索水两支凡九源，合东北流会济水而东入荣泽，又自济隧北注于河。"

［5］苍玉，参见西1-8注［7］。

释文

再往东二十里，叫和山，山上没有草木而多产瑶碧，这是河水的九条支水汇聚的地方。这座山有五曲回旋，九水在这里发源，合并向北流注入河，水中多产苍玉。吉神泰逢是这里的主管，他长得像人，但有一条虎尾，喜欢住在蔒山的南面，出入时会发光，那是泰逢的神灵触动天地之气所致。

凡蔒山之首，自敖岸之山至于和山，凡五山，四百四十里。其祠泰逢、熏池、武罗，皆一牡羊副^[1]，婴用吉玉。其二神用一雄鸡瘗之，糈用稌。

注释

［1］副（pì），割裂、剖分。

释文

蔒山一组，从敖岸山到和山，一共五座山，四百四十里。祭祀泰逢、熏池、武罗，都用一头剖开的公羊，婴用吉玉。其馀两个神要埋一只雄鸡，精米用粳稻。

中次四经

题解 《五藏山经传》卷五："此经所志，伊北洛南诸山也。"

中4-1 中次四经厘山之首，曰鹿蹄之山[1]，其上多玉，其下多金。甘水出焉，而北流注于洛，其中多泠石[2]。

注释

[1] 鹿蹄之山，《五藏山经传》卷五："鹿蹄山本作鹿台山，在今泽州阳城县。所出为扈泽水。甘泽自北注之，乃有扈之甘，不在河南。河南之甘即二经之即鱼水，出发视山，西流注伊水，形象口有所含，与有扈之甘同，故亦名甘，即周王子带之封邑，不出鹿蹄，亦不注洛也。经所指别是一山，在宜阳东北三十馀里，其山阴峻绝百仞，阳则原阜隆平，水发东麓，北流注于洛，竟未审古为何名也。"

[2] 泠石，郭璞曰："泠石，未闻也。泠或作'涂'。"郝懿行曰"泠当为泠。《西次四经》'号山多泠石'是也。郭云'泠或作涂'，涂亦借作泥涂字，泠又训泥，二字义同，故得通用。又涂或'淦'字之讹也，《说文》泠、淦同。"参见西4-8注[2]。

释文 《中次四经》厘山一组，第一座叫鹿蹄山，山上多产玉，山下多产金。甘水在这里发源，向北流注入洛水，水中有许多泠石。

中4-2 西五十里，曰扶猪之山[1]，其上多礝石[2]。有兽焉，其状如貉而人目，其名曰䴢[3]。虢水[4]出焉，而北流注于洛，其中多瓀[5]石。

䴢

注释

[1] 扶猪之山，吕调阳校作"扶诸之山"。《五藏山经传》卷五："扶，承也；诸，众也。山在故陆浑县西，虢略之南。"

［2］礝（ruǎn），《石雅·辨疑》："据经文道里，扶猪山在鹿蹄山西五十里，在箕尾山东三百二十里。经言鹿蹄山多泠石，箕尾山多涂石，其距地近者出石必相似，疑礝石亦其类也。郭璞曰：礝音奭。今雁门中出礝石，白者如冰，水中有赤色者。《玉篇》引此经作'瑌'。毕沅校正云：'礝、瑌均当为礝。'《说文》云：'硬，石次玉者。'是礝石之色与性并与滑石同。"参见西4-8注［2］。

［3］麐，音yín。

［4］虢水，《五藏山经传》卷五："有七谷水南流，合而东逝，经县南与西北来之涓水会，又东会北来之慎望陂水东注于伊，其形似虢。"

［5］瑌（ruǎn），郭璞曰："言亦出水中。"郝懿行曰："瑌亦当为硬。"

释文 往西五十里，叫扶猪山，山上多产礝石。有一种兽，形状像貉，长着人的眼睛，名叫麐。虢水在这里发源，向北流注入洛水，水中多产瑌石。

中4-3又西一百二十里，曰厘山［1］，其阳多玉，其阴多蒐［2］。有兽焉，其状如牛，苍身，其音如婴儿，是食人，其名曰犀渠［3］。滽滽之水出焉，而南流注于伊水。有兽焉，名曰獭［4］，其状如獳犬［5］而有鳞，其毛如彘鬣。

注释

［1］厘山，《五藏山经传》卷五："绩缕谓之厘。山在夫诸之南，温泉水南流象之，即滽滽之水也。"夫当作"扶"。

［2］蒐（sōu），郭璞曰："茅蒐，今之蒨草也。"

［3］郝懿行曰："犀渠盖犀牛之属也。"

［4］獭，音xié。

［5］獳（nòu），《说文》："獳，怒犬貌。"汪绂曰："獳，犬之多毛者。"未详所本。

犀渠、獭

释文 再往西一百二十里，叫厘山，山的南面多产玉，北面多蓍草。有一种兽，形状像牛，身体青色，叫声像婴儿啼哭，会吃人，名字叫犀渠。滽滽水在这里发源，向南流注入伊水。有一种兽，名字叫獭，形状像獳犬但身上有鳞，毛像野猪的鬃毛。

中4-4 又西二百里，曰箕尾之山[1]，多谷[2]，多涂石[3]，其上多㻬琈[4]之玉。

注释

[1]箕尾之山，《五藏山经传》卷五："夫诸、厘山之东当伊水东北流环曲西北之处总曰箕山，而大章谷迫苦谷为箕山西南过峡，故曰箕尾。"夫当作"扶"。

[2]谷，参见南1-1注[7]。

[3]涂石，参见西4-8注[2]。

[4]㻬琈，参见西1-4注[5]。

释文 再往西二百里，叫箕尾山，有许多榖树，又有许多涂石，山上多产㻬琈玉。

中4-5 又西二百五十里，曰柄山[1]，其上多玉，其下多铜。滔雕之水[2]出焉，而北流注于洛。其中多羬羊[3]。有木焉，其状如樗[4]，其叶如桐而荚实，其名曰茇，可以毒鱼。

注释

[1]柄山，《五藏山经传》卷五："柄之义犹尾也。山即五经之苦山。"见中7-4。

[2]滔雕之水，《五藏山经传》卷五："其水郦氏谓之库谷水，三川并发，合为一溪，东北流注于洛，洛水联伊水象雒，联涧瀍则象雕，库谷水象雕之爪，故曰雕滔也。"参见西4-10注[1]。

[3]羬羊，参见西1-1注[3]。

[4]樗，参见西1-8注[3]。

释文 再往西二百五十，里叫柄山，山上多产玉，山下多产铜。滔雕水在这里发源，向北流注入洛水。其间有许多羬羊。有一种树，形状像樗，叶子像桐叶，果实属豆荚一类，名叫茇，可以用来毒鱼。

中4-6 又西二百里，曰白边之山[1]，其上多金、玉，其下多青雄黄[2]。

注释

[1]白边之山，《五藏山经传》卷五："盖葛蔓谷水屈如人负卧也。"

[2]青雄黄，参见西2-14注[2]。

释文 再往西二百里，叫白边山，山上多产金、玉，山下多产青雄黄。

中4-7 又西二百里，曰熊耳之山[1]，其上多漆，其下多棕。浮濠之水出焉，而西流注于洛，其中多水玉，多人鱼[2]。有草焉，其状如苏而赤华，名曰葶苧[3]，可以毒鱼。

注释

[1] 熊耳之山，《五藏山经传》卷五："山在卢氏县南，《水经注》别名苟渠山。洛水自西北来，经县南折而东北，受西北之卢氏山水，又东北枝渎北出合高门水东南注之，黄亭溪水亦自北东南注之，象熊仰跌张足之状而苟渠水自南一源两分，一东北流，一西北流，折而东北并入于洛，当其曲处之西，故象熊耳。若合其东所受南岸三水视之，又象豪彘仰浮也。"

[2] 人鱼，参见西1-8注[8]。

[3] 葶苧，音dīng níng。

释文 再往西二百里，叫熊耳山，山上有许多漆树，山下有许多棕树。浮濠水在这里发源，向西流注入洛水，其中多产水晶，又有许多人鱼。有一种草，形状像苏，花是红色的，名叫葶苧，可以用来毒鱼。

中4-8 又西三百里，曰牡山[1]，其上多文石[2]，其下多竹箭、竹䉤[3]，其兽多㸲牛[4]、羬羊[5]，鸟多赤鷩[6]。

注释

[1] 牡山，《五藏山经传》卷五："山即讙举东北支峰。"

[2] 文石，参见西4-3注[2]。

[3] 竹箭、竹䉤，参见西1-7注[4]。

[4] 㸲牛，参见南1-5注[5]。

[5] 羬羊，参见西1-1注[3]。

[6] 赤鷩，参见西1-4注[6]。

释文 再往西三百里，叫牡山，山上多产文石，山下有许多竹箭、竹䉤，兽类多㸲牛、羬羊，鸟类多赤鷩。

中4-9 又西三百五十里，曰讙举之山[1]。雒水出焉，而东北流注于玄扈之水，其中多马肠之物[2]。此二山者，洛间也[3]。

注释

[1] 讙举之山，《五藏山经传》卷五："洛水上游自灵峪口以西曰玄扈水，东南流会八水入洛，象脱扈被绁之形。洛有二源，一出三要司西曰故县川，东北流会玄扈水，又东北折而东南与南源合。南源出南河司之西，当三要之南，曰桂仙岭，即讙举山，

东北流经牡山，南会西源象讙举之形。"（讙举即牡象，与《中次十经》"仁举"义同。）

[2]马肠之物，未详。各家多以为即中2-9所说的马腹。

[3]"此二"两句，《五藏山经传》卷五："经欲明玄扈为兹川正源，故曰注于玄扈，欲明洛有两源，故又曰此二山者洛间也。"

人面兽身

释文 再往西三百五十里，叫讙举山。雒水在这里发源，向东北流注入玄扈之水，水中多马肠之物。这两座山把洛水夹在中间。

　　凡厘山之首，自鹿蹄之山至于玄扈之山，凡九山，千六百七十里。其神状皆人面兽身。其祠之，毛用一白鸡，祈而不糈，以采衣之[1]。

注释

　　[1]以采衣之，郭璞曰："以采饰鸡。"

释文 厘山一组，从鹿蹄山到玄扈山，一共九座山，一千六百七十里。山神都是人面兽身。祭祀的礼仪为：毛物用一只白鸡，只祈祷而不用精米，白鸡要用彩色装点。

中山经

中次五经

题解 《五藏山经传》卷五："此经所志，自上洛东绝大河达于齐东诸山也。"

中5-1中次五经薄山之首，曰苟床之山[1]，无草木，多怪石。

注释

[1]苟床之山，《五藏山经传》卷五："牡羊谓之苟。苟床象形。山在今洛南县西，名二义山，玄扈南源所发，其阳即丹河源也。"

释文 《中次五经》薄山一组，第一座是苟床山，那里没有草木，有许多怪石。

中5-2东三百里，曰首山[1]，其阴多穀[2]、柞[3]，其草多荒[4]芫[5]，其阳多㻬琈[6]之玉，木多槐。其阴有谷，曰机谷，多䰷[7]鸟，其状如枭[8]而三目，有耳，其音如录[9]，食之已瘣[10]。

注释

[1]首山，《五藏山经传》卷五："山为阌乡水所出也。"

[2]穀，参见南1-1注[7]。

[3]柞，参见西1-13注[3]。

[4]荒（zhú），郭璞曰："荒，山蓟也。"泛指菊科术属植物。

[5]芫，又名芫华，《急就篇》卷四："乌喙附子椒芫华。"颜师古注："芫华，一名鱼毒，渔者煮之以投水中，鱼则死而浮出，故以为名。"华同花，今名芫花，瑞香科植物。

[6]㻬琈，参见西1-4注[5]。

[7]䰷，音dài。

[8]枭，参见南3-10注[4]。

[9]录，汪绂曰："录，刻木声。"郝懿行曰："盖鹿字假音。《玉篇》作'音如豕'。"

[10]瘣，汪绂曰："下湿病。"

释文 往东三百里，叫首山，山的北面有许多穀树和柞树，草多荒芫，山的南

䰷鸟

面多产瑂珸玉，树木多槐树。山北有谷名叫机谷，多䱃鸟，形状像枭，长着三只眼，有耳朵，叫声像录，吃了它可以治疗下湿病。

中5-3又东三百里，曰县斸之山[1]，无草木，多文石[2]。

注释

［1］县斸（zhú）之山，《五藏山经传》卷五："山在灵宝县西弘农河口。斸，曲柄鉏，形似仰末，柄上有横以便推，胡下有植以便息。"

［2］文石，参见西4-3注［2］。

释文 再往东三百里，叫县斸山，那里没有草木，多产文石。

中5-4又东三百里，曰葱聋之山[1]，无草木，多𦯄石[2]。

注释

［1］葱聋之山，《五藏山经传》卷五："即上文葱聋。"见中1-4。

［2］𦯄石，毕沅曰："𦯄当为玤，《说文》云：'石之次玉者。'"《石雅·色金》："邦石即封石，正字当为玤。"参见中10-2注［4］。

释文 再往东三百里，叫葱聋山，那里没有草木，多产𦯄石。

中5-5东北五百里，曰条谷之山[1]，其木多槐、桐，其草多芍药、蘴冬[2]。

注释

［1］条谷之山，《五藏山经传》卷五："莱芜谷也。"

［2］蘴（mén），同虋，郝懿行《尔雅义疏》"虋冬"条下曰："虋冬，天门冬。""《释文》又误为麦门冬也。"天门冬、麦门冬都是百合科植物，麦门冬一名沿阶草。

释文 往东北五百里，叫条谷山，树木多槐和桐，草多芍药和蘴冬。

中5-6又北十里，曰超山[1]，其阴多苍玉[2]，其阳有井，冬有水而夏竭。

注释

［1］超山，《五藏山经传》卷五："自县斸逾河也。"

［2］苍玉，参见西1-8注［7］。

中
山
经

170

释文 再往北十里，叫超山，山的北面多产苍玉，山的南面有井，冬天有水，夏天枯竭。

中5-7 又东五百里，曰成侯之山[1]，其上多櫄木[2]，其草多芁[3]。

注释

[1] 成侯之山，《五藏山经传》卷五："今钜野县南南武山，古郕侯国所在，春秋时犹存。"

[2] 櫄木，郭璞曰："似樗树，材中车辕。"郝懿行曰："《说文》云，杶，或作櫄。即今'椿'字也。"

[3] 芁，汪绂曰："蒲也。"

释文 再往东五百里，叫成侯山，山上有许多櫄木，草多芁草。

中5-8 又东五百里，曰朝歌之山[1]，谷多美垩[2]。

注释

[1] 朝歌之山，《五藏山经传》卷五："山在辉县西北苏门山之南。百门、卓陵二泉合西南流，受诸泉注丹水，象人痡而歌也。"

[2] 美垩，参见西2-10注[2]。

释文 再往东五百里，叫朝歌山，山谷中多产美垩。

中5-9 又东五百里，曰槐山[1]，谷多金锡。

注释

[1] 槐山，《五藏山经传》卷五："莱芜南谷也。莱芜县在谷中。"

释文 再往东五百里，叫槐山，山谷中多产金和锡。

中5-10 又东十里，曰历山[1]，其木多槐，其阳多玉。

注释

[1] 历山，《五藏山经传》卷五："阌乡水东源所发也。《尸子》云'放牛马于历山'即此。"

释文 再往东十里，叫历山，树木多槐树，山的南面多产玉。

中5-11 又东十里，曰尸山[1]，多苍玉[2]，其兽多麖[3]。尸水出焉，南流注于洛水，其中多美玉。

[1]尸山，《五藏山经传》卷五："山在苟床之北，有小池，为玄扈正源所发。尸，象形也。"

[2]苍玉，参见西1-8注[7]。

[3]麖（jīng），郭璞曰："似鹿而小，黑色。"毕沅曰："郭说非也。《尔雅》：'麖，大鹿。'《说文》云：'牛尾一角，或从京。'则此是大鹿。凡云'京'，皆大也，郭义失之。"指鹿科动物马鹿或水鹿。

释文 再往东十里叫尸山，山上多产苍玉，兽类多麖。尸水在这里发源，向南流注入洛水，水中多产美玉。

中5-12又东十里，曰良馀之山[1]，其上多穀[2]柞[3]，无石。馀水[4]出于其阴，而北流注于河；乳水[5]出于其阳，而东南流注于洛。

[1]良馀之山，《五藏山经传》卷五："山在太华东南，曰黄龙山。东与松果相接，山势东北走至潼关，属于河。"

[2]穀，参见南1-1注[7]。

[3]柞，参见西1-13注[3]。

[4]馀水，吕调阳校"馀水"、"乳水"误倒，此"馀水"当是"乳水"，《五藏山经传》卷五："关南有潼水北流，贯关城注河，即乳水。潼亦乳也。一作'涳水'，豆，古'乳'字也。"

[5]乳水，当作"馀水"，《五藏山经传》卷五："馀水，今板庙河，东南入玄扈水。"

释文 再往东十里，叫良馀山，山上多有许穀树、柞树，没有石头。馀水在它的北面发源，向北流注入河；乳水在它的南面发源，而东南流注入洛水。

中5-13又东南十里，曰蛊尾之山[1]，多砺石[2]、赤铜。龙馀之水[3]出焉，而东南流注于洛。

[1]蛊尾之山，《五藏山经传》卷五："谷之飞曰蛊，即螽斯淫惑之虫也。其尾向上，苇坪河南入玄扈水似之。"

[2]砺石，参见西4-19注[7]。

[3]龙馀之水，《五藏山经传》卷五："又受左右两水象龙尾，故曰龙馀。"

释文 再往东南十里叫蛊尾山，多产砺石和赤铜。龙馀水在这里发源，向东南流注入洛水。

中5-14 又东北二十里，曰升山[1]，其木多穀[2]、柞[3]、棘[4]，其草多藷藇[5]、蕙[6]，多寇脱[7]。黄酸之水[8]出焉，而北流注于河，其中多璇玉[9]。

注释

［1］升山，《五藏山经传》卷五："勺谓之升，所以升酒于爵也。升山即钱末山，弘农河象酒勺也。"见西1-1。

［2］穀，参见南1-1注［7］。

［3］柞，参见西1-13注［3］。

［4］棘，参见北1-20注［2］。

［5］藷藇，参见北3-10注［3］。

［6］蕙，参见西1-14注［9］。

［7］寇脱，郭璞曰："寇脱草生南方，高丈许，似荷叶而茎中有瓤，正白，零、桂人植而日灌之以为树也。"即五加科植物通脱木，其干燥茎髓称通草，可入药。

［8］黄酸水，《五藏山经传》卷五："黄酸水即弘农河。"

［9］璇玉，郭璞曰："石次玉者也。"参见荒西-11注［5］。

释文 再往东北二十里，叫升山，树木多穀树、柞树和棘，草多藷藇和蕙，又有许多寇脱。黄酸水在这里发源，向北流注入河，水中多产璇玉。

中5-15 又东十二里，曰阳虚之山[1]，多金，临于玄扈之水[2]。

注释

［1］阳虚之山，《五藏山经传》卷五："阳虚即阳华，其主峰卢灵关之大圣山也。"

［2］玄扈之水，《五藏山经传》卷五："玄扈水即杨水，为玄扈之最东源也。"

释文 再往东十二里，叫阳虚山，山上多产金，紧挨着玄扈水。

凡薄山之首，自苟林之山至于阳虚之山，凡十六山，二千九百八十二里。升山，冢也，其祠礼：太牢，婴用吉玉。首山魅也，其祠用稌、黑牺、太牢之具、糵酿[1]；干儛[2]，置鼓；婴用一璧。尸水，合天也[3]，肥牲祠之，用一黑犬于上，用一雌鸡于下，刉[4]一牝羊，献血。婴用吉玉，采之[5]，飨之。

注释

［1］糵（niè），生芽的谷类。糵酿即用糵酿制的甜酒。

［2］儛，同舞。干，盾牌。干儛，一种武舞，舞者执干。

［3］合天也，俞樾《读山海经》："初不解'合天'为何语，郭注曰'天神之所凭也'，亦望文生训耳。及观全书体例，乃知'尸水，合天也'犹云'尸水，帝也'。成

公八年《公羊传》注：'德合天者称帝。'此必古义相传如此。《山海经》每有周秦人释语乱入经文者，毕氏校正本辄别出之。此经'合天'二字，亦周秦人释语之乱入经文者，而经文'帝'字转因之脱去，遂作'尸水，合天也'，义遂不可解矣。"

〔4〕刉（jī），切割。

〔5〕采之，郭璞曰："又加以缯彩之饰也。"

释文 薄山一组，从苟林山到阳虚山，一共十六座山，二千九百八十二里。升山是众山神之君，祭祀的礼仪为：用太牢，婴用吉玉。首山的山神是升山的臣属，祭祀：用粳稻、纯黑的牲畜、太牢之具、糵酿的甜酒；要有配以鼓声的干儛；婴用一块璧。尸水，是天帝所在，用肥壮的牲畜祭祀，上面用一条黑狗，下面用一只母鸡，取一只母羊的血作为祭物。婴用吉玉，要彩饰装点，祭献给神灵。

中次六经

题解 《五藏山经传》卷五："此经所志，洛北河南诸山也。"

中6-1 中次六经缟羝山[1]之首，曰平逢之山[2]，南望伊、洛，东望谷城之山，无草木，无水，多沙石。有神焉，其状如人而二首，名曰骄虫，是为螫虫[3]，实惟蜂、蜜之庐[4]。其祠之：用一雄鸡，禳[5]而勿杀。

注释

[1] 羝，音dī。

[2] 平逢之山，吕调阳校作"乎逢之山"，《五藏山经传》卷五："乎，呼也；逢，行与蜂遇也。山在今洛阳城北瀍水西岸古谷水会瀍水处，谷城在水北，其西北山即瀍水所发也。"

[3] 螫虫，尾部有毒针可刺人的虫类的总称。

[4] "实惟"句，郭璞曰："言群蜂之所舍集。蜜，赤蜂名。"

[5] 禳（ráng），除邪消灾的祭祀。

释文 《中次六经》缟羝山一组，第一座是平逢山，南面是伊、洛二水，东面是谷城山，那里没有草木，没有水，有许多沙石。有山神长得像人，有两个头，名叫骄虫，属于螫虫一类，这里是蜂类的老巢。祭祀的礼仪为：一只雄鸡，只用来禳祭，不杀掉它。

骄虫

中6-2 西十里，曰缟羝之山[1]，无草木，多金玉。

注释

[1] 缟羝之山，《五藏山经传》卷五："古谷水合涧水东流注瀍，南入于洛，象羝

首。东西二十里中无复小水，故象缟羝。"缟，白色；羝，公羊。

释文再往西十里，叫缟羝山，那里没有草木，多产金玉。

鸰鹞

中6-3 又西十里，曰厘山[1]，其阴多琈珸[2]之玉。其西有谷焉，名曰雚谷，其木多柳、楮。其中有鸟焉，状如山鸡而长尾，赤如丹火而青喙，名曰鸰鹞[3]，其鸣自呼，服之不眯[4]。交觞之水出于其阳，而南流注于洛；俞随之水出于其阴，而北流注于谷水。

注释

[1]厘（guī），《五藏山经传》卷五："陂水首受洛川于鹿蹄之西，西北流至娄涿山潴为西陂，又东出为东陂，又自陂南分枝东注洛为瞻水正枝，北流注于瞻渚为陂水。娄者，匍行，乍前乍却也。涿作豕，疾前也。瞻，仰两目也，上有俯之者也，又象蟾蟒形。瞻渚之水又导一枝东南注洛为渫水，象弓弦也。一枝东出为少水，象赤子溺也。少水东至厘山，分枝东南注洛，为交觞之水，一枝北注谷为俞随水。厘象屋上需也，交觞似觞盖也。俞同瑜，即鹞；随借为唯，音虽。谷洛水象鹞雉，此水在其颈前，象雉鸣相和也。"

[2]琈珸，参见西1-4注[5]。

[3]鸰鹞，音líng yáo。

[4]眯，参见西4-15注[3]。

释文再往西十里，叫厘山，山的北面多产琈珸玉。西面有一个山谷，名叫雚谷，树木多柳树和楮树。有一种鸟，形状像山鸡，尾巴很长，毛色火红，嘴是青色的，名叫鸰鹞，它的名字是据自己的叫声得来的，吃了它的肉可以不做恶梦。交觞水从山的南面发源，向南流注入洛水；俞随水在它的北面发源，向北流注入谷水。

中6-4 又西三十里，曰瞻诸之山[1]，其阳多金，其阴多文石[2]。渫[3]水出焉，而东南流注于洛；少水出其阴，而东流注于谷水。

注释

[1]瞻诸之山，参见中6-3注[1]。

[2]文石，参见西4-3注[2]。

[3]渫，音xiè。

释文 再往西三十里，叫瞻诸山，山的南面多产金，北面多产文石。谢水在这里发源，向东南流注入洛水；少水出从它的北面发源，向东流注入谷水。

中6-5 又西三十里，曰娄涿之山[1]，无草木，多金玉。瞻水出于其阳，而东流注于洛；陂水出于其阴，而北流注于谷水，其中多玼石、文石[2]。

注释

[1]娄涿之山，参见中6-3注[1]。
[2]玼石、文石，参见西4-3注[2]。

释文 再往西三十里，叫娄涿山，那里没有草木，多产金、玉。瞻水从它的南面发源，向东流注入洛水；陂水从它的北面发源，向北流注入谷水，水中多产玼石、文石。

中6-6 又西四十里，曰白石之山[1]。惠水[2]出于其阳，而南流注于洛，其中多水玉。涧水[3]出于其阴，西北流注于谷水，其中多麋石、栌丹[4]。

注释

[1]白石之山，《五藏山经传》卷五："山在今宜阳县西少西南，为昌涧水所出。"

[2]惠水，《五藏山经传》卷五："有陂水东南流迳故宜阳郡南而南入于洛，象车辖，故名惠。"

[3]涧水，《五藏山经传》卷五："北为孝水所出，即涧水，东北流注于谷水，南隔山即入洛诸水。其北隔山即纻麻涧，水在两山之间，故专称涧也。"

[4]栌（lú），郝懿行曰："麋石或是画眉石，眉、麋古字通也。栌丹疑即黑丹，栌、卢通也。"画眉石即石墨，参见西2-5注[2]。黑丹，黑色的丹砂，被古人视作祥瑞。

释文 再往西四十里，叫白石山。惠水从它的南面发源，向南流注入洛水，其中多产水晶。涧水从它的北面发源，向西北流注入谷水，水中多产麋石、栌丹。

中6-7 又西五十里，曰縠山[1]，其上多縠[2]，其下多桑。爽水[3]出焉，而西北流注于谷水，其中多碧绿[4]。

注释

[1]縠山，《五藏山经传》卷五："山在新安县南。"

［2］榖，参见南1-1注［7］。

［3］爽水，《五藏山经传》卷五："其水郦氏谓之宋水，北流入谷。其西则石墨溪，东则纻麻涧，并东北流入谷。三水象牖橢密之形，故曰爽，言视不明也。"

［4］碧绿，《石雅·色金》："碧即石青，绿即石绿，二者同类，亦每同处，故经兼及之欤。"参见西2-4注［2］。

释文 再往西五十里，叫榖山，山上有许多榖树，山下有许多桑树。爽水在这里发源，向西北流注入谷水，水中多产碧绿。

旋龟

中6-8 又西七十二里，曰密山，其阳多玉，其阴多铁。豪水[1]出焉，而南流注于洛，其中多旋龟[2]，其状鸟首而鳖尾，其音如判木。无草木。

注释

［1］豪水，《五藏山经传》卷五："豪水即《水经注》之五延水，误指为厌染之水者也。导源故宜阳县北山大陂，北流屈东南注于浴，象豪巇自俯屈处。上狭下广，又象堂也。（自庭视堂，则前狭后广。）密，堂墙之际也。"

［2］旋龟，即南1-4的玄龟。

释文 再往西七十二里，叫密山，山的南面多产玉，北面多产铁。豪水在这里发源，向南流注入洛水，水中多旋龟，长有鸟一样的头和鳖一样的尾，叫声像剖木头。山上没有草木。

中6-9 又西百里，曰长石之山[1]，无草木，多金、玉。其西有谷焉，名曰共谷，多竹。共水出焉，西南流注于洛，其中多鸣石[2]。

注释

［1］长石之山，《五藏山经传》卷五："鹈鹕两峰高崖云举，亢石无阶，故曰长石，黄亭溪水出其西，东南流至永宁县西入洛也。或曰长石，立制石也，山产此石，故名。"

［2］鸣石，参见西1-4注［4］。

释文 再往西一百里，叫长石山，那里没有草木，多产金、玉。山的西面有山谷，名叫共谷，有许多竹子。共水在这里发源，向西南流注入洛水，水中多产鸣石。

中6-10 又西一百四十里，曰傅山[1]，无草木，多瑶碧[2]。厌染之

中山经

水[3]出于其阳，而南流注于洛，其中多人鱼[4]。其西有林焉，名曰墦[5]冢。谷水[6]出焉，而东流注于洛，其中多珚[7]玉。

注释

[1] 傅山，《五藏山经传》卷五："高门水所发也。古教小学曰保，大学曰师，授书曰傅。从人从尃，执书以教人也，高门水合洛水枝津象之。"

[2] 瑶碧，参见西3-15注[2]。

[3] 厌染之水，《五藏山经传》卷五："染，柔木之杪也。厌，挹也，亦象形。"

[4] 人鱼，参见西1-8注[8]。

[5] 墦，音fán。

[6] 谷水，《五藏山经传》卷五："谷水出今渑池县西，曰英濠，在高门关之北，傅山之东北也。"

[7] 珚，音yān。

释文 再往西一百四十里，叫傅山，那里没有草木，多产瑶碧。厌染水在它的南面发源，向南流注入洛水，水中有许多人鱼。西面有树林，名叫墦冢。谷水在这里发源，向东流注入洛水，水中多产珚玉。

中6-11 又西五十里，曰橐山[1]，其木多樗[2]，多楠木[3]，其阳多金、玉，其阴多铁，多萧[4]。橐水出焉，而北流注于河。其中多修辟之鱼，状如鼋[5]而白喙，其音如鸱，食之已白癣。

注释

[1] 橐山，《五藏山经传》卷五："今青龙河所出之明山也。其水西北流入河，西六十里曰乾山，乾头河东北入河，两水象橐无底之形。河北即平陆县，有两小水合南流入河，象约橐口之形。"

[2] 樗，参见西1-8注[3]。

[3] 楠（bèi），郭璞曰："今蜀中有楠木，七八月中吐穗，穗成，如有盐粉著状，可以酢羹。"

[4] 萧，郭璞曰："萧，蒿。见《尔雅》。"

[5] 鼋，参见北3-27注[8]。

修辟鱼

释文 再往西五十里，叫橐山，树木多樗树，又有许多楠木，山的南面多产金、玉，北面多产铁，又有许多萧。橐水在这里发源，向北流注入河。水中有许多修辟鱼，形状像鼋，嘴是白的，叫声像鹡鹰，吃了它可以治疗白癣。

中6-12 又西九十里，曰常烝之山，无草木，多垩^[1]。潐水^[2]出焉，而东北流注于河，其中多苍玉^[3]。菑水^[4]出焉，而北流注于河。

注释

[1] 垩，参见西2-10注〔2〕。

[2] 潐（qiáo）水，《五藏山经传》卷五："潐水即乾头河。"

[3] 苍玉，参见西1-8注〔7〕。

[4] 菑（zī）水，《五藏山经传》卷五："菑水，今名断密河，西北注弘农涧入河，象菑田也。"

释文 再往西九十里，叫常烝山，没有草木，多产垩。潐水在这里发源，向东北流注入河，水中多产苍玉。菑水在这里发源，向北流注入河。

中6-13 又西九十里，曰夸父之山^[1]，其木多棕枏，多竹箭^[2]，其兽多㸲牛^[3]、羬羊^[4]，其鸟多鷩^[5]，其阳多玉，其阴多铁。其北有林焉，名曰桃林^[6]，是广员三百里，其中多马。湖水^[7]出焉，而北流注于河，其中多珚玉。

注释

[1] 夸父之山，郝懿行曰："山一名秦山，与太华相连，在今河南灵宝县东南。"《五藏山经传》卷五："山在弘农河北，水象行劳者息而据地之状，故名夸父。"

[2] 竹箭，参见西1-7注〔4〕。

[3] 㸲牛，参见南1-5注〔5〕。

[4] 羬羊，参见西1-1注〔3〕。

[5] 鷩，参见西1-4注〔6〕。

[6] 桃林，郭璞曰："今弘农湖县阌乡南谷中是也。"

[7] 湖水，《五藏山经传》卷五："湖水，古名瑕水，今稠桑河也，出山之北，东北流注于河。"

释文 再往西九十里，叫夸父山，树木多棕树和枏树，有许多竹箭。兽类多㸲牛、羬羊，鸟类多鷩。山的南面多产玉，北面多产铁。山的北面有树林，名叫桃林，方圆三百里，其中有许多马。湖水在这里发源，向北流注入河，水中多产珚玉。

中6-14 又西九十里，曰阳华之山^[1]，其阳多金、玉，其阴多青雄黄^[2]，其草多藷藇^[3]，多苦辛，其状如楸^[4]，其实如瓜，其味酸甘，食之已疟。杨水^[5]出焉，而西南流注于洛，其中多人鱼^[6]。门水^[7]出焉，而东北流注于河，其中多玄𥓃^[8]。錯姑之水^[9]出于其阴，而东流注于门水，其上多铜。门水出于河，七百九十里入雒水。

注释

[1]阳华之山，《五藏山经传》卷五："阳华即钱末山，在太华东。"见西1-1。

[2]青雄黄，参见西2-14注[2]。

[3]藷藇，参见北3-10注[3]。

[4]楢，即"楸"字。

[5]杨水，《五藏山经传》卷五："杨水，今文峪河。"

[6]人鱼，参见西1-8注[8]。

[7]门水，《五藏山经传》卷五："门水即弘农河，有二源，南源出轵灵关，北源出辘轳关，合而东流，北注于河，又并河而东，与洛水会。自源至古雒口，凡行五百二十七里，于此经为七百九十里。为言入雒，故以入河为出也。"

[8]玄礵，参见北3-13注[2]。

[9]絜（zuó）姑之水，《五藏山经传》卷五："絜，古组字，杂带也。番豆河东与阌乡水俱北流注河而会门水，象为组之形，故曰絜姑。阌乡水出首山，故言多铜也。"旧传黄帝在首山采铜铸鼎。

释文 再往西九十里，叫阳华山，山的南面多产金、玉，北面多产青雄黄。草多藷藇，又有许多苦辛，形状像楸，果实像瓜，味道酸中带甜，吃了可以治疗疟疾。杨水在这里发源，向西南流注入洛水，水中有许多人鱼。门水在这里发源，向东北流注入河，水中多产玄礵。絜姑水在它的北面发源，向东流注入门水，上面有许多产铜。门水出自河，流七百九十里后汇入雒水。

凡缟羝山之首，自平逢之山至于阳华之山，凡十四山，七百九十里。岳在其中[1]，以六月祭之，如诸岳之祠法，则天下安宁。

注释

[1]郭璞曰："六月亦岁之中。"郝懿行曰："岳当谓华山也，郭以为中岳，盖失之。"汪绂曰："此条无中岳，而曰岳在其中，盖以洛阳居天下之中，王者于此以时望祭四岳，以其非岳而祭四岳，故曰岳在其中。"此处原文十分费解，可能有脱讹，故郭璞也并未指出"岳"字指什么，只是说这个"岳"在十四座山、七百九十里的中间，所以祭祀它的时间也取一年正中间的六月。然而郭璞的话只说了半句，于是郝懿行理解郭璞的意思是"六月是一年的中间，因此要取这个时间来祭祀'中'岳"，由此认为郭璞错了。事实上郭璞不可能是这样的意思。姑且不管郭璞所说是否有据，如果他认为"中"岳居中所以要取一年的中间来祭祀，那么，西岳、北岳之类又分别应该取什么时间呢？郭璞的注解有时会望文生义，但还不致如此荒唐。至于汪绂的解释更为牵强，仅供参考。

释文 缟羝山一组，从平逢山到阳华山，一共十四座山，七百九十里。岳在它的中间，六月加以祭祀，和其他诸岳的祭祀规范一样，就会天下安宁。

中次七经

题解 《五藏山经传》卷五："此经所志,自卢氏东抵新郑诸山也。"

中7-1 中次七经苦山之首,曰休与之山[1]。其上有石焉,名曰帝台之棋[2],五色而文,其状如鹑卵,帝台之石,所以祷百神者也,服之不蛊[3]。有草焉,其状如蓍[4],赤叶而本丛生,名曰夙条,可以为簳[5]。

注释

[1] 休与之山,郭璞曰:"与或作'舆',下同。"《五藏山经传》卷五:"休舆即熊耳,水形四方象轸,洛水上游象辀而仰,故曰休舆。休,不用也。"

[2] 帝台之棋,郭璞曰:"帝台,神人名。棋谓博棋也。"

[3] 蛊,参见南1-8注[3]。

[4] 蓍(shī),古代占筮用草,菊科植物。

[5] 簳(gǎn),箭杆。

释文 《中次七经》苦山一组,第一座是休与山。山上产一种石头,名叫帝台棋,五色而有纹理,形状像鹌鹑蛋,帝台石可以用来祈祷各种神灵,佩戴它可以预防蛊病。有一种草,形状像蓍,叶子是红色的,根部丛生,名叫夙条,可以用来做箭杆。

中7-2 东三百里,曰鼓锺之山[1],帝台之所以觞[2]百神也。有草焉,方茎而黄华,员叶而三成[3],其名曰焉酸,可以为[4]毒。其上多砺,其下多砥[5]。

注释

[1] 鼓锺之山,《五藏山经传》卷五:"休舆东也。山为今小章谷。"

[2] 觞,请人喝酒。

[3] 三成,郭璞曰:"叶三重也。"

[4] 为,治。

[5] 砺、砥,参见西4-19注[7]。

释文 往东三百里叫鼓锺山,帝台宴会众神的地方。有一种草,茎是方的,花是黄色的,圆的叶子有三重,名字叫焉酸,可以解毒。山上多产砺,山下多产砥。

中7-3又东二百里，曰姑媱之山[1]。帝女死焉，其名曰女尸，化为䔄[2]草，其叶胥成[3]，其华黄，其实如菟丘[4]，服之媚于人[5]。

注释

[1]姑媱（yáo）之山，吕调阳校作"姑媱之山"，《五藏山经传》卷五："山盖在葛蔓水入洛之南。媱，徒歌也。"

[2]䔄，音yáo。

[3]胥，相互；成，重叠。

[4]菟丘，即菟丝。

[5]"服之"句，郭璞曰："为人所爱也。"

释文 再往东二百里，叫姑媱山。天帝的女儿死在这里，名字叫女尸，化作䔄草，叶子是重叠的，花是黄色的，果实像菟丝，吃了可以使人妖媚动人。

中7-4又东二十里，曰苦山[1]。有兽焉，名曰山膏，其状如逐[2]，赤若丹火，善詈[3]。其上有木焉，名曰黄棘，黄华而员叶，其实如兰，服之不字[4]。有草焉，员叶而无茎，赤华而不实，名曰无条，服之不瘿[5]。

注释

[1]苦山，《五藏山经传》卷五："苦山即库谷，在姑媱东南。"

[2]逐，郭璞曰："即豚字。"

[3]詈（lì），骂。

[4]字，哺乳，生育。

[5]瘿，参见西1-15注[8]。

山膏

释文 再往东二十里，叫苦山。有一种兽，名叫山膏，形状像逐，浑身火红色，喜欢骂人。山上有一种树，名字叫黄棘，黄色的花，叶子是圆的，果实像兰，吃了会导致不育。有一种草，叶子是圆的，没有茎，开红花，不结果，名字叫无条，吃了可以预防肿块。

中7-5又东二十七里，曰堵山[1]，神天愚居之，是多怪风雨。其上有木焉，名曰天楄[2]，方茎而葵状，服者不哑[3]。

注释

[1]堵山，《五藏山经传》卷五："堵同渚，谓慎望陂在原上。"

天愚

［2］楄，音pián。

［3］噎（yè），食物堵住食管。

释文 再往东二十七里，叫堵山，名叫天愚的神住在这里，这里多怪风怪雨。山上有一种树，名叫天楄，茎是方的，形状像葵，吃了可以防噎。

中7-6 又东五十二里，曰放皋之山[1]。明水出焉，南流注于伊水，其中多苍玉[2]。有木焉，其叶如槐，黄华而不实，其名曰蒙木，服之不惑。有兽焉，其状如蜂，枝尾而反舌，善呼，其名曰文文。

注释

［1］放皋之山，《五藏山经传》卷五："即发视山。"见中2-2。

［2］苍玉，参见西1-8注［7］。

释文 再往东五十二里，叫放皋山。明水在这里发源，向南流注入伊水，水中多产苍玉。有一种树，叶子像槐，开黄色的花，不结果，名字叫蒙木，吃了可以不迷惑。有一种兽，形状像蜂，尾部分叉，舌头倒长，喜欢呼叫，名叫文文。

中7-7 又东五十七里，曰大苦之山[1]，多琈瑰[2]之玉，多麋玉。有草焉，其状叶如榆，方茎而苍伤[3]，其名曰牛伤，其根苍文，服者不厥[4]，可以御兵。其阳狂水[5]出焉，西南流注于伊水，其中多三足龟，食者无大疾，可以已肿。

注释

［1］大苦（kǔ）之山，《五藏山经传》卷五："苦同非，鸟将飞竦其翼也，从古，有所疑也。山为颍、狂二水所出，东西背流象之。"

［2］琈瑰，参见西1-4注［5］。

［3］伤，刺。

［4］厥，郭璞曰："逆气病。"

［5］狂水，《五藏山经传》卷五："狂水西南流折西北，合来需四水西北注

三足龟

中山经

伊，从北视之象猁犬直项弭尾之状，故名。"来需，见中7-8注［3］。

释文 再往东五十七里，叫大𦬎山，山上多产琈珨玉和麋玉。有一种草，叶子像榆树叶，茎是方的，有青黑色的刺，名字叫牛伤，它的根有青黑色的纹理，吃了可以预防逆气，可以抵御兵灾。狂水在它的南面发源，向西南流注入伊水，水中有许多三足龟，吃了它可以不生大病，可以消除肿痛。

鯩鱼

中7-8 又东七十里，曰半石之山［1］，其上有草焉，生而秀，其高丈馀，赤叶赤华，华而不实，其名曰嘉荣，服之者不霆［2］。来需之水［3］出于其阳，而西流注于伊水，其中多鯩［4］鱼，黑文，其状如鲋［5］，食者不睡。合水［6］出于其阴，而北流注于洛，多鰧［7］鱼，状如鳜［8］，居逵［9］，苍文赤尾，食者不痈［10］，可以为瘘［11］。

注释

［1］半石之山，《五藏山经传》卷五："狂水西源曰倚亳山，又西曰八风山，又西曰三交水、曰湮谷水，其水统名来需，而半石则八风是也。半，判也，山石坚黑，中作柱及楗槛之用，自昔采石于此，所谓洛阳八风谷黑石也。"

［2］不霆，郭璞曰："不畏雷霆霹雳也。"

［3］来需之水，《五藏山经传》卷五："来需，麦柔苗也，数水形象之。"

［4］鯩，音lún。

［5］鲋，参见南3-9注［4］。

［6］合水，《五藏山经传》卷五："合水入洛在偃师县西。"

［7］鰧，音téng。

［8］鳜，郭璞曰："鳜鱼，大口大目细鳞，有斑彩。"鮨科动物。

［9］逵，郭璞曰："水中之穴道交通者。"

［10］痈，参见北1-4注［3］。

［11］瘘（lòu），指颈部肿大的淋巴结核一类疾病，也指瘘管。

释文 再往东七十里，叫半石山，山上有一种草，生长之初先抽穗，高一丈多，红叶红花，只开花不结果，名叫嘉荣，佩戴它不怕打雷。来需水在它的南面发

鰧龟

山海经

译注

卷五

源，向西流注入伊水，水中有许多鲐鱼，有黑色纹理，形状像鲋，人吃了可以不用睡觉。合水在它的北面发源，向北流注入洛水，水中有许多𦠣鱼，形状像鳜鱼，生活在水中穴道交错的地方，有青黑色纹理，红色尾巴，吃了可以预防肿疡，又可以治疗瘘管。

中7-9 又东五十里，曰少室之山，百草木成囷。其上有木焉，其名曰帝休，叶状如杨，其枝五衢[1]，黄华黑实，服者不怒。其上多玉，其下多铁。休水出焉，而北流注于洛，其中多䲢鱼[2]，状如盩蜼[3]而长距，足白而对[4]，食者无蛊疾[5]，可以御兵。

注释

[1] 其枝五衢，郭璞曰："言树枝交错，相重五出，有象衢路也。"

[2] 䲢鱼，参见西1-8注[8]。

[3] 盩（zhōu），同"盩"，郝懿行曰："盩当为'鳌'。"

[4] 对，郝懿行曰："盖谓足趾相向也。"

[5] "食者"句，郝懿行曰："《北次三经》云：'人鱼如䲢鱼，四足，食之无痴疾。'此言'食者无蛊疾'，蛊，疑惑也；痴，不慧也：其义同。"

䲢鱼

释文 再往东五十里，叫少室山，许多草木聚成谷仓的样子。山上有一种树，名叫帝休，叶子像杨树叶，树枝分为五叉，开黄色的花，结黑色果实，佩戴它可以使人不发怒。山上多产玉，山下多产铁。休水在这里发源，向北流注入洛水，水中有许多䲢鱼，形状像如盩蜼，脚上有很长的突出，有白色而对生的脚趾，人吃了可以预防痴呆病，并可以抵御兵灾。

中7-10 又东三十里，曰泰室之山[1]。其上有木焉，叶状如梨而赤理，其名曰栯[2]木，服者不妒。有草焉，其状如荗[3]，白华黑实，泽如蘡薁[4]，其名曰蒚草，服之不昧[5]。上多美石。

注释

[1] 泰室之山，郭璞曰："即中岳嵩高山也，今在阳城县西。"《五藏山经传》卷五："在登封县北，中岳嵩山也。"

[2] 栯，音yǒu。

[3] 荗，郭璞曰："荗似蓟也。"参见中5-2注[4]。

[4] 蘡薁（yīng yù），郭璞曰："言子滑泽。"汪绂曰："蘡薁蔓生，细叶，实如小葡萄，或以为樱桃，或以为葡萄，皆误。"郝懿行曰："盖即今之山葡萄。"

[5] 昧，王念孙校作"眛"。眛，参见西4-15注[3]。

释文 再往东三十里，叫泰室山。山上有一种树，叶子像梨树叶，有红色的纹理，名字叫桤木，佩戴它不会妒忌。有一种草，形状像茉，白色的花，黑色的果实，果实泽滑，很像蘡薁，名叫菖草，吃了可以不做噩梦。山上有许多美石。

中7-11又北三十里，曰讲山[1]，其上多玉，多柘，多柏。有木焉，名曰帝屋，叶状如椒[2]，反伤[3]赤实，可以御凶。

注释

[1] 讲山，《五藏山经传》卷五："在清易镇东，当嵩高东北。"

[2] 椒，芸香科植物花椒。

[3] 反伤，郭璞曰："刺下勾也。"参见中7-7注[3]。

释文 再往北三十里，叫讲山，山上多产玉，又有许多柘树和柏树。有一种树，名叫帝屋，叶子像椒，有向下钩的刺，果实红色，可以抵御凶险。

中7-12又北三十里，曰婴梁之山[1]，上多苍玉[2]，錞于玄石[3]。

注释

[1] 婴梁之山，《五藏山经传》卷五："在黑石渡东。"

[2] 苍玉，参见西1-8注[7]。

[3] 錞于玄石，郭璞曰："言苍玉依黑石而生也。"錞，参见西1-19注[2]。

释文 再往北三十里，叫婴梁山，山上多产苍玉，依傍黑色石头而生。

中7-13又东三十里，曰浮戏之山。有木焉，叶状如樗[1]而赤实，名曰亢木，食之不蛊[2]。汜[3]水出焉，而北流注于河。其东有谷，因名曰蛇谷，上多少辛[4]。

注释

[1] 樗，参见西1-8注[3]。

[2] 蛊，参见南1-8注[3]。

[3] 汜（sì），《五藏山经传》卷五："汜水象游戏也。古太灏氏居此，号浮戏氏，风姓。"

[4] 少辛，细辛，马兜铃科植物。

释文 再往东三十里，叫浮戏山。有一种树，叶子像樗，有红色的果实，名叫亢木，吃了可以预防蛊病。汜水在这里发源，向北流注入河。山的东面有山谷，因而名叫蛇谷，上面有许多细辛。

中7-14又东四十里，曰少陉之山[1]。有草焉，名曰䓖草[2]，叶状如葵，而赤茎白华，实如蘡薁[3]，食之不愚。器难之水出焉，而北流注于役水。

　　[1]少陉之山，《五藏山经传》卷五："山在正回水源騩山之东，即和山也。陉，峻隧也。"
　　[2]茵，音gāng。
　　[3]蘡薁，参见中7-10注[4]。

　　释文　再往东四十里，叫少陉山。有一种草，名校茵草，叶子像葵，红色的茎，白色的花，果实像蘡薁，吃了不会愚钝。器难水在这里发源，向北流注入役水。

中7-15　又东南十里，曰太山[1]。有草焉，名曰梨，其叶状如荻而赤华，可以已疛[2]。太水出于其阳，而东南流注于役水；承水[3]出于其阴，而东北流注于役。

　　[1]太山，《五藏山经传》卷五："太山一名华山，《传》曰'后河前华'也。"
　　[2]疛，参见北1-3注[5]。
　　[3]承水，吕调阳校作"召水"，《五藏山经传》卷五："太水召水一源两分，出华城南冈，南流为太，即溱水，西南会黄水河，又东南合洧而东南注于役。役水出中牟县西南，东北合侵而南注也。北流为召。召，古危字，即七虎涧水，与清池水并东北流注侵，象乘危欲颠之形。"

　　释文　再往东南十里，叫太山。有一种草，名叫梨，叶子像荻，开红色的花，可以治疗毒疮。太水在它的南面发源，向东南流注入役水；承水在它的北面发源，向东北流注入役水。

中7-16　又东二十里，曰末山[1]，上多赤金。末水出焉，北流注于役。

　　[1]末山，吕调阳校作"不山"，《五藏山经传》卷五："不，古'杯'字。不水即不家沟，水东北流而北分为二，一西北会黄雀沟注荥泽，一东北入圃田泽，似不形。"

　　释文　再往东二十里，叫末山，山上多产赤金。末水在这里发源，向北流注入役水。

中7-17　又东二十五里，曰役山[1]，上多白金，多铁。役水出焉，北注于河。

注释

[1]役山，《五藏山经传》卷五作"侵山"："黄雀沟水象帚形，故曰侵。侵者，扫渐进也。其水北入荥泽，又北绝泽道济隧注河，盖古济水自荥阳溢出，圣人既因而瀹之，与索水、侵水并潴为泽，其正流自北东出会汶注海，复于东南导枝渠下注颍汝，皆以泄河之怒。若京、索水盛，济不能容，则由济隧北注以均其势，故侵水得言注河也。"

释文 再往东二十五里，叫役山，山上多白金和铁。役水在这里发源，向北流注入河。

中7-18 又东三十五里曰敏山[1]。上有木焉，其状如荆，白华而赤实，名曰葪[2]柏，服者不寒。其阳多㻬珸[3]之玉。

注释

[1]敏山，《五藏山经传》卷五："敏，古音每，即梅山也，在太山东北。"
[2]葪（jì），同蓟。
[3]㻬珸，参见西1-4注[5]。

释文 再往东三十五里，叫敏山。山上有一种树，形状像荆，开白色的花，结红色的果，名叫葪柏，佩戴它可以不怕冷。山的南面多产㻬珸玉。

中7-19 又东三十里，曰大騩之山[1]，其阴多铁、美玉、青垩。有草焉，其状如蓍[2]而毛，青华而白实，其名曰㯄[3]，服之不夭，可以为腹病。

注释

[1]大騩之山，《五藏山经传》卷五："今中牟南二十里之土山也。役水东接制梧，象马人立。"
[2]蓍，参见中7-1注[4]。
[3]㯄，音láng。

释文 再往东三十里，叫大騩山，山的北面多产铁、美玉、青垩。有一种草，形状像蓍而有毛，开青色花，结白色果实，名字叫㯄，吃了可以延年益寿，可以治疗腹部疾病。

凡苦山之首，自休与之山至于大騩之

豕身而人面神

人面三首神

山，凡十有九山，千一百八十四里。其十六神者，皆豕身而人面。其祠：毛牷用一羊羞[1]，婴用一藻玉[2]瘞。苦山、少室、太室皆冢也，其祠之：太牢之具，婴以吉玉。其神状皆人面而三首，其馀属皆豕身人面也。

注释

[1] 羞，进献。

[2] 藻玉，郭璞曰："藻玉，玉有五彩者也。或曰，所以盛玉藻藉也。"郝懿行曰："藻玉已见《西次二经》泰冒山。此'藻'疑当与'璪'同，《说文》云：'璪，玉饰如水藻之文也。'"藻藉，祭祀用的彩色玉垫。

释文 苦山一组，从休与山到大𫘦山，一共十九座山，一千一百八十四里。其中十六个山神，都是猪身人面。祭祀的礼仪为：毛物用一只完整的羊作为进献的供物，婴埋一块藻玉。苦山、少室、太室的山神都是众神之君，祭祀的礼仪为：用太牢之具，婴用吉玉。这些山神都长着人的面孔，三个头，其他都是猪身人面。

中次八经

题解《五藏山经传》卷五："此经所志，荆州大江以北、汉东西诸山也。近江陵无高山，所有皆陵阜。"

中8-1中次八经荆山之首，曰景山[1]，其上多金、玉，其木多栎[2]、檀。睢水[3]出焉，东南流注于江，其中多丹粟[4]，多文鱼[5]。

注释

[1]景山，《五藏山经传》卷五："景，强之借字。山在江陵城东四十里，临三湖之上，象螳螂首，故名。"《说文》释"强"为蚚，螳螂别名蚚父。

[2]栎(shù)，陆机《毛诗草木鸟兽虫鱼疏》卷上："栩，今柞栎也。徐州谓栎为栎，或谓之为栩，其子为皂，或言皂斗。其壳为汁，可以染皂。今京洛及河内多言杼斗，或言橡斗。谓栎为栎，五方通语也。"则栎即指壳斗科植物麻栎，今人多称之为橡树。

[3]睢水，《五藏山经传》卷五："湖东南与红马湖相接，象鹗立形，故名睢水，亦曰鄂渚。其水并受江流，又东北出两派会漳水入汉东南，两派历诸湖注江也。"《尔雅·释鸟》郭璞注以为睢即鹗。

[4]丹粟，参见南2-1注[7]。

[5]文鱼，《埤雅》卷一："鳢，一名文鱼。"指鳢科动物乌鳢，俗名黑鱼。

文鱼

释文《中次八经》荆山一组，第一座是景山，山上多产金、玉，树木多栎树、檀树。睢水在这里发源，向东南流注入江，水中多产丹粟，有许多文鱼。

中8-2东北百里，曰荆山[1]，其阴多铁，其阳多赤金，其中多犛牛[2]，多豹、虎，其木多松、柏，其草多竹，多橘、櫾[3]。漳水[4]出焉，而东南流注于睢，其中多黄金，多鲛鱼[5]。其兽多闾[6]麋。

注释

[1]荆山，《五藏山经传》卷五："江陵西北八岭山也。"

[2]犛牛，郭璞曰："旄牛属也，黑色，出西南徼外也。"参见南1-5注[5]。

[3]櫾，郭璞曰："似橘而大也，皮厚味酸。"即柚子。

[4]漳水，《五藏山经传》卷五："有大晖港东南流折而东，与龙陂桥水并注太白

犪牛

湖，象飞隼身尾，又北受浇水象翼，故名漳，所谓'江汉雎漳，楚之望也'。先儒误以纶水两源分属沮漳，故于下浇水注漳之文无能通解者。"参见西3-15注［1］。

［5］鲛鱼，郭璞曰："鮒鱼类也。"郝懿行以为鲨鱼，汪绂以为马鲛鱼，二者都是海鱼，非。

［6］闲，参见北2-3注［2］。

释文 往东北一百里，叫荆山，山的北面多产铁，南面多产赤金，有许多犪牛，有许多豹、虎，树多松树、柏树，草多竹子，又有许多橘、柚。漳水在这里发源，向东南流注入雎，水中多产黄金，有许多鲛鱼。兽类多闲、麋。

中8-3 又东北百五十里，曰骄山[1]，其上多玉，其下多青雘[2]，其木多松、柏，多桃枝、钩端[3]。神鼍[4]围处之，其状如人面，羊角虎爪，恒游于雎漳之渊，出入有光。

注释

［1］骄山，《五藏山经传》卷五："女几东北也。大洪山水状马揭尾，故名。山即古蒲骚地，其水名涢水也。"

［2］青雘，亦作"雘"。青碧之类，参见西2-4注［2］。

［3］桃枝钩端，参见西1-14注［4］。

［4］鼍，音tuó。

释文 再往东北一百五十里，叫骄山，山上多产玉，山下多产产青雘，树木多是松树、柏树，多桃枝、钩端。名叫鼍围的神在这里，它长有人的面孔、羊的角和虎的爪子，常常在雎漳渊游荡，出入时会发出光亮。

鼍围

中8-4 又东北百二十里，曰女几之山[1]，其上多玉，其下多黄金，其兽多豹、虎，多闲[2]、麋、麈[3]、麂[4]，其鸟多白鷮[5]，多翟[6]，多鸩[7]。

鸩

山海经

译注

卷

五

注释

[1] 女几之山，《五藏山经传》卷五："京山水象女，天门诸水在其西南，象几。山为阳水河所出也。"

[2] 闾，参见北2-3注[2]。

[3] 麈，参见中5-11注[3]。

[4] 麂，又写作"麖"。《本草纲目》卷五十一："麂居大山中，似麈而小。"即指鹿科动物小鹿。

[5] 鷮（jiāo），郭璞曰："鷮似雉而长尾，走且鸣。"

[6] 翟，参见西2-5注[4]。

[7] 鸩，郭璞曰："鸩大如鵰，紫绿色，长颈赤喙，食蝮蛇头。雄名运日，雌名阴谐也。"据说此鸟有剧毒，用它的羽毛浸的酒是著名的毒药。

释文 再往东北一百二十里，叫女几山，山上多产玉，山下多产黄金，兽类多豹、虎，又多闾、麈、麖、麂。鸟类多白鷮，又多翟、多鸩。

中8-5 又东北二百里，曰宜诸之山[1]，其上多金、玉，其下多青雘[2]。淈水[3]出焉，而南流注于漳，其中多白玉。

注释

[1] 宜诸之山，《五藏山经传》卷五："景山西北也，宜同仪；诸，古作者，通翥。山在荆门州西鸿桥铺，淈水三源并东南流，合注太白湖，如鸟翅也。"

[2] 青雘，亦作雘。青碧之类，参见西2-4注[2]。

[3] 淈，音wéi。

释文 再往东北二百里，叫宜诸山，山上多产金、玉，山下多产青雘。淈水在这里发源，向南流注入漳水，水中多产白玉。

中8-6 又东北三百五十里，曰纶山[1]，其木多梓楠，多桃枝[2]，多柤[3]、栗、橘、櫾[4]，其兽多闾[5]、麈[6]、麝[7]、臭[8]。

注释

[1] 纶山，《五藏山经传》卷五："景山西北也。纶山象水为名，在远安县北，即先儒所误指为漳水出荆山者。其水南流，右合西源，先儒谓之沮水，又南东注于江，象纶绳上分之形，其东夹约河两源象两指拈缕之形，蛮河在北，象纶之形也。"

[2] 桃枝，参见西1-14注[4]。

[3] 柤，郭璞曰："柤似梨而酢濇。"即蔷薇科植物山楂。

[4] 櫾，参见中8-2注[3]。

[5] 闾，参见北2-3注[2]。

[6]麈（zhǔ），即麋鹿，俗名四不象。

[7]麖，参见西1-18注[4]。

[8]臭（chuò），郭璞曰："臭似菟而鹿脚，青色。"

释文 再往东北三百五十里，叫纶山，树木多梓树和柟树，有许多桃枝，又有许多柤、栗、橘、柚，兽类多闾、麈、麖、臭。

中8-7又东二百里，曰陆郭之山[1]，其上多㻬琈[2]之玉，其下多垩[3]，其木多杻、橿[4]。

注释

[1]陆郭（guǐ）之山，《五藏山经传》卷五："山在保康县西南八十里，曰马桥口，左右四水环抱，象鹢鹍张翼振振也。"

[2]㻬琈，参见西1-4注[5]。

[3]垩，参见西2-10注[2]。

[4]杻、橿，参见西1-7注[1]。

释文 再往东二百里，叫陆郭山，山上多产㻬琈玉，山下多产垩，树木多杻、橿。

中8-8又东百三十里，曰光山[1]，其上多碧[2]，其下多木。神计蒙处之，其状人身而龙首，恒游于漳渊，出入必有飘风暴雨。

神计蒙

计蒙

注释

[1]光山，《五藏山经传》卷五："景山东也。山在大泽口北多宝湾。"

[2]碧，青碧之类，参见西3-15注[2]。

释文 再往东百三十里，叫光山，山上多产碧，山下有许多树木。名叫计蒙的神在这里，它长有人的身体龙的头，经常在漳渊游荡，出入时必定伴有暴风雨。

中8-9又东百五十里，曰岐山[1]，其阳多赤金，其阴多白珉[2]，其上多金、玉，其下多青雘[3]，其木多樗[4]。神涉䶏处之，其状人身而方面三足。

中山经

神涉𧈫

涉𧈫

注释

[1]岐山，《五藏山经传》卷五："女几东北也。山在崎山司西北，今有岐山团也。"

[2]珉，郭璞曰："石似玉者。"《石雅·辨疑》："珉即玟矣，玟或作'砇'，见《集韵》，从石从文，析言之，即文石也。""《山海经·中山经》岷山：其下多白珉。考之地理，岷山山脉南尽峨眉诸峰……《本草纲目》谓蜀中汶山彭县有花乳石，《四川通志》谓汶山县出白玉石，皆即大理石也。则岷山白珉非其物欤？"参见北1-1注[5]。

[3]青膜，亦作"䕲"。青碧之类，参见西2-4注[2]。

[4]樗，参见西1-8注[3]。

释文 再往东一百五十里，叫岐山，山的南面多产赤金，北面多产白珉，山上多产金、玉，山下多产青膜，树木多樗树。名叫涉𧈫的神在这里，它长有人的身体，面孔是方的，有三只脚。

中8-10 又东百三十里，曰铜山[1]，其上多金、银、铁，其木多穀[2]、柞[3]、柤[4]、栗、橘、櫾[5]，其兽多犳[6]。

注释

[1]铜山，《五藏山经传》卷五："在随州北，今名打铁沟。"《石雅·色金》："山以铜名，固宜多铜，乃云多金银铁而不及铜，明铜之义所包者广也。"意谓《山海经》中所指的金属名称未必都是指后来的纯金属，当有各种合金。

[2]穀，参见南1-1注[7]。

[3]柞，参见西1-13注[3]。

[4]柤，参见中8-6注[3]。

[5]櫾，参见中8-2注[3]。

[6]犳，参见西2-12注[5]。

释文 再往东一百三十里，叫铜山，山上多产金、银、铁，树木多穀、柞、柤、栗、橘、柚，兽类多犳。

中8-11 又东北一百里，曰美山[1]，其兽多兕[2]、牛，多闾[3]麈[4]，多豕鹿，其上多金，其下多青膜[5]。

注释

[1]美山，吕调阳校作"英山"，《五藏山经传》卷五："今英山县北中界岭，蕲

水西源所出也。若山水象仰枕，蕲水在东南承之，故曰英。英同央也。"参见南1-8注[5]。

[2]兕，参见南3-2注[2]。

[3]闾，参见北2-3注[2]。

[4]麈，参见中8-6注[6]。

[5]青雘，亦作"䕷"。青碧之类，参见西2-4注[2]。

> 释文 再往东北一百里，叫美山，兽类多兕、牛，又有许多闾、麈，还有许多猪和鹿，山上多产金，山下多产青雘。

中8-12 又东北百里，曰大尧之山[1]，其木多松、柏，多梓、桑，多机[2]，其草多竹，其兽多豹、虎、麢[3]、臭[4]。

注释

[1]大尧之山，《五藏山经传》卷五："应山县北黄土关也。马坪港在南，象刖者之足也。"

[2]机，参见北1-1注[2]。

[3]麢，参见西1-18注[4]。

[4]臭，参见中8-6注[8]。

> 释文 再往东北一百里，叫大尧山，树木多松、柏，又有许多梓、桑，还有许多机，草多竹子，兽类多豹、虎、麢、臭。

中8-13 又东北三百里，曰灵山[1]，其上多金玉，其下多青雘[2]，其木多桃、李、梅、杏。

注释

[1]灵山，《五藏山经传》卷五："纶山西北均州之博山也。山东三十馀里曰太和山，有根梅树，根木梅实，杏形桃核，味甚甘美。"

[2]青雘，亦作"䕷"。青碧之类，参见西2-4注[2]。

> 释文 再往东北三百里，叫灵山，山上多产金、玉，山下多产菁雘，树木多桃、李、梅、杏。

中8-14 又东北七十里，曰龙山[1]，上多寓木[2]，其上多碧[3]，其下多赤锡[4]，其草多桃枝、钩端[5]。

注释

[1]龙山，《五藏山经传》卷五："山在信阳州西申水之隈，今有黄龙寺。"

[2]碧，青碧之类，参见西3-15注[2]。

[3]寓木，郭璞曰："寄生也，一名宛童。"即指桑寄生科植物。

中
山
经

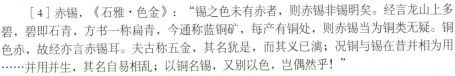

[4] 赤锡，《石雅·色金》："锡之色未有赤者，则赤锡非锡明矣。经言龙山上多碧，碧即石青，方书一称扁青，今通称蓝铜矿，每产有铜处，则赤锡当为铜类无疑。铜色赤，故经亦言赤锡耳。夫古称五金，其名犹是，而其义已漓；况铜与锡在昔并相为用……并用并生，其名自易相乱；以铜名锡，又别以色，岂偶然乎！"

[5] 桃枝、钩端，参见西1-14注[4]。

释文 再往东北七十里，叫龙山，山上有许多寓木，又多产碧，山下多产赤锡，草多桃枝、钩端。

中8-15 又东南五十里，曰衡山[1]，上多寓木[2]、穀[3]、柞[4]，多黄垩、白垩[5]。

注释

[1] 衡山，《五藏山经传》卷五："信阳州南天平山，在倚带之北。"

[2] 寓木，参见中8-14注[3]。

[3] 穀，参见南1-1注[7]。

[4] 柞，参见西1-13注[3]。

[5] 黄垩、白垩，参见西2-10注[2]。

释文 再往东南五十里，叫衡山，山上有许多寓木、穀、柞，又多产黄垩、白垩。

中8-16 又东南七十里，曰石山[1]，其上多金，其下多青膜[2]，多寓木[3]。

注释

[1] 石山，《五藏山经传》卷五："山在黄安县北双山门，其西曰石门也。"

[2] 青膜，亦作"膜"。青碧之类，参见西2-4注[2]。

[3] 寓木，参见中8-14注[3]。

释文 再往东南七十里，叫石山，山上多产金，山下多产青膜，又有许多寓木。

中8-17 又南百二十里，曰若山[1]，其上多琈珸[2]之玉，多赭[3]，多邽石[4]，多寓木[5]，多柘。

注释

[1] 若山，《五藏山经传》卷五："山在罗田县北天堂寨。若同如，顺也，象水形。"

[2] 琈珸，参见西1-4注[5]。

[3] 赭，参见北2-2注[3]。

[4] 邽，郝懿行曰："邽疑'封'字之讹。"参见中10-2注[4]。

［5］寓木，参见中8-14注［3］。

释文 再往南一百二十里，叫若山，山上多产琂珸玉，又多产赭和邦石，还有许多寓木和柘。

中8-18 又东南一百二十里，曰彘山[1]，多美石，多柘。

注释

［1］彘山，《五藏山经传》卷五："山在杨桑湖口，东接萧家畈，湖水象彘形也。"

释文 再往东南一百二十里，叫彘山，多产美石，又有许多柘。

中8-19 又东南一百五十里，曰玉山[1]，其上多金、玉，其下多碧[2]、铁，其木多柏。

注释

［1］玉山，《五藏山经传》卷五："即大别山。"
［2］碧，青碧之类，参见西3-15注［2］。

释文 再往东南一百五十里，叫玉山，山上多产金、玉，山下多产碧、铁，树木多柏树。

中8-20 又东南七十里，曰灌山[1]，其木多檀，多邦石[2]，多白锡[3]。郁水出于其上，潜于其下，其中多砥砺[4]。

注释

［1］灌山，《五藏山经传》卷五："山在麻城县东北曰龙井畈，为岐亭河所源，其西南有地名曰白鑛，疑以产白锡名也。"
［2］邦石，参见中10-2注［4］。
［3］白锡，《石雅·色金》："白锡者何？即倭铅是也。""倭铅今亦名锌，昔每从炉甘出。"
［4］砥砺，参见西4-19注［7］。

释文 再往东南七十里，叫灌山，树木多檀树，多产邦石和白锡。郁水在山上发源，在它下面流淌，水中多产砥砺。

中8-21 又东北百五十里，曰仁举之山[1]，其木多榖[2]、柞[3]，其阳多赤金，其阴多赭[4]。

注释

[1]仁举之山，《五藏山经传》卷五："女几东北也。仁举与謹举同义。山在今应城西北崎山司也。"参见中4-9注［1］。

[2]穀，参见南1-1注［7］。

[3]柞，参见西1-13注［3］。

[4]赭，参见北2-2注［3］。

释文 再往东北一百五十里，叫仁举山，树木多穀、柞，山的南面多产赤金，北面多产赭。

中8-22 又东五十里，曰师每之山[1]，其阳多砥砺[2]，其阴多青雘[3]，其木多柏，多檀，多柘，其草多竹。

注释

[1]师每之山，《五藏山经传》卷五："景山东南也。山在监利县东，临蒋师湖，江水所溢小湖也。湖水东北流，与其西之大马湖、南江湖水合，象拇指形，又东北流北注官湖之东南，湖长六十馀里，丰右杀左，象琴形，故此山以师每为号。每、拇古字通也。今江南岸有调弦口，与'师每'义相因也。"

[2]砥砺，参见西4-19注［7］。

[3]青雘，亦作雘。青碧之类，参见西2-4注［2］。

释文 再往东五十里，叫师每山，山的南面多产砥、砺，北面多产青雘，树木多柏树，又有许多檀树、柘树，草多竹子。

中8-23 又东南二百里，曰琴鼓之山[1]，其木多穀[2]、柞[3]、椒[4]、柘，其上多白珉[5]，其下多洗石[6]，其兽多豕、鹿，多白犀，其鸟多鸩[7]。

注释

[1]琴鼓之山，《五藏山经传》卷五："琴鼓，琴之鼓处。山在官湖之北近西也。"

[2]穀，参见南1-1注［7］。

[3]柞，参见西1-13注［3］。

[4]椒，参见中7-11注［2］。

[5]白珉，参见中8-9注［2］。

[6]洗石，参见西1-1注［2］。

[7]鸩，参见中8-4注［7］。

释文 再往东南二百里叫琴鼓山，树木多穀、柞、椒、柘，山上多产白珉，山下多产洗石。兽类多猪和鹿，又有许多白犀，鸟类多鸩。

鸟身人面神

　　凡荆山之首，自景山至琴鼓之山，凡二十三山，二千八百九十里。其神状皆鸟身而人面。其祠：用一雄鸡祈瘗，用一藻圭，糈用稌。骄山，冢[1]也，其祠：用羞酒少牢祈瘗，婴毛一璧。

 注释

　　[1]冢，冢君，列国君主的敬称。。

　　释文　荆山一组，从景山到琴鼓山，一共二十三座山，二千八百九十里。山神都是鸟身人面。祭祀的礼仪为：用一只雄鸡祈祷后埋入土中，用一块藻圭，精米用粳稻。骄山是众神之君，祭祀的礼仪为：用进献的酒和少牢祈祷，然后埋入土中，婴用毛物和一块璧。

中山经

中次九经

题解 《五藏山经传》卷五："此经所志，今川蜀诸山也。"

中9-1 中次九经岷山之首，曰女几之山[1]，其上多石涅[2]，其木多枏、樿[3]，其草多菊、茱[4]。洛水[5]出焉，东注于江，其中多雄黄[6]，其兽多虎豹。

注释

[1] 女几之山，《五藏山经传》卷五："女几在荣经县西五十里，青衣南河所出，两源东流折东北，受数水至雅州府治之西与北河会，又经府北折东南，受数小水入大渡河注江，大形象若木猗那，古曰渃水。又象女子侧倚，此山当其手后，故曰女几也。"

[2] 石涅，参见西2-5注[2]。

[3] 枏、樿，参见西1-7注[1]。

[4] 茱，参见中5-2注[4]。

[5] 洛水，吕调阳校作渃水，说见上。

[6] 雄黄，参见西4-16注[2]。

释文 《中次九经》岷山一组，第一座叫女几山，山上多产石涅，树木多枏、樿，草多菊、茱。洛水在这里发源，向东流注入江，水中多雄黄，兽类多虎豹。

中9-2 又东北三百里，曰岷山[1]，江水出焉，东北流注于海，其中多良龟，多鼍[2]。其上多金、玉，其下多白珉[3]，其木多梅、棠[4]，其兽多犀、象，多夔牛[5]，其鸟多翰、鷩[6]。

注释

[1] 岷山，《五藏山经传》卷五："崃山北也。"

[2] 鼍，郭璞曰："似蜥易，大者长二丈，有鳞彩，皮可以冒鼓。"即爬行纲鼍科动物扬子鳄。

[3] 白珉，参见中8-9注[2]。

[4] 棠，参见西3-8注[7]。

[5] 夔牛，郭璞曰："今蜀山中有大牛，重数千斤，名为夔牛，晋太兴元年此牛出土庸，郡人弩射杀，得三十八担肉。"

[6] 翰、鷩，郭璞曰："白翰赤鷩。"参见西

鼍

夔牛

1-4注〔6〕、西1-14注〔7〕。

释文 再往东北三百里，叫岷山，江水在这里发源，向东北流注入大海，水中有许多良龟，又有许多鼍。山上多产金、玉，山下多白珉。树木多梅、棠，兽类多犀、象，又多夔牛，鸟类多翰、鷩。

中9-3 又东北一百四十里，曰崃山[1]，江水出焉，东流注大江[2]。其阳多黄金，其阴多麋麖[3]，其木多檀柘，其草多薤[4]韭，多药[5]、空夺[6]。

注释

〔1〕崃山，《五藏山经传》卷五："布濮水出伏牛山北，东南流与南水会，皆两源，又东迳邛州南，左合二水，右合一水，象麦秀形，故山名崃。山有九折坂，故又曰邛。"参见北2-11注。

〔2〕"东流"句，《五藏山经传》卷五："其水东注大江为南江水也。"

〔3〕麖，参见中8-6注〔6〕。

〔4〕薤，参见北1-8注〔3〕。

〔5〕药，参见西4-8注〔1〕。

〔6〕空夺，汪绂曰："空夺即寇脱也。"参见中5-14注〔7〕。

释文 再往东北一百四十里，叫崃山，江水在这里发源，向东流注入大江。山的南面多产黄金，北面有许多麋、麖。树木多檀、柘，草多薤、韭，又有许多药和空夺。

中9-4 又东一百五十里，曰崌山[1]，江水出焉，东流注于大江，其中多怪蛇，多𩶢[2]鱼，其木多楢[3]、杻[4]，多梅、梓，其兽多夔牛、麢[5]、臭[6]、犀、兕[7]。有鸟焉，状如鸮[8]而赤身白首，其名曰窃脂[9]，可以御火。

注释

〔1〕崌，音jū。崌山，《五藏山经传》卷五："今彭县北九十里曰五峰山，脉自茂州南来，五峰拔起，高入云天，即此经之崌山、《禹贡》之蒙山、《海内东经》之曼山也。西接仰天山，有黑龙池在山巅，西出曰龙溪，西北迳旧威州之过街楼注大江，东出即北江源，循山东南流迳雒甬山之西，折而西南合两大水，又西南并两鱼洞之水，折而东而南，出山分三派，一东北流，折东南会雒水，又会緜水；其西二枝并东南流，东会

怪蛇、窃脂

繇水、沱水，南至江阳入江，名北江水，亦曰汜水，《汉》志谓之渽水，又曰渽涐水，象人踞坐，故曰崌山；亦象暴注揭其臀，故曰涐；从西视之又象孕妇彭腹之状，故东岸山曰彭山，水曰汜水。"

　　[2]鳌，音zhì。

　　[3]楢（yóu），郭璞曰："楢，刚木也，中车材。"即壳斗科植物槲树。

　　[4]杻，参见西1-7注[1]。

　　[5]麢，参见西1-18注[4]。

　　[6]臭，参见中8-6注[8]。

　　[7]兕，参见南3-2注[2]。

　　[8]鸮，参见西1-17注[5]。

　　[9]窃脂，《尔雅》有鸟名此，即《诗经》中的桑扈，雀科动物，俗称腊嘴，与此处描述不同。

　　释文 再往东一百五十里，叫崌山，江水在这里发源，向东流注入大江，水中有许多怪蛇和鳌鱼。树木多楢、杻，又有许多梅、梓，兽类多夔牛、麢、臭、犀、兕。有一种鸟，形状像鸮，红色的身体，白色的头，名叫窃脂，可以防火。

　　中9-5 又东三百里，曰高梁之山[1]，其上多垩[2]，其下多砥砺[3]，其木多桃枝、钩端[4]。有草焉，状如葵而赤华，荚实白柎，可以走马。

　　注释

　　[1]高梁之山，《五藏山经传》卷五："梁州名取此山。有大穴似梁，俗呼龙洞，背潜水出宁羌州西黄霸驿，西南流来贯之而出，西至朝天镇注嘉陵江，江自此以下总名潜水也。"

　　[2]垩，参见西2-10注[2]。

　　[3]砥砺，参见西4-19注[7]。

　　[4]桃枝、钩端，参见西1-14注[4]。

　　释文 再往东三百里，叫高梁山，山上多产垩，山下多产砥砺，树木多

桃枝、钩端。有一种草，形状像葵，开红色的花，有豆荚一样的果实和
白色的花萼，用来喂马可以使马跑得更快。

中9-6 又东四百里，曰蛇山[1]，其上多黄金，其下多垩[2]，其木多
枸[3]，多豫章[4]，其草多嘉荣[5]、少辛[6]。有兽焉，其状如狐，而
白尾长耳，名犰[7]狼，见则国内有兵。

犰狼

注释

　　[1]蛇山，《五藏山经
传》卷五："即巴山也，在今
通江县北巴峪关，巴水所出，
南会绥定河，西南至合州注
嘉陵江，其水象蛇举首嘺物
也。"

　　[2]垩，参见西2-10注
[2]。

　　[3]枸，参见北3-27注
[3]。

　　[4]豫章，参见西2-12
注[3]。

　　[5]嘉荣，在中7-8。
　　[6]少辛，参见中7-13注[4]。
　　[7]犰，音shì。

释文 再往东四百里，叫蛇山，山上多产黄金，山下多产垩，树木多
枸，又有许多豫章，草多嘉荣和少辛。有一种兽，形状像狐，白尾长
耳，名叫犰狼，它的出现预示着该国会发生战争。

中9-7 又东五百里，曰嵩山[1]，其阳多金，其阴多白珉[2]。蒲鹴[3]
之水出焉，而东流注于江，其中多白玉。其兽多犀、象、熊、罴[4]，多
猿、蜼[5]。

注释

　　[1]嵩山，《五藏山经传》卷五："岷山东北涪水所出也。涪水两源，出中下羊
洞土司，一东南流至阳地隘会东北一水折而西南，一西南流会三舍堡水折而东南会木瓜
河，又东少南受左右各二水至龙安府治西北与东源合，又南经府治西而东南迳绵州潼川
至合州，会嘉陵江南至重庆入江。源处水形似嵩，亦似瓴，又似黄鸟蛰保，所谓蒲鹴
也。蒲通匍；保，不能飞也。（蜀人谓鸟飞不起为匍）"
　　[2]白珉，参见中8-9注[2]。
　　[3]鹴，音hōng。
　　[4]罴，参见西1-14注[6]。

[5]蜼，汪绂曰："蜼，猿属，仰鼻岐尾，天雨则自悬树，而以尾塞鼻。"

释文 再往东五百里，叫厗山，山的南面多产金，北面多产白珉。蒲鸏水在这里发源，向东流注入江，水中多产白玉。兽类多犀、象、熊、罴，又有许多猿、蜼。

狚狼

中9-8 又东北三百里，曰隅阳之山[1]，其上多金玉，其下多青䨼[2]，其木多梓桑，其草多茈[3]。徐之水[4]出焉，东流注于江，其中多丹粟[5]。

注释

[1]隅阳之山，《五藏山经传》卷五："简州之龙泉山即隅阳山。"

[2]青䨼，亦作"䨼"。青碧之类，参见西2-4注[2]。

[3]茈，参见西4-2注[1]。

[4]徐之水，《五藏山经传》卷五："徐当作馀，馀水，赤水河也，东流合西北一水迳州北入北江，山北则龙泉水北流会沱水入北江，又东南而南与赤水会，四流象嚿馀之形，亦象枭羊首也。"嚿馀，参见南2-6注[1]。

[5]丹粟，参见南2-1注[7]。

释文 再往东北三百里，叫隅阳山，山上多产金、玉，山下多产青䨼，树木多梓、桑，草多茈。徐水在这里发源，向东流注入江，水中多产丹粟。

中9-9 又东二百五十里，曰岐山[1]，其上多白金，其下多铁，其木多梅、梓，多杻[2]、楢[3]。减水[4]出焉，东南流注于江。

注释

[1]岐山，《五藏山经传》卷五："蓬溪县西北高凤山也。"

[2]杻，参见西1-7注[1]。

[3]楢，参见中9-4注[3]。

[4]减水，《五藏山经传》卷五："其水名马桑溪，东流南入涪水注江水，北有文井场，是多盐井，故为减水。减亦'鹹'字也。"

释文 再往东二百五十里，叫岐山，山上多白金，山下多产铁，树木多梅和梓，又多杻、楢。减水在这里发源，向东南流注入江。

中9-10又东三百里，曰勾檷之山[1]，其上多玉，其下多黄金，其木多栎柘，其草多芍药。

注释

［1］勾檷（mí）之山，《五藏山经传》卷五："檷同槀，牙豕之杙。勾，曲也。大竹县之竹溪水形似之。"

释文 再往东三百里，叫勾檷山，山上多产玉，山下多产黄金，树木多栎、柘，草多芍药。

中9-11又东一百五十里，曰风雨之山[1]，其上多白金，其下多石涅[2]，其木多楸、樿[3]，多杨。宣余之水[4]出焉，东流注于江，其中多蛇。其兽多闾[5]麋，多麈[6]、豹、虎，其鸟多白鷮[7]。

注释

［1］风雨之山，《五藏山经传》卷五："绥定府治达县东南高头铺也。"
［2］石涅，参见西2-5注［2］。
［3］楸（zōu）、樿（shàn），郭璞曰："楸木，未详也；樿木白理，中栉。"
［4］宣余之水，《五藏山经传》卷五："其水今名沙河，北流少西经风洞铺至府东环曲西南会通川江，又西南左合二水入巴，其形钩曲似宣，垂屈似余也。曲处之南今名杨柳垭。"参见中11-31［1］。
［5］闾，参见北2-3注［2］。
［6］麈，参见中8-6注［6］。
［7］白鷮，参见中8-4注［5］。

释文 再往东一百五十里，叫风雨山，山上多产白金，山下多产石涅，树木多楸、樿，又有许多杨树。宣余水在这里发源，向东流注入江，水中有许多蛇。兽类多闾、麋，又多麈、豹、虎，鸟类多白鷮。

中9-12又东北二百里，曰玉山[1]，其阳多铜，其阴多赤金，其木多豫章[2]、楢[3]、杻[4]，其兽多豕、鹿、臛[5]、臭[6]，其鸟多鸩[7]。

注释

［1］玉山，《五藏山经传》卷五："山为今峨眉山也。"
［2］豫章，参见西2-12注［3］。
［3］楢，参见中9-4注［3］。
［4］杻，参见西1-7注［1］。
［5］臛，参见西1-18注［4］。
［6］臭，参见中8-6注［8］。
［7］鸩，参见中8-4注［7］。

释文 再往东北二百里，叫玉山，山的南面多产铜，北面多产赤金，树木多豫章、楢、杻，兽类多猪、鹿、麢、臭，鸟类多鸩。

中9-13又东一百五十里，曰熊山[1]。有穴焉，熊之穴，恒出神人。夏启而冬闭；是穴也，冬启乃必有兵。其上多白玉，其下多白金，其木多樗[2]、柳，其草多寇脱[3]。

注释

[1]熊山，《五藏山经传》卷五："山在荣县北，威远县西，荣县河及威远河并象熊经自投也。"
[2]樗，参见西1-8注[3]。
[3]寇脱，参见中5-14注[7]。

释文 再往东一百五十里，叫熊山。山上有洞穴，是熊洞，常常出现神人。这个洞夏天开启，冬天关闭；冬天开启则必定会发生战争。山上多产白玉，山下多产白金，树木多樗、柳，草多寇脱。

熊山神

中9-14又东一百四十里，曰騩山[1]，其阳多美玉赤金，其阴多铁，其木多桃枝[2]、荆、芑[3]。

注释

[1]騩山，《五藏山经传》卷五："在资州西北临江西岸，其北珠溪、资溪、杨华溪诸水象騩也。"
[2]桃枝，参见西1-14注[4]。
[3]荆、芑，郝懿行曰："芑盖'芑'字之讹，芑又杞之假借字也。《南次二经》云：'虖勺之山，其下多荆杞。'《中次十一》经云：'历石之山，其木多荆芑。'并以荆芑连文，此误审矣。"参见南2-14注[3]。

释文 再往东一百四十里，叫騩山，山的南面多产美玉、赤金，北面多产铁，树木多桃枝、荆棘和枸杞。

中9-15又东二百里曰葛山[1]，其上多赤金，其下多瑊[2]石，其木多柤[3]、栗、橘、櫾[4]、楢[5]、杻[6]，其兽多麢[7]、臭[8]，其草多嘉荣[9]。

注释

[1]葛山，《五藏山经传》卷五："壁山城东分水岭也，其水屈曲如葛。"

[2] 瑊，音jiān。

[3] 柤，参见中8-6注[3]。

[4] 檿，参见中8-2注[3]。

[5] 楢，参见中9-4注[3]。

[6] 杻，参见西1-7注[1]。

[7] 麖，参见西1-18注[4]。

[8] 臭，参见中8-6注[8]。

[9] 嘉荣，见中7-8。

释文 再往东二百里，是葛山，山上多产赤金，山下多产瑊石，树木多柤、栗、橘、柚、楢、杻，兽类多麖、臭，草多嘉荣。

中9-16 又东一百七十里，曰贾超之山[1]，其阳多黄垩[2]，其阴多美赭[3]，其木多柤[4]、栗、橘、檿[5]，其中多龙修[6]。

注释

[1] 贾超之山，《五藏山经传》卷五："山在綦江县治，为清溪、松坎河会处。贾，估也。贾超，审所逾也，两水形似之。"指水形象商人看秤，其说颇迂曲。

[2] 黄垩，参见西2-10注[2]。

[3] 赭，参见北2-2注[3]。

[4] 柤，参见中8-6注[3]。

[5] 檿，参见中8-2注[3]。

[6] 龙修，郭璞曰："龙须也，似莞而细，生山石穴中，茎倒垂，可以为席。"

释文 再往东一百七十里，叫贾超山，山的南面多产黄垩，北面多产美赭，树木多柤、栗、橘、柚，其中有许多龙修。

凡岷山之首，自女几山至于贾超之山，凡十六山，三千五百里。其神状皆马身而龙首。其祠：毛用一雄鸡瘗，糈用稌。文山[1]、勾檷、风雨、騩之山，是皆冢也，其祠之：羞酒，少牢具，婴毛一吉玉。熊山，席[2]也，其祠：羞酒，太牢具，婴毛一璧。干儛，用兵以禳；祈璆[3]，冕[4]舞。

注释

[1] 文山，郝懿行曰："此上无文山，盖即岷山也。"

[2] 席，郝懿行曰："席当为帝，字形之讹也，上下经文并以帝冢为对，此讹作席。"俞樾《读山海经》："据下经'堵山冢也，騩山帝也'疑此文席字亦帝字之误。冢也，神也，则冢尊于神；冢也，帝也，则帝又尊于冢。盖冢不过君之通称，而帝则天帝也。古人属辞初无一定之例，而其意仍相准耳。"

[3] 璆，音qiú，美玉。参见西3-4注[8]。

[4] 冕，礼帽。汪绂曰："求福祥则祭用璆玉，而舞者用冕服以舞也。"

马身龙首神

释文 岷山一组，从女几山到贾超山，一共十六座山，三千五百里。山神的形状都是马的身体、龙的头。祭祀的礼仪为：毛物埋一只雄鸡，精米用粳稻。文山、勾襧、风雨、騩山，都是众神之君，祭祀的礼仪为：先进献酒，再用少牢，婴用毛物和一块吉玉。熊山神是神中大帝，祭祀的礼仪为：先进献酒，再用太牢，婴用毛物和一块璧。祭祀要配以干儛，用兵器禳祭；祈祷用璆，并戴上礼帽跳舞。

中次十经

题解 《五藏山经传》卷五："此经所志，陇首以西会宁、安定诸山也。"

中10-1 中次十经之首，曰首阳之山[1]，其上多金玉，无草木。

注释

[1] 首阳之山，《五藏山经传》卷五："平凉府西北之六盘山上有牛营堡，其西北曰张义堡，实惟陇山之首。其阳则六盘道也。昔夷齐采薇于此，所谓'登彼西山'者矣。"

释文 《中次十经》一组，第一座山是首阳山，山上多产金玉，没有草木。

中10-2 又西五十里，曰虎尾之山[1]，其木多椒[2]、椐[3]，多封石[4]，其阳多赤金，其阴多铁。

注释

[1] 虎尾之山，《五藏山经传》卷五："即《西次三经》中曲之山也。东与大山相连，响水河出而西流，环山之南，象虎尾也。"

[2] 椒，参见中7-11注[2]。

[3] 椐，参见北1-6注[2]。

[4] 封石，郝懿行曰："《本草别录》云：'封石味甘，无毒，生常山及少室。'下文游戏之山、婴侯之山、丰山、服山、声匈之山并多此石。"《石雅·色金》："《中山经》云虎尾之山多封石，其阳多赤金，其阴多铁。赤金昔训铜，铁与铜每同处，则封石亦当与铜为近，疑即铜其质而石其形者。物以类聚，理宜然也。"

释文 再往西五十里，叫虎尾山，树木多椒、椐，多产封石，山的南面多产赤金，北面多产铁。

中10-3 又西南五十里，曰繁缋之山[1]，其木多楢[2]、杻[3]，其草多枝、勾[4]。

注释

[1] 繁缋（huì）之山，缋，有绘画义，旧时常与"绘"混用。清顾祖禹《读史方舆纪要》卷五十九会宁县："东南五里有桃花山，土石皆赤如桃花。又城南十里有白土

峰，又南十里有青土峰。《物产志》：县产五色土，可资藻缋。"

　　[2] 楢，参见中9-4注 [3]。

　　[3] 杻，参见西1-7注 [1]。

　　[4] 枝、勾，汪绂曰："盖桃枝、勾端也。"参见西1-14注 [4]。

　　释文 再往西南五十里，叫繁缋山，树木多楢、杻，草多桃枝、勾端。

中10-4 又西南二十里，曰勇石之山[1]，无草木，多白金，多水。

注释

　　[1] 勇石之山，《五藏山经传》卷五："用兵踊跃曰勇。勇石，趋而蹶石蹔踊欲仆也。显圣漱水西流折西北象足蹶形也。"

　　释文 再往西南二十里，叫勇石山，没有草木，多产白金，又有许多水流。

中10-5 又西二十里，曰复州之山[1]，其木多檀，其阳多黄金。有鸟焉，其状如鸮[2]，而一足彘尾，其名曰跂踵，见则其国大疫。

注释

　　[1] 复州之山，《五藏山经传》卷五："旋车曰复，马窍曰州。南玉河与漱水俱西北流，从西视之象马旋蹲其后足，而尿岔河出于其后，象州，故曰复州，言方复方粪也。"

　　[2] 鸮，参见西1-17注 [5]。

　　释文 再往西二十里，叫复州山，树木多檀，山的南面多产黄金。有一种鸟，形状像鸮，一只脚，有猪尾，名叫跂踵，它的出现预示着该国会发生大瘟疫。

跂踵

中10-6 又西三十里，曰楮山，多寓木[1]，多椒[2]、椐[3]，多柘，多堊[4]。

注释

　　[1] 寓木，参见中8-14注 [3]。

　　[2] 椒，参见中7-11注 [2]。

　　[3] 椐，参见北1-6注 [2]。

[4] 垩，参见西2-10注[2]。

释文 再往西三十里，叫楮山，山上有许多寓木，又有许多椒、椐和柘，多产垩。

中10-7 又西二十里，曰又原之山[1]，其阳多青腹[2]，其阴多铁，其鸟多鸜鹆[3]。

鸜鹆

注释

[1] 又原之山，《五藏山经传》卷五："又山之北原也。通渭县有又江水，俗呼为悠江水，导自北山，南流入渭，三源象右手形，故山得名，亦犹闻喜有左水，曰左邑也。此原实山之北麓尽处矣。"

[2] 青腹，亦作"腹"。青碧之类，参见西2-4注[2]。

[3] 鸜鹆（qú yù），又写作鸲鹆，即椋鸟科动物八哥。

释文 再往西二十里，叫又原山，山的南面多产青腹，北面多产铁，鸟类多鸜鹆。

中10-8 又西五十里，曰涿山[1]，其木多榖[2]、柞[3]、杻[4]，其阳多瑊珸[5]之玉。

注释

[1] 涿山，吕调阳校作"汤山"，《五藏山经传》卷五："今温泉山，在安定县东南。"

[2] 榖，参见南1-1注[7]。

[3] 柞，参见西1-13注[3]。

[4] 杻，参见西1-7注[1]。

[5] 瑊珸，参见西1-4注[5]。

释文 再往西五十里，叫涿山，树木多榖、柞、杻，山的南面多产瑊珸玉。

中10-9 又西七十里，曰丙山[1]，其木多梓、檀，多弞[2]杻。

注释

[1] 丙山，《五藏山经传》卷五："今双峪山也。"

［2］弣（shěn），郝懿行曰："《方言》云：'弣，长也，东齐曰弣。'郭注云：'弣，古矧字。'然则弣杻，长杻也。杻为木多曲少直，见陆玑《诗疏》。此杻独长，故著之。俟考。"参见西1-7注［1］。

释文 再往西七十里，叫丙山，树木多梓、檀，又有许多弣杻。

凡首阳山之首，自首山至于丙山，凡九山，二百六十七里。其神状皆龙身而人面。其祠之：毛用一雄鸡瘗，糈用五种之糈[1]。堵山，冢也，其祠之：少牢具，羞酒祠，婴毛一璧瘗。騩山，帝也，其祠：羞酒，太牢其[2]；合巫祝[3]二人儛，婴一璧。

注释

［1］五种之糈，汪绂曰："黍、稷、稻、粱、麦也。"

［2］其，郝懿行曰："其当为具字之讹。"

［3］巫祝，事鬼神者为巫，祭主赞词者为祝。

释文 首阳山一组，从首山到丙山，一共九座山，二百六十七里。山神的形状都是龙身人面。祭祀的礼仪为：毛物埋一只雄鸡，精米用五种之精。堵山的山神是众神之君，祭祀的礼仪为：用少牢，再进献酒进行祭祀，婴用茅屋和一块璧埋入地下。騩山神是神中大帝，祭祀的礼仪为：先进献酒，然后用太牢，巫祝二人合舞，婴用一块璧。

龙身而人面神

中次一十一山经

题解 《五藏山经传》卷五："此经所志，自湍汝而南旋逾江东抵于越诸山也。"

中11-1 中次一十一山经荆山之首，曰翼望之山[1]。湍水出焉，东流注于济；贶[2]水出焉，东南流注于汉[3]，其中多蛟[4]。其上多松、柏，其下多漆、梓，其阳多赤金，其阴多㟰[5]。

注释

[1] 翼望之山，《五藏山经传》卷五："《禹贡》'荆河惟豫州。'荆谓唐邓以南，胎簪以西之山，其首起于熊耳之东内乡县，北之伏牛山，即翼山。翼望，义见前。"

[2] 贶，音kuàng。

[3] 贶水，《五藏山经传》卷五："湍水在汝北象之，其水一源两分，一东北流为湍水，水形象县墨伸其臂指也，后人谓之汝水，东流屈东南，汝水自西来会，又东至郾城县南分二支，一东南会帝苑诸水东入颍为正流，一东至故女阳县南入颍，东与荥泽水会，即经所云东流注济者，汉魏间绝流谓之死汝，至元人始尽堨入颍，塞其南下之路，今遂为湍水经流也。一南出为贶水，后人谓之湍水，东南经内乡县邓州至新野县会白河，又南至襄阳县东北会唐河入汉，贶同兄，水南至邓州，象兄诱形也。"见西3-22。兄诱，未详。

[4] 蛟，郭璞曰："似蛇而四脚，小头细颈，有白瘿，大者十数围，卵如一二石瓮，能吞人。"

[5] 㟰，参见中8-9注[2]。

释文 《中次一十一山经》荆山一组，第一座叫翼望山。湍水在这里发源，向东流注入于济水；贶水在这里发源，向东南流注入汉水，水中有许多蛟。山上有许多松、柏，山下有许多漆、梓，山的南面多产赤金，北面多产㟰。

中11-2 又东北一百五十里，曰朝歌之山[1]。潕水[2]出焉，东南流注于荥，其中多人鱼[3]。其上多梓、枏，其兽多麢[4]、麋。有草焉，名曰莽草[5]，可以毒鱼。

注释

[1] 朝歌之山，《五藏山经传》卷五："朝歌，义见前七经。"参见中5-8注[1]。

[2] 潕（wǔ）水，《五藏山经传》卷五："潕即汝水，先儒谓之潕水，今名沙河也。"

［3］人鱼，参见西1-8注［8］。

［4］鱅，参见西1-18注［4］。

［5］莽草，汪绂曰："即芒草也。"参见中2-7注［4］。

释文 再往东北一百五十里，叫朝歌山。潕水在这里发源，向东南流注入荥水，水中有许多人鱼。山上有许多梓、柟，兽类多鱅、麋。有一种草，名叫莽草，可以用来毒鱼。

中11-3 又东南二百里，曰帝囷之山[1]，其阳多琈玗[2]之玉，其阴多铁。帝囷之水出于其上，潜于其下，多鸣蛇。

注释

［1］帝囷之山，《五藏山经传》卷五："山在诸暨县东。帝囷义见《北次三经》，其水高湖水也，北与泌湖相属，溢于双桥溪水，西注浦阳江。"

［2］琈玗，参见西1-4注［5］。

释文 再往东南二百里，叫帝囷山，山的南面多产琈玗玉，北面多产铁。帝囷水在山上发源，在它下面流淌，水中有许多鸣蛇。

中11-4 又东南五十里，曰视山[1]，其上多韭。有井焉，名曰天井，夏有水，冬竭。其上多桑，多美垩[2]、金、玉。

注释

［1］视山，《五藏山经传》卷五："即浮玉山，今天目山也，东西二峰峰顶各有一池如目。"

［2］美垩，参见西2-10注［2］。

释文 再往东南五十里，叫视山，山上有许多韭。有一口井，名叫天井，夏天有水，冬天枯竭。山上有许多桑，又多产美垩、金、玉。

中11-5 又东南二百里，曰前山[1]，其木多楮[2]，多柏，其阳多金，其阴多赭[3]。

注释

［1］前山，《五藏山经传》卷五："高前东南也。今为鸡子河所出，在南召县东北，其水下合白河分为二，亦象前形。"参见中11-16注［1］。

［2］楮（zhū），郭璞曰："似柞子，可食，冬夏生（青），作屋柱难腐。"

［3］赭，参见北2-2注［3］。

释文 再往东南二百里，叫前山，树木多楮，又有许多柏，山的南面多产金，北面多产赭。

中11-6又东南三百里，曰丰山[1]。有兽焉，其状如蝯[2]，赤目、赤喙、黄身，名曰雍和，见则国有大恐。神耕父处之，常游清泠之渊，出入有光，见则其国为败。有九钟焉，是知霜鸣。其上多金，其下多穀[3]、柞[4]、杻、橿[5]。

雍和

注释

[1] 丰山，《五藏山经传》卷五："山在鄱阳湖口，所谓石钟山也，水落则鸣，故曰是知霜鸣，或夏水小时亦鸣也。兹山郦氏得其凡，苏子寻其实，此经并详其数与故，古人之重博物如此。"

[2] 蝯，即猿。

[3] 穀，参见南1-1注[7]。

[4] 柞，参见西1-13注[3]。

[5] 杻、橿，参见西1-7注[1]。

释文 再往东南三百里，叫丰山。有一种兽，形状像猿，红眼睛、红嘴、黄色的身体，名叫雍和，它一出现该国就会大恐慌。名叫耕父的神在这里，常在清泠之渊游荡，出入时会发出光亮，它一出现该国就会败落。有九钟，霜降时会发出鸣响。山上多产金，山下有许多穀、柞、杻、橿。

耕父

中11-7又东北八百里，曰兔床之山[1]，其阳多铁，其木多藷藇[2]，其草多鸡谷[3]，其本如鸡卵，其味酸甘，食者利于人。

注释

[1] 兔床之山，《五藏山经传》卷五："在泌阳县东南马谷田。"参见中11-21注[1]。

[2] 藷藇，参见北3-10注[3]。

[3] 鸡谷，郝懿行曰："《广雅》云：'鸡狗獝咟公也。'说者谓即蒲公英。《唐本草》云：'蒲公草，一名構耨草。'構耨与狗獝声相近。谷字古有構音，構、狗之声又相近，疑此经'鸡谷'即《广雅》'鸡狗'矣。下文夫夫之山又作'鸡鼓'，亦即鸡谷也。"

释文 再往东北八百里，叫兔床山，山的南面多产铁，树木多藷藇，草多鸡谷，根像鸡蛋，味道酸中带甜，吃了对人有好处。

中11-8又东六十里，曰皮山[1]，多垩[2]，多赭[3]，其木多松、柏。

注释

[1]皮山，《五藏山经传》卷五："庐江县东之彭家冈，临于黄陂湖北岸，湖水南溢为黄泥河也。皮、陂通。"

[2]垩，参见西2-10注[2]。

[3]赭，参见北2-2注[3]。

释文 再往东六十里，叫皮山，山上多产垩和赭，树木多松、柏。

中11-9又东六十里，曰瑶碧之山[1]，其木多梓枏，其阴多青雘[2]，其阳多白金。有鸟焉，其状如雉，恒食蜚[3]，名曰鸩[4]。

注释

[1]瑶碧之山，《五藏山经传》卷五："章山东南也。山在潜山县西北百里，皖水西源所出，其地名花板石。"

[2]青雘，亦作"雘"，青碧之类，参见西2-4注[2]。

[3]蜚，郭璞曰："负盘也。"郝懿行曰："蜚见《尔雅》，郭注云：'蜚，负盘，臭虫。'"

[4]鸩，郭璞曰："此更一种鸟，非食蛇之鸩也。"

鸩

释文 再往东六十里，叫瑶碧山，树木有许多梓树和枏树，山的北面多产青雘，南面多产白金。有一种鸟，形状像雉，常吃蜚，名字叫鸩。

中11-10又东四十里，曰支离之山[1]。济水[2]出焉，南流注于汉。有鸟焉，其名曰婴勺，其状如鹊，赤目、赤喙、白身，其尾若勺[3]，其鸣自呼。多𰁖牛[4]，多羬羊[5]。

注释

[1]支离之山，《五藏山经传》卷五："今裕州西北郦山，赵河所出也。"

[2]济水，吕调阳校作"剂水"，《五藏山经传》卷五："水与其东之李郁朵山水并流而南，既合，东南则裕州之七峰山水两源南流而合，又南折而西来会四水参列象蚕形，又西环曲而南少东，又象剐者仰，足不能立之形，故曰支离也。"

[3]其尾若勺，郭璞曰："似酒勺形。"

[4]𰁖牛，参见南1-5注[5]。

[5]羬羊，参见西1-1注[3]。

婴勺

释文 再往东四十里，叫支离山。济水在这里发源，向南流注入汉水。有一种鸟，名字叫婴勺，形状像鹊，红眼睛、红嘴、白色的身体，尾巴像勺子形，它的名字是据自己的叫声得来的。山上有许多㸲牛，又有许多羬羊。

中11-11 又东北五十里，曰袟筒之山[1]，其上多松、柏、机、柏[2]。

注释

[1] 袟（zhì）筒（diāo）之山，吕调阳校作"袟衡之山"，《五藏山经传》卷五："山在裕州北四十里，汉晋人讹呼为雉衡，于此置雉县。其山或止称衡山，又因下文雉山为澧水所出，即指此山水为澧水，皆缪也。袟，积帛也，一作'褒'。衡，平也。此山东出二水，南水有襞褶处象积帛不伸，北水象尉之使平也。南水即绳水，水形似缝人所用绳橐也。北水盖本名熨水，水形似火斗也。"

[2] 机、柏，郭璞曰："柏，叶似柳，皮黄不措。子似拣，著酒中饮之辟恶气，浣衣去垢，核坚正黑，可以閏香缨也，一名括楼也。"郝懿行曰："机、柏，《广韵》引此经作'机桓'。《玉篇》云：桓木，叶似柳，皮黄白色。与郭义合。是此经及注并当作'桓'，今本作'柏'，字形之讹也。且柏已屡见，人所习知，不须更注，注所云云，又非是柏也。郭云'皮黄不措'，措当为槝，与皵同，见《玉篇》。'子似拣'，当从木旁为棟。陈藏器《本草拾遗》云：'无患子，一名桓。'引《博物志》云：'桓，叶似榉柳叶，核坚，正黑如璧，可作香缨及浣垢。'案所引正与郭注合，或即郭所本也。郭云'閏香缨'，'閏'字疑讹。"则桓为木名，即无患子科植物无患树。此处"机、柏"当为"机、桓"，机注在北1-1。

释文 再往东北五十里，叫袟筒山，山上有许多松、柏、机、桓。

中11-12 又西北一百里，曰堇理之山[1]，其上多松柏，多美梓，其阴多丹雘[2]，多金，其兽多豹、虎。有鸟焉，其状如鹊，青身白喙，白目白尾，名曰青耕，可以御疫，其鸣自叫。

注释

[1] 堇（qín）理之山，吕调阳校作"堇埋之山"，《五藏山经传》卷五："山在今汝州西南，即将孤山。养水四源东北流，右合堇沟水注湍，其南复有激水，与桓水同出将孤山，一东南流，一东北流，而合又东北注于湍，三水加汝之北象抔土掩覆道殣之形，故曰堇埋。堇，古'墐'字也。"墐，掩埋。

［2］丹臒，参见南3-9注［2］、西2-4注［2］。

释文 再往西北一百里，叫堇理山，山上有许多松、柏，又有许多美梓，山的北面多产丹臒和金。兽类多豹、虎。有一种鸟，形状像鹊，青色的身体，白色的嘴，眼睛和尾巴都是白的，名叫青耕，可以抵御瘟疫，它的名字是据自己的叫声得来的。

青耕

中11-13 又东南三十里，曰依轱之山[1]，其上多杻、橿[2]，多苴[3]。有兽焉，其状如犬，虎爪有甲，其名曰獜[4]，善駚𧿨[5]，食者不风[6]。

注释

［1］依轱（gū）之山，《五藏山经传》卷五："山在汝水屈东南处。轱，軶胡也。依作衣，以衣加胡也，肖水形。"軶胡，车辕前端下垂的木棍，停车时靠它挂地以保持车厢平衡。

［2］杻、橿，参见西1-7注［1］。

［3］苴（zhǎ），郝懿行曰："经内皆云其木多苴，疑苴即'柤'之假借字也；柤之借为苴，亦如杞之借为芑矣。"柤，参见中8-6注［3］。

［4］獜（lín），郭璞曰："言体有鳞甲。"

［5］駚𧿨（yǎng fèn），郭璞曰："跳跃自扑也。"

［6］风，郭璞曰："不畏天风。"汪绂曰："或云无风疾也。"

獜

释文 再往东南三十里，叫依轱山，山上有许多杻、橿，又有许多苴。有一种兽，形状像狗，虎爪，有鳞甲，名字叫獜，善于跳跃扑打，它的肉吃了可以预防风症。

中11-14 又东南三十五里，曰即谷之山[1]，多美玉，多玄豹[2]，多闾[3]、麈[4]，多麢[5]、臭[6]。其阳多珉[7]，其阴多青臒[8]。

注释

［1］即谷之山，《五藏山经传》卷五："山在襄城县西，即湛坂也。湛水东流注湍

象即谷也。"

　　〔2〕玄豹，郭璞曰："黑豹也，即今荆州山中出黑虎也。"

　　〔3〕间，参见北2-3注〔2〕。

　　〔4〕麈，参见中8-6注〔6〕。

　　〔5〕麤，参见西1-18注〔4〕。

　　〔6〕臭，参见中8-6注〔8〕。

　　〔7〕珉，参见中8-9注〔2〕。

　　〔8〕青䨼，亦作䨼。青碧之类，参见西2-4注〔2〕。

　　释文 再往东南三十五里，叫即谷山，山上多产美玉，有许多玄豹，还有许多间、麈和麤、臭。山的南面多产珉，北面多产青䨼。

中11-15 又东南四十里，曰鸡山[1]，其上多美梓，多桑，其草多韭。

注释

　　〔1〕鸡山，《五藏山经传》卷五："山在泌阳东南高店，有卢家河两源西南流而合，又西会骓源北分之水，又西北至唐县南注湝水，合轹马水视之象雌鸡形。"

　　释文 再往东南四十里，叫鸡山，山上有许多美梓，又有许多桑，草多韭。

中11-16 又东南五十里，曰高前之山[1]。其上有水焉，甚寒而清，帝台之浆也，饮之者不心痛。其上有金，其下有赭[2]。

注释

　　〔1〕高前之山，郝懿行曰："《吕氏春秋·本味篇》云：'水之美者高泉之山，其上有涌泉焉'即此，泉、前声同也。《太平寰宇记》云：'内乡县高前山，今名天池山，在翼望山东五十里。'"吕调阳据此定高前之山在翼望之山（中11-1）后，《五藏山经传》卷五："案旧文高前山在鸡山后，依次数之已二千一百六十五里，《记》言在翼望东，据实也。""前，蚤揃也。溪水北合湍水象前，贶水象蚤也。"蚤揃，修剪指甲。蚤通爪，揃通剪。

　　〔2〕赭，参见北2-2注〔3〕。

　　释文 再往东南五十里，叫高前山。山上有水，清澈寒冽，是帝台的酒浆，喝了它不会心痛。山上产金，山下产赭。

中11-17 又东南三十里，曰游戏之山[1]，多枏、橿[2]、榖[3]，多玉，多封石[4]。

注释

　　〔1〕游戏之山，《五藏山经传》卷五："山距潜山县六十馀里，在皖水东，水自西来，折而南而东南，北合数水，象水嬉之形也。"

［2］杻橿，参见西1-7注〔1〕。

［3］榖，参见南1-1注〔7〕。

［4］封石，参见中10-2注〔4〕。

释文 再往东南三十里，叫游戏山，山上有许多杻、橿、榖，多产玉和封石。

中11-18 又东南三十五里，曰从山[1]，其上多松柏，其下多竹。从水出于其上，潜于其下，其中多三足鳖[2]，枝尾，食之无蛊疫。

注释

〔1〕从山，《五藏山经传》卷五："今桐城县，故舒宗国县西之西龙眠山即从山也，从通宗，其水东南为倒流河如昭穆之一左一右也。又东南注菜子湖而西南溢出分枝潴为石城湖，一枝东南流至枞阳镇南入江。"

〔2〕三足鳖，郭璞曰："三足鳖名能，见《尔雅》。"

三足鳖

释文 再往东南三十五里，叫从山，山上有许多松、柏，山下有许多竹子。从水在山上发源，在它下面流淌，水中有许多三足鳖，尾部分叉，吃了可以不得蛊病。

中11-19 又东南三十里，曰婴硬之山[1]，其上多松、柏，其下多梓、櫄[2]。

注释

〔1〕婴硬之山，《五藏山经传》卷五："瑶碧西南珠岭山也。山之西南为珠子关，又南为玉珠畈，临南皖水之上。"

〔2〕櫄，郝懿行曰："櫄即'杶'字，见《说文》。"参见中5-7注〔2〕。

释文 再往东南三十里，叫婴硬山，山上有许多松、柏，山下有许多梓、櫄。

中11-20 又东南三十里，曰毕山[1]。帝苑之水[2]出焉，东北流注于视，其中多水玉，多蛟。其上多琈瑶[3]之玉。

注释

〔1〕毕山，《五藏山经传》卷五："山在今泌阳县北，南汝河所出，县地故号毕

阳，许氏《说文》作'必阳'，讹为弋阳，《后汉书》作'沘阳'，唐人改曰泌阳。其山今谓之华山，《说文》作'垂山'，《水经注》作'旱山'，并'毕'字之讹。其水一名毕水，《说文》作'澼水'，《水经注》作'比水'，皆'毕'声之讹也。而方俗传讹又别指轹马水为毕水，《后汉书》作'沘水'，郦氏改为'泚水'，今名泌河，又曰毘河，咸违经以立号，故麾从折中矣。毕者，两水并东南流，一折东北而合，又东北流，象升鼎所用叉毕也。"

[2]帝苑之水，《五藏山经传》卷五："帝苑，养马之苑，以在轹马之北也。其水又东入汝，东南注雅，此经以视水为经川，故凡注雅，皆言注视也。"

[3]珚珧，参见西1-4注[5]。

释文 再往东南三十里，叫毕山。帝苑水在这里发源，向东北流注入视水，水中多产水晶，又有许多蛟。山上多产珚珧玉。

中11-21 又东南二十里，曰乐马之山[1]。有兽焉，其状如彙[2]，赤如丹火，其名曰狼[3]，见则其国大疫。

注释

[1]乐马之山，吕调阳校作"轹马之山"，《五藏山经传》卷五："今瀿水所出也。瀿本名轹马水，其正源在泌阳县东六十馀里，三水合西流至县城西南，瀿水自北南流少东注之，又西迳大河屯北毘河西南流注之，又西迳唐县北入浕水，象卧马辗地之形，故曰轹马。（轹是车蹒物乍倾仄之形，马左右辗地似之。）又象卧兔，故其南曰兔床也。"

[2]彙，参见北2-12注[2]。

[3]狼，音fú。

释文 再往东南二十里，叫乐马山。有一种兽，形状像彙，身体火红，名字叫狼，它的出现预示着该国会出现大瘟疫。

狼

中11-22 又东南二十五里，曰葴山[1]，视水[2]出焉，东南流注于汝水，其中多人鱼[3]，多蛟，多颉[4]。

注释

[1]葴（zhēn）山，《五藏山经传》卷五："今名天目山，其水曰明河，东南会雅水，下合汝水。"

[2]视水，郭璞曰："或曰视宜为瀙，瀙水今在南阳也。"

[3]人鱼，参见西1-8注[8]。

[4]颉（xié），郭璞曰："如青狗。"

释文 再往东南二十五里，叫藏山，视水在这里发源，向东南流注入汝水，水中有许多人鱼，又有许多蛟和颉。

中11-23 又东四十里，曰婴山[1]，其下多青䨠[2]，其上多金玉。

注释

[1] 婴山，《五藏山经传》卷五："长子县南丹朱岭，汄水两源象婴也。"参见西1-10注[5]。

[2] 青䨠，亦作"雘"。青碧之类，参见西2-4注[2]。

释文 再往东四十里，叫婴山，山下多产青䨠，山上多产金、玉。

中11-24 又东三十里，曰虎首之山[1]，多苴[2]椆[3]椐[4]。

注释

[1] 虎首之山，《五藏山经传》卷五："山在鸡山西南，即后世所指为桐柏山也。雉水自驹簪山来，东流经山北分二枝，一东北注鸡山水，一东南流，又分一枝北流注北水，又东南而南折，又曲折东流，象虎伏首形，故名。"

[2] 苴，参见中11-13注[3]。

[3] 椆（chóu），吴其濬《植物名实图考》卷三十七："江西之樟、湖南之椆所为什器几遍遐迩，然樟木江南多有，惟不逾岭而南，椆木则湖南而外无闻焉。字或作'梼'，《新化县志》据《山经》作'椆'，校为确晰。其木质重而坚，耐久不蛀，叶亦似樟，稍小；亦似山茶。枝干皮光而灰黑，木纹似栗而斜。"

[4] 椐，参见北1-6注[2]。

释文 再往东三十里，叫虎首山，多苴、椆、椐。

中11-25 又东二十里，曰婴侯之山[1]，其上多封石[2]，其下多赤锡[3]。

注释

[1] 婴侯之山，《五藏山经传》卷五："山即婴侯水所出。"

[2] 封石，参见中10-2注[4]。

[3] 赤锡，参见中8-14注[4]。

释文 再往东二十里，叫婴侯山，山上多产封石，山下多产赤锡。

中11-26 又东五十里，曰大孰之山[1]。杀水出焉，东北流注于视水，其中多白垩[2]。

[1] 大尌之山，吕调阳校作"大术之山"，《五藏山经传》卷五："山在光山县西南墨斗关，其水曰竹竿河。长杀象竹竿，亦象旁道曲杀，故曰大术。术，所以通道之穷也。"其义未详。

[2] 白垩，参见西2-10注[2]。

释文 再往东五十里，叫大尌山。杀水在这里发源，向东北流注入视水，水中多产白垩。

中11-27 又东四十里，曰卑山[1]，其上多桃、李、苴[2]、梓，多累[3]。

注释

[1] 卑山，《五藏山经传》卷五："今王家冈，在信阳州西六十馀里，有三道河南自大王冲北流迳山东，折西北环曲东北注雎，象人俯躬形。"

[2] 苴，参见中11-13注[3]。

[3] 累，郭璞曰："今虎豆、狸豆之属。"

释文 再往东四十里，叫卑山，山上有许多桃、李、苴、梓，又有许多累。

中11-28 又东三十里，曰倚帝之山[1]，其上多玉，其下多金。有兽焉，状如鼣[2]鼠，白耳白喙，名曰狙如，见则其国有大兵。

注释

[1] 倚帝之山，吕调阳校作"倚带之山"，《五藏山经传》卷五："山在信阳州南四十馀里，曰桃花山，有谭家河导源西北流折而北，象倚带形，即古申水。"

[2] 鼣，音fèi。

狙如

释文 再往东三十里，叫倚帝山，山上多产玉，山下多产金。有一种兽，形状像鼣鼠，白耳白嘴，名叫狙如，它的出现预示着该国会有大规模战争。

中11-29 又东三十里，曰鲵山[1]，鲵水出于其上，潜于其下，其中多美垩[2]。其上多金，其下多青雘[3]。

注释

[1] 鲵（ní）山，《五藏山经传》卷五："今信阳州东南五十里曰灵山，有白龙池

东北流出，名小黄河，盖即鲵水。"

　　[2] 美垩，参见西2-10注[2]。

　　[3] 青腹，亦作"䨼"。青碧之类，参见西2-4注[2]。

　　释文 再往东三十里，叫鲵山，鲵水在山上发源，在它下面流淌，水中多产美垩。山上多产金，山下多产青腹。

　　中11-30 又东三十里，曰雅山[1]。澧水[2]出焉，东流注于视水，其中多大鱼。其上多美桑，其下多苴[3]，多赤金。

　　注释

　　[1] 雅山，吕调阳校作"雉山"，《五藏山经传》卷五："山在光山县南新店塘。"

　　[2] 澧水，《五藏山经传》卷五："澧水今名潢河，流至光州东北名曰白露河，一作醴水，言白浊似醴也。其水东北流右合诸小水象雉飞前其爪距之形，故山得名。"

　　[3] 苴，参见中11-13注[3]。

　　释文 再往东三十里，叫雅山。澧水在这里发源，向东流注入视水，水中有许多大鱼。山上有许多美桑，山下有许多苴，多产赤金。

　　中11-31 又东五十五里，曰宣山[1]。沦水出焉，东南流注于视水，其中多蛟。其上有桑焉，大五十尺，其枝四衢[2]，其叶大尺馀，赤理黄华青柎，名曰帝女之桑[3]。

　　注释

　　[1] 宣山，《五藏山经传》卷五："宣同亘，作室所用钩援也，或以绳，或以竿，皆有援，古文作⌇，从二目上下也，从⌇象形，亦作⌇，读若援。山在霍山县西北九十馀里，壁河出而东南流经流波磝，又东至两河口会霍山水东北注视，象宣。沦，小波也。"

　　[2] 其枝四衢，郭璞曰："言枝交互四出。"

　　[3] "名曰"句，郭璞曰："妇女主蚕，故以名桑。"

　　释文 再往东五十五里，叫宣山。沦水在这里发源，向东南流注入视水，水中有许多蛟。山上有桑树，周长五十尺，树枝分四叉，叶子有一尺多，有红色的纹理，开黄花，花萼是青色的，名叫帝女桑。

　　中11-32 又东四十五里，曰衡山[1]，其上多青腹[2]，多桑，其鸟多鸜鸰[3]。

　　注释

　　[1] 衡山，《五藏山经传》卷五："今山有天平关，在朱砂岭东。"

［2］青䐼，亦作"䕏"。青碧之类，参见西2-4注［2］。

［3］鹦鸲，参见中10-7注［3］。

释文 再往东四十五里，叫衡山，山上多产青䐼，多桑，鸟类多是鹦
鸲。

中11-33 又东四十里，曰丰山，其上多封石[1]，其木多桑，多羊
桃[2]，状如桃而方茎，可以为皮张[3]。

注释

［1］封石，参见中10-2注［4］。

［2］羊桃，郭璞曰："一名鬼桃。"《五藏山经传》卷五："今舒城县西南卢镇关
有竹桃园，竹桃华状似桃而叶如竹，其弱茎皆作三廉，俗呼曰夹竹桃，疑即羊桃也。"

［3］为皮张，郭璞曰："治皮肿起。"

释文 再往东四十里，叫丰山，山上多产封石，树木多桑树，又有许多
羊桃，形状像桃，茎是方的，可以用来治疗皮肤浮肿。

中11-34 又东七十里，曰妪山[1]，其上多美玉，其下多金，其草多鸡
谷[2]。

注释

［1］妪山，《五藏山经传》卷五："游戏东也。今县北有野人砦，盖即妪山。妪谓
野女也，又有黄婆坳，在砦北三十馀里也。"

［2］鸡谷，参见中11-7注［3］。

释文 再往东七十里，叫妪山，山上多产美玉，山下多产金，草多鸡
谷。

中11-35 又东三十里，曰鲜
山[1]，其木多楢[2]、杻[3]、
苴[4]，其草多䔵冬[5]，其阳多
金，其阴多铁。有兽焉，其状如
膜大[6]，赤喙、赤目、白尾，见
则其邑有火，名曰狼[7]即。

注释

［1］鲜山，《五藏山经传》卷
五："在霍山县南三十六七里，有小河
南流，经佛寺关西，而头陀河出霍山之

狼即

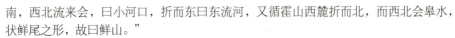

南，西北流来会，曰小河口，折而东曰东流河，又循霍山西麓折而北，而西北会皋水，状鲜尾之形，故曰鲜山。"

[2] 楢，参见中9-4注[3]。

[3] 杻，参见西1-7注[1]。

[4] 苴，参见中11-13注[3]。

[5] 蘴冬，参见中5-5注[2]。

[6] 膜大，郝懿行曰："大当为'犬'字之讹，《广韵》作'犬'，可证。膜犬者，郭注《穆天子传》云：'西膜，沙漠之乡'，是则膜犬即西膜之犬。今其犬高大獠毛，猛悍多力也。"

[7] 狋，音yí。

再往东三十里，叫鲜山，树木多楢、杻、苴，草多蘴冬。山的南面多产金，北面多产铁。有一种兽，形状像膜犬，红嘴、红眼睛、白尾巴，它的出现预示着地方上将发生火灾，名字叫狋即。

中11-36又东三十里，曰章山[1]，其阳多金，其阴多美石。皋水出焉，东流注于澧水，其中多脆[2]石。

注释

[1] 章山，《五藏山经传》卷五："即霍山县西八十馀里方家坪，有烂泥坳水出而东流会燕子河，象臂鹰之形，又东会霍山水，又北会沦水注视。言注澧，变文耳。"参见西3-15注[1]。

[2] 脆，同"脆"。郝懿行曰："说文云：'脆，小耎易断也。'此石耎薄易碎，故以名焉。"

再往东三十里，叫章山，山的南面多产金，北面多产美石。皋水在这里发源，向东流注入澧水，水中多产脆石。

中11-37又东二十五里，曰大支之山[1]，其阳多金，其木多穀[2]柞[3]，无草木。

注释

[1] 大支之山，《五藏山经传》卷五："山在黟县西北，曰西武岭。岭北石埭贵池分水，南则黟县祁门分水也。"

[2] 穀，参见南1-1注[7]。

[3] 柞，参见西1-13注[3]。

再往东二十五里，叫大支山，山的南面多产金，树木多穀、柞，没有草木。

中11-38又东五十里，曰区吴之山[1]，其木多苴[2]。

注释

［1］区吴之山，《五藏山经传》卷五："即南次三经区吴。"见南2-15。

［2］苴，参见中11-13注［3］。

释文 再往东五十里，叫区吴山，树木多是苴。

中11-39又东五十里，曰声匈之山[1]，其木多榖[2]，多玉，上多封石[3]。

注释

［1］声匈之山，《五藏山经传》卷五："县西北之水吼岭，在两水会也。"

［2］榖，参见南1-1注［7］。

［3］封石，参见中10-2注［4］。

释文 再往东五十里，叫声匈山，树木多榖树，多产玉，山上多产封石。

中11-40又东五十里，曰大騩之山[1]，其阳多赤金，其阴多砥石[2]。

注释

［1］大騩之山，《五藏山经传》卷五："宁国县西南丛山关也。大騩象东西两河合北流之形。"

［2］砥石，参见西4-19注［7］。

释文 再往东五十里，叫大騩山，山的南面多产赤金，北面多砥石。

中11-41又东十里，曰踵臼之山[1]，无草木。

注释

［1］踵臼之山，《五藏山经传》卷五："宁国县南狼山。踵臼，以足舂也，亦象水形。"

释文 再往东十里，叫踵臼山，没有草木。

中11-42又东北七十里，曰历石之山[1]，其木多荆、芑[2]，其阳多黄金，其阴多砥[3]石。有兽焉，其状如狸，而白首虎爪，名曰梁渠，见则其国有大兵。

注释

［1］荆芑，参见南2-14注［3］。

［2］历，郭璞曰："或作'磨'。"郝懿行曰："磨盖磿字之讹。"《五藏山经

传》卷五："叠石谓之厤石，在宁国东南石口镇也。"

[3]砥，参见西4-19注[7]。

释文 再往东北七十里，叫历石山，树木多荆棘、枸杞，山的南面多产黄金，北面多产砥石。有一种兽，形状像狸，白色的头，长有虎爪，名叫梁渠，它的出现预示着该国会发生大规模战争。

梁渠

中11-43又东南一百里，曰求山[1]。求水出于其上，潜于其下，中有美赭[2]。其木多苴[3]，多䈽[4]。其阳多金，其阴多铁。

注释

[1]求山，吕调阳校作"朻山"，《五藏山经传》卷五："即鹿吴山，今西天目山，在于潜县北，以产美朻，故名。"

[2]赭，参见北2-2注[3]。

[3]苴，参见中11-13注[3]。

[4]䈽，郭璞曰："筱属。"参见西1-7注[4]。

释文 再往东南一百里，叫求山。求水在山上发源，在它下面流淌，水中有美赭。树木多苴，又有许多䈽。山的南面多产金，北面多产铁。

𩿞𪆰

中11-44又东二百里，曰丑阳之山[1]，其上多椆[2]、椐[3]。有鸟焉，其状如乌而赤足，名曰𩿞𪆰[4]，可以御火。

注释

[1]丑阳之山，《五藏山经传》卷五："双桥溪水即丑水，山在溪之北也。"

[2]椆，参见中11-24注[3]。

[3]椐，参见北1-6注[2]。

[4]𩿞𪆰，音zhǐ tú。

释文 再往东二百里叫丑阳山，山上有许多椆、椐。有一种鸟，形状像乌鸦，脚是红色的，名叫𩿞𪆰，可以防火。

中11-45 又东三百里，曰奥山[1]，其上多柏、杻、橿[2]，其阳多琇
珢[3]之玉。奥水出焉，东流注于视水。

注释

[1] 奥山，《五藏山经传》卷五："山在商城县南夹河店之南，史河西源所出也。室西南隅曰奥，于文从宀从釆，釆，古'审'字，自宀下视其掌也。山势自雉山东来折而南而东而北，象室形。史河两水四源并东北流象舒掌形而当其西南，故谓之奥也。"

[2] 杻、橿，参见西1-7注[1]。

[3] 琇珢，参见西1-4注[5]。

释文 再往东三百里，叫奥山，山上多柏、杻、橿，山的南面多产琇珢玉。奥水在这里发源，向东流注入视水。

中11-46 又东三十五里，曰服山[1]，其木多苴[2]，其上多封石[3]，其下多赤锡[4]。

注释

[1] 服山，《五藏山经传》卷五："山在牛食畈之西，史河东源所出，是两水象服马，其外两源象骖也。"

[2] 苴，参见中11-13注[3]。

[3] 封石，参见中10-2注[4]。

[4] 赤锡，参见中8-14注[4]。

释文 再往东三十五里，叫服山，树木多苴，山上多产封石，山下多产赤锡。

中11-47 又东百十里，曰杳山[1]，其上多嘉荣[2]草，多金、玉。

注释

[1] 杳山，吕调阳校作"香山"，《五藏山经传》卷五："山在池州府正南近张溪河源处，亦曰香口。"

[2] 嘉荣，在中7-8。

释文 再往东一百十里，叫杳山，山上有许多嘉荣草，多产金、玉。

中11-48 又东三百五十里，曰凡山[1]，其木多楢[2]、檀、杻[3]，其草多香。有

闻獜

兽焉，其状如彘，黄身、白头、白尾，名曰闻獜[4]，见则天下大风。

注释

[1] 凡山，吕调阳校作"尧山"，《五藏山经传》卷五："山即尧光之山，香口河所出。"

[2] 楢，参见中9-4注[3]。

[3] 杻，参见西1-7注[1]。

[4] 獜，音lín。

释文 再往东三百五十里，叫凡山，树木多楢、檀、杻，草多是香草。有一种兽，形状像彘，黄色的身体、白头、白尾，名叫闻獜，它一出现天下就会刮大风。

凡荆山之首，自翼望之山至于凡山，凡四十八山，三千七百三十二里。其神状皆彘身人首。其祠：毛用一雄鸡祈，瘗用一珪，糈用五种之精。禾山[1]，帝也，其祠：太牢之具，羞瘗倒毛[2]，用一璧，牛无常。堵山、玉山[3]，冢也，皆倒祠[4]，羞毛少牢，婴毛吉玉。

彘身人首神

注释

[1] 禾山，郝懿行曰："上文无禾山，或云帝困山之脱文，或云求山之误文。"

[2] 瘗倒毛，汪绂曰："盖倒埋其牲也。"

[3] 堵山，郝懿行曰："堵山见《中次十经》，玉山见《中次》八、九经，此经都无此二山，未审何字之讹。"

[4] 倒祠，郝懿行曰："亦谓倒毛也。"

释文 荆山一组，从翼望山到凡山，一共四十八座山，三千七百三十二里。山神的形状都是猪身人头。祭祀的礼仪为：毛物用一只雄鸡祈祷，埋一块珪，精米用黍、稷、稻、粱、麦五种精米。禾山山神是神中大帝，祭祀的礼仪为：用太牢，进献后倒埋，用一块璧，牛可有可无。堵山、玉山山神是众神之君，都用倒埋法祭祠，进献的毛物是少牢，婴用毛物和一块吉玉。

中次十二经

题解 《五藏山经传》卷五："此经所志，洞庭以西以东诸洞山也。"

中12-1 中次十二经洞庭山之首，曰篇遇之山[1]，无草木，多黄金。

注释

[1] 篇遇之山，郭璞曰：篇"或作肩"。《五藏山经传》卷五："肩遇即宣余水所经之风洞山，水形似肩，新宁河入其东，亦屈垂如两肩相遇也。"

释文 《中次十二经》洞庭山一组，第一座叫篇遇山，没有草木，多产黄金。

中12-2 又东南五十里，曰云山[1]，无草木。有桂竹，甚毒，伤人必死。其上多黄金，其下多琈㻬[2]之玉。

注释

[1] 云山，《五藏山经传》卷五："忠州东北白云山也。有瞫井临瀶溪河侧。瞫同㲸，音甘，盖常出云气，故名。今忠州驿曰云根是也。"《说文》："㲸，云雨貌。"
[2] 琈㻬，参见西1-4注[5]。

释文 再往东南五十里，叫云山，没有草木。有桂竹，毒性很强，伤人必定致死。山上多产黄金，山下多产琈㻬玉。

中12-3 又东南一百三十里，曰龟山[1]，其木多、榖[2]、柞[3]、椆[4]、椐[5]，其上多黄金，其下多青雄黄[6]，多扶竹[7]。

注释

[1] 龟山，《五藏山经传》卷五："山为葫芦溪水所导，名挂子洞，是多蟠龟。"
[2] 榖，参见南1-1注[7]。
[3] 柞，参见西1-13注[3]。
[4] 椆，参见中11-24注[3]。
[5] 椐，参见北1-6注[2]。
[6] 青雄黄，参见西2-14注[2]。
[7] 扶竹，郭璞曰："邛竹也。高节实中，中杖也，名之扶老竹。"

中山经

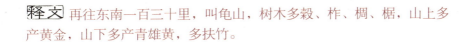

释文 再往东南一百三十里，叫龟山，树木多榖、柞、椆、椐，山上多产黄金，山下多产青雄黄，多扶竹。

中12-4 又东七十里，曰丙山[1]，多筀竹[2]，多黄金、铜、铁，无木。

注释

[1] 丙山，《五藏山经传》卷五："山在施南府利川县西，今名丙字垭，即夷水所出之很山也。"

[2] 筀（guì）竹，郝懿行曰："筀亦当为桂，桂阳所生竹，因以为名也。"

释文 再往东七十里，叫丙山，山上有许多筀竹，多产黄金、铜、铁，没有树。

中12-5 又东南五十里，曰风伯之山[1]，其上多金、玉，其下多痠[2]石文石[3]，多铁，其木多柳、杻[4]、檀、楮。其东有林焉，名曰莽浮之林，多美木、鸟兽。

注释

[1] 风伯之山，《五藏山经传》卷五："恩施县西南风井山也。穴口大如盆，夏则风出，冬则风入，寒飕骤发，六月中尤不可当。穴与长杨溪源之石穴潜通也。"

[2] 痠，音suān。

[3] 文石，参见西4-3注[2]。

[4] 杻，参见西1-7注[1]。

释文 再往东南五十里，叫风伯山，山上多产金、玉，山下多产痠石、文石，又多产铁。树木多柳、杻、檀、楮。东面有一个树林，名叫莽浮之林，林中有许多美木和鸟兽。

中12-6 又东一百五十里，曰夫夫之山[1]，其上多黄金，其下多青雄黄[2]，其木多桑楮，其草多竹、鸡鼓[3]。神于儿居之，其状人身而身操两蛇，常游于江渊[4]，出入有光。

注释

[1] 夫夫之山，《五藏山经传》卷五：

于儿

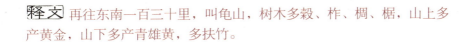

"丙山东也。山在风井之北十馀里，有神穴平居无水，渴者诚启请乞辄得水，今名曰出水洞。山北及西有二水东北流，注清江河，象人倾偃有两势也。"

　　[2]青雄黄，参见西2-14注[2]。
　　[3]鸡鼓，郝懿行曰："即鸡谷也。"参见中11-7注[3]。
　　[4]江渊，《五藏山经传》卷五："宜都北有红花沱，盖所谓江渊矣。"

　　释文 再往东一百五十里，叫夫夫山，山上多产黄金，山下多产青雄黄，树木多桑、楮，草多竹子和鸡鼓。名叫于儿的神住在这里，它长着人的身体，手握两条蛇，常在江渊游荡，出入时会发出光亮。

　　中12-7 又东南一百二十里，曰洞庭之山[1]，其上多黄金，其下多银、铁，其木多相[2]、梨、橘、櫾[3]，其草多菱[4]、蘪芜[5]、芍药、芎䓖[6]。帝之二女居之，是常游于江渊[7]。澧沅之风，交潇湘之渊，是在九江[8]之间，出入必以飘风暴雨。是多怪神，状如人而载[9]蛇，左右手操蛇。多怪鸟。

　　注释
　　[1]洞庭之山，《五藏山经传》卷五："山在永顺桑植县西七十馀里，曰上洞，与其东北四十里之下洞并临澧水之上，水象却车就位之形，其北之零水、辰水东西分流象屋宇形，故曰洞庭。庭之义谓左右有位也。巴陵陂亦号洞庭，以为洞庭山水所潴，亦如彭蠡之水潴为鄱阳湖，因号湖曰彭泽也。"
　　[2]相，参见中8-6注[3]。
　　[3]櫾，参见中8-2注[3]。
　　[4]菱，参见中1-10注[2]。

帝二女

　　[5]蘪芜，郭璞曰："似蛇床而香也。"即蘼芜，参见西1-9注[5]。
　　[6]芎䓖，参见西4-8注[1]。
　　[7]江渊，《五藏山经传》卷五："帝之二女各居一山，常从澧水，或道沅水而游于九江之渊。渊即巴陵陂水，为潇湘北流所迳也。"
　　[8]九江，《五藏山经传》卷五："湘水大派凡九：曰湘，曰观，曰营，曰耒，曰潇，曰渌，曰涟，曰浏，曰汨，皆湘流所合，谓之九江也。"
　　[9]载，郝懿行曰："载亦戴也，古字通。"

　　释文 再往东南一百二十里，叫洞庭山，山上多产黄金，山下多产银、铁，树木多相、梨、橘、柚，草多菱、蘪芜、芍药、芎䓖。天帝

中山经

的两个女儿住在这里，她们常在江渊游荡。澧、沅之间的风，在潇湘之渊交汇，正在九江之间，所以她们出入必定伴随着暴风雨。这里有许多怪神，形状像人，都戴着蛇，也有两手拿着蛇的。又有许多怪鸟。

洞庭怪神

中12-8 又东南一百八十里，曰暴山[1]，其木多棕、柟、荆、芑[2]、竹箭、䇠、箘[3]，其上多黄金、玉，其下多文石[4]、铁，其兽多麋、鹿、麈[5]、就[6]。

注释

　[1] 暴山，《五藏山经传》卷五："暴疑'皋'之讹。山盖即辰州东北马溺洞，有马溺水塘近南，即竹坪塘。"
　[2] 芑，参见南2-14注[3]。
　[3] 箘，郭璞曰："箘亦箭类，中箭。"参见西1-7注[4]。
　[4] 文石，参见西4-3注[2]。
　[5] 麈，即麂。参见中8-4注[4]。
　[6] 就，郭璞曰："鹫也。"

释文 再往东南一百八十里，叫暴山，树木多棕树、柟树、荆棘、枸杞、竹箭、䇠、箘，山上多产黄金和玉，山下多产文石和铁。兽类多麋、鹿、麈、就。

中12-9 又东南二百里，曰即公之山[1]，其上多黄金，其下多璎琈[2]之玉，其木多柳、杻[3]、檀、桑。有兽焉，其状如龟，而白身赤首，名曰蛫[4]，是可以御火。

注释

　[1] 即公之山，吕调阳校作"即谷之山"，《五藏山经传》卷五："山在桃源县南，有桃源洞，沅水流迳其北似即谷也。"
　[2] 璎琈，参见西1-4注[5]。
　[3] 杻，参见西1-7注[1]。
　[4] 蛫，音guǐ。

释文 再往东南二百里，叫即公山，山上多产黄金，山下多产璎琈玉，树木多柳、杻、檀、桑。有一种兽，形状像龟，白色的身体，红色的头，名叫蛫，可以防御火灾。

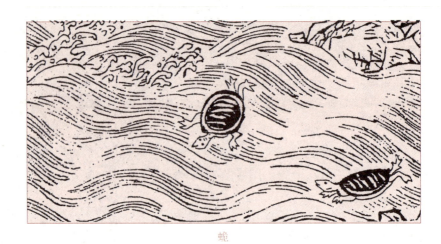

蜮

ᖴ12-10又东南一百五十九里，曰尧山[1]，其阴多黄垩[2]，其阳多黄金，其木多荆、芑[3]、柳、檀，其草多藷藇[4]、茶[5]。

注释

[1] 尧山，《五藏山经传》卷五："今洞庭湖中南岸觜山，在沅口之东也。"
[2] 黄垩，参见西2-10注[2]。
[3] 芑，参见南2-14注[3]。
[4] 藷藇，参见北3-10注[3]。
[5] 茶，参见中5-2注[4]。

释文 再往东南一百五十九里叫尧山，山的北面多产黄垩，南面多产黄金，树木多荆棘、枸杞、柳树和檀树，草多藷藇和茶。

ᖴ12-11又东南一百里，曰江浮之山[1]，其上多银、砥砺[2]，无草木，其兽多豕、鹿。

注释

[1] 江浮之山，《五藏山经传》卷五："水上沤曰浮，谓圙似鸟卵也。山即包山，今名鸡子团。山在澧口东也。"
[2] 砥砺，参见西4-19注[7]。

释文 再往东南一百里，叫江浮山、山上多产银、砥砺，没有草木，兽类多猪、鹿。

ᖴ12-12又东二百里，曰真陵之山[1]，其上多黄金，其下多玉，其木多谷[2]、柞[3]、柳、杻[4]，其草多荣草。

注释

[1] 真陵之山，《五藏山经传》卷五："尧山东湘口之磊石山也。真，古颠字。"

中山经

[2] 榖，参见南1-1注 [7]。

[3] 柞，参见西1-13注 [3]。

[4] 杻，参见西1-7注 [1]。

释文 再往东二百里叫真陵山，山上多产黄金，山下多产玉，树木多榖、柞、柳、杻，草多荣草。

中12-13 又东南一百二十里，曰阳帝之山[1]，多美铜，其木多橿、杻[2]、厣[3]、楮，其兽多麢[4]、麝。

注释

[1] 阳帝之山，《五藏山经传》卷五："平江县东北黄洞岭，铜坪在其南。"

[2] 橿、杻，参见西1-7注 [1]。

[3] 厣（yǎn），即厣桑，《尔雅·释木》："厣桑，山桑。"郭璞注："似桑，材中作弓及车辕。"《本草纲目》卷三十六："桑有数种：有白桑，叶大如掌而厚；鸡桑，叶花而薄；子桑，先椹而后叶；山桑，叶尖而长。"

[4] 麢，参见西1-18注 [4]。

释文 再往东南一百二十里，叫阳帝山，山上多产美铜，树木多橿、杻、厣、楮，兽类多麢、麝。

中12-14 又南九十里，曰柴桑之山[1]，其上多银，其下多碧[2]，多泠石[3]、赭[4]，其木多柳、芑[5]、楮、桑，其兽多麋鹿，多白蛇、飞蛇。

注释

[1] 柴桑之山，《五藏山经传》卷五："山在平江东南，曰卢洞，有水北入汨水，肖桑薪也。其西曰滑石桥矣。"

[2] 碧，青碧之类，参见西3-15注 [2]。

[3] 泠石，参见西4-8注 [2]。

[4] 赭，参见北2-2注 [3]。

[5] 芑，参见南2-14注 [3]。

飞蛇

释文 再往南九十里，叫柴桑山，山上多产银，山下多产碧、泠石和赭，树木多柳、芑、楮、桑，兽类多麋、鹿，又有许多白蛇和飞蛇。

中12-15 又东二百三十里，曰荣余之

山[1]，其上多铜，其下多银，其木多柳、芑[2]，其虫多怪蛇、怪虫。

注释

[1]荣余之山，《五藏山经传》卷五："山在袁州萍乡东南秀水河，其水三源，俱西北流十馀里而合，折东北会诸水，象华朵屈垂也。"

[2]芑，参见南2-14注[3]。

释文 再往东二百三十里，叫荣余山，山上多产铜，山下多产银，树木多柳、芑，虫类多怪蛇和怪虫。

凡洞庭山之首，自篇遇之山至于荣余之山，凡十五山，二千八百里。其神状皆鸟身而龙首。其祠：毛用一雄鸡、一牝豚刉[1]，糈用稌。凡夫夫之山、即公之山、尧山、阳帝之山皆冢也，其祠：皆肆瘗[2]，祈用酒，毛用少牢，婴毛一吉玉。洞庭、荣余山神也，其祠：皆肆瘗，祈酒太牢祠，婴用圭璧十五，五采惠[3]之。

注释

[1]刉（刂），祭礼中割刺牲畜以使出血。

[2]肆瘗，郭璞曰："肆，陈之也。陈牲玉而后薶藏之。"

鸟身龙首神

[3] 惠，郝懿行曰："义同藻绘之绘，盖同声假借字也。"

释文 洞庭山一组，从篇遇山到荣余山，一共十五座山，二千八百里。山神的形状都是鸟身龙头。祭祀的礼仪为：毛物用一只雄鸡、一头母猪，取其血；精米用粳稻。夫夫山、即公山、尧山、阳帝山的山神都是众神之君，祭祀的礼仪为：供奉的牲、玉在陈列后埋下，祈祷用酒，毛物用少牢，婴用毛物和一块吉玉。洞庭、荣余的山神是他们的臣属，祭祀的礼仪为：供奉的牲、玉陈列后埋下，祈祷用酒，毛物用太牢，婴用圭璧十五块，玉要用五彩描绘。

右中经之山志，大凡百九十七山，二万一千三百七十一里。大凡天下名山五千三百七十，居地大凡六万四千五十六里。

释文 以上是《中山经》的内容，共一百九十七座山，二万一千三百七十一里。天下名山共五千三百七十座，占地共六万四千零五十六里。

禹曰：天下名山，经五千三百七十山，六万四千五十六里，居地也。言其"五臧"[1]，盖其馀小山甚众，不足记云。天地之东西二万八千里，南北二万六千里，出水之山者八千里，受水者八千里，出铜之山四百六十七，出铁之山三千六百九十[2]。此天地之所分壤树谷也，戈矛之所发也，刀铩[3]之所起也，能者有馀，拙者不足。封于太山，禅于梁父[4]，七十二家，得失之数，皆在此内，是谓国用[5]。

注释

[1] 五臧，郝懿行曰："《汉书》云，'山海，天地之臧'，故此经称'五臧'。"

[2] "出铜"两句，《石雅·色金》："《山海经》一书备详产金、产银、产铜、产锡与产铁之山，而又有黄金、赤金、白金、赤银、赤铜、赤锡、白锡诸名，乃于终篇独以铜、铁概括之，则明铜、铁二义，非专指铜、铁言也。"谓铜、铁二字也指合金。参见中8-10注[1]。

[3] 铩，音shā，长而有刃的兵器。

[4] "封于"两句，古代帝王祭天地，在泰山上筑土为坛，报天之功，称"封"；在泰山下的梁父山上辟场祭地，报地之德，称"禅"。

[5] 郝懿行曰："自'禹曰'已下，盖皆周人相传旧语，故管子援入《地数篇》，而校书者附著《五臧山经》之末。"

释文 禹说：天下的名山，经过了五千三百七十座山，六万四千五十六里的占地。只说这"五臧"山，是因为其馀的小山还有很多，都不值得记录。天地之间东西相间距二万八千里，南北相距二万六千里，出水的山有八千里，受水的山也有八千里，产铜的山有四百六十七座，出铁的山有三千六百九十座。这是天地授予人划分地域、种植粮食的空间，也是生产兵器、进行战争的资源。能力强的富足有馀，能力差的贫困不足。古代成功的帝王会到太山和梁父山祭祀天地，传说这样的王者有七十二家，他们成败得失的运数都在这农业、军事的发展中流转，这就是所谓国家经费。

右《五臧山经》五篇，大凡一万五千五百三字。

释文 以上是《五臧山经》五篇，共一万五千五百零三字。

图文本

山海经

陈 成 译注

下

上海古籍出版社

卷六　海外南经

山海经卷六

海外南经

《海外南经》是《海经》部分的开始。从《山海经》的全书来看，这里是一个分水岭：以下的内容与前面的《五臧山经》相比，无论在内容上还是行文上都有很大差异。前面内容多写实，所记载的山水、动植物、矿物等虽有不少不能知其详，但也有相当一部分是我们现在仍有、或从其他文献中可以找到线索的。此下的内容不再有里数的统计，不再有祭祀的相关内容，记录的对象也由山水变为一个个我们闻所未闻的国度，其中夹杂了不少神话故事。整个《海经》靠前的部分相对有条理，越是往后越显得前后之间缺乏联系，甚至有些段落显得和上下文之间很不和谐。同时，又有许多段落在记载了一个内容之后，又有"一曰"领起的一段相似文字，看上去像是刘向那个时候的人就看到了一个以上版本的《海经》，至于其详情已不可知晓了。

《海外南经》基本上都是按照方位排列的国度的记录，其中也夹杂一些神灵和奇特的动植物，总计十三个国、三座山，其馀神灵、鸟兽、树木共六个。

地之所载，六合[1]之间，四海之内，照之以日月，经[2]之以星辰，纪之以四时，要[3]之以太岁[4]，神灵所生，其物异形，或夭或寿，唯圣人能通其道。

注释

[1]六合，天地四方，整个宇宙的巨大空间。

[2]经，治理。

[3]要，矫正、更正。

[4]太岁，古代天文学中假设的岁星。又称岁阴或太阴。古代认为岁星（即木星）十二年一周天（实为11.86年），因将黄道分为十二等分，以岁星所在部分作为岁名。但岁星运行方向自西向东，与将黄道分为十二支的方向正相反，故假设有一太岁星作与岁星运行相反方向的运动，以每年太岁所在的部分来纪年。

释文 凡大地所承载，宇宙之间凡被日月星辰所照耀治理被四时太岁所计数矫正，那些神灵衍生的万物，形状各异，生存的时间也有长有短，只有圣人才能明了其中的道理。

海外自西南陬[1]至东南陬者。

注释

〔1〕陬（zōu），角落。

释文 海外从西南角到东南角。

外南-1结匈国在其西南[1]，其为人结匈[2]。

注释

〔1〕其西南，"海外四经"可能是由一组零散的记录整理而成，这些记录的对象在空间方位上呈环形，因此这个"其"可能是指下文同在海外西南角的灭蒙鸟，以下的"其"则都指上一条所述对象。

〔2〕结匈，郭璞曰："臆前肤出，如人结喉也。"

释文 结匈国在它的西南面，这里的人胸骨向前突出。

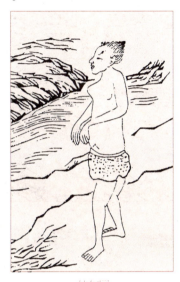

结匈国

外南-2南山在其东南。自此山来，虫为蛇，蛇号为鱼。一曰南山在结匈东南。

释文 南山在它的东南。从这座山过来，虫被称为蛇，蛇被称为鱼。一说南山在结匈国东南。

外南-3比翼鸟在其东，其为鸟青、赤，两鸟比翼[1]。一曰在南山东。

注释

〔1〕比翼鸟，郝懿行曰："比翼鸟即蛮蛮也。"见西3-1。

释文 比翼鸟在它的东面，这种鸟有青、赤两种颜色，两只鸟的翅膀互相配合才能飞。一说在南山东。

外南-4羽民国在其东南，其为人长头，身生羽[1]。一曰在比翼鸟东南，其为人长颊。

注释

〔1〕"其为"句，郭璞曰："能飞不能远，卵生，画似仙人也。"

释文 羽民国在它的东南，这里的人头很长，身上长有羽毛。一说在比

羽民国

翼鸟的东南，这里的人面颊很长。

外南-5 有神人二八，连臂，为帝司夜[1]于此野，在羽民东。其为人小颊赤肩。尽十六人。

[1] 司夜，主管夜间报时。

释文 有神人名叫二八，手臂相连，在这里的荒野做天帝的更夫，在羽民国的东面。这个神面颊很小，肩膀是红色的。一共十六个人。

外南-6 毕方鸟[1]在其东，青水西，其为鸟人面一脚。一曰在二八神东。

注释

[1] 毕方鸟，见西2-16。

释文 毕方鸟在它的东面，青水的西面，这种鸟长着人的面孔，只有一只脚。一说在二八神的东面。

外南-7 讙头国在其南，其为人人面有翼，鸟喙，方捕[1]鱼。一曰在毕方东。或曰讙朱国。

注释

[1] 方，正。《海经》部分是依图而作的文字，所以常有这种画面感很强的表述。

讙头国

释文 讙头国在它的南面，这里的人有人的面孔，有翅膀，长着鸟的嘴，正在捕鱼。一说在毕方的东面。或叫讙朱国。

外南-8 厌火国在其国南，兽身黑色，生火出其口中[1]。一曰

244

在讙朱东。

注释

[1]"兽身"两句,郭璞曰:"言能吐火,画似狝猴而黑色也。"

释文 厌火国在它的南面,这里的人长着兽类的身体,呈黑色,火从嘴里生出。一说在讙朱的东面。

厌火国

外南-9 三株树在厌火北,生赤水上,其为树如柏,叶皆为珠。一曰其为树若彗[1]。

注释

[1]彗,彗星,俗称扫帚星。

释文 三株树在厌火国的北面,生长在赤水上,这种树像柏,叶子都是珠子。一说这种树像彗星。

外南-10 三苗国在赤水东,其为人相随。一曰三毛国。

释文 三苗国在赤水的东面,这里的人相互跟随。一说叫三毛国。

外南-11 载[1]国在其东,其为人黄,能操弓射蛇。一曰载国在三毛东。

注释

[1]载,音zhí。

释文 载国在它的东面,这里的人呈黄色,能拿弓箭射蛇。一说载国在三毛的东面。

载国

外南-12 贯匈[1]国在其东,其为人匈有窍。一曰在载国东。

注释

[1]匈,即胸,贯匈亦称穿胸。

贯匈国

贯匈国

交胫国

海外南经

释文 贯匈国在它的东面，这里的人胸部有孔窍。一说在载国的东面。

外南-13 交胫国在其东，其为人交胫[1]。一曰在穿匈东。

注释

[1] 交胫，郭璞曰："言脚胫曲戾相交，所谓雕题、交趾者也。"

释文 交胫国在它的东面，这里的人腿骨弯曲交结。一说在穿匈国的东面。

外南-14 不死民在其东，其为人黑色，寿，不死。一曰在穿匈国东。

释文 不死民在它的东面，这里的人呈黑色，长生不死。一说在穿匈国的东面。

外南-15 岐舌[1]国在其东。一曰在不死民东。

注释

[1] 岐舌，郭璞曰："其人舌皆岐，或云支舌也。"郝懿行曰："支舌即岐舌也。"岐，分岔，与"支"字同义。

释文 岐舌国在它的东面。一说在不死民的东面。

外南-16昆仑虚[1]在其东，虚四方。一曰在岐舌东，为虚四方。

注释

[1] 昆仑虚，《说文》："虚，大丘也。昆仑丘谓之昆仑虚。"段玉裁注："墟者，今之墟字，犹'昆侖'，今之'崑崙'字也。虚本谓大丘，大则空旷，故引伸之为空虚。"

释文 昆仑山在它的东面，山是四方形的。一说在岐舌的东面，山是四方形的。

外南-17羿[1]与凿齿[2]战于寿华[3]之野，羿射杀之。在昆仑虚东。羿持弓矢，凿齿持盾。一曰戈。

注释

[1] 羿，古代神话传说中擅长射箭的人。另外传说夏有穷氏国君也名叫羿，也善射，因不修民事，为家臣寒浞所杀。

[2] 凿齿，郭璞曰："凿齿亦人也，齿如凿，长五六尺，因以名云。"

[3] 寿华，南方泽名。

不死民

释文 羿与凿齿在寿华之野开战，羿射杀了他。事情发生在昆仑山的东面。羿拿着弓箭，凿齿拿着盾。一说戈。

外南-18三首国在其东，其为人一身三首。一曰在凿齿东。

释文 三首国在它的东面，这里的人一个身体三个头。一说在凿齿的东面。

三首国

外南-19周饶国在其东，其为人短小，冠带[1]。一曰焦侥[2]国在三首东。

周饶国

注释

[1] 郭璞曰："其人长三尺，穴居，能为机巧，有五谷也。"

[2] 侥，音yáo。

释文 周饶国在它的东面，这里的人身材短小，戴帽子，束腰带。一说焦侥国在三首的东面。

外南-20 长臂国在其东，捕鱼水中，两手各操一鱼[1]。一曰在焦侥东，捕鱼海中。

注释

[1] "长臂"三句，郭璞曰："旧说云：其人手下垂至地。魏黄初中，玄菟太守王颀讨高句丽王宫，穷追之，过沃沮国，其东界临大海，近日之所出，问其耆老海东复有人否，云：尝在海中得一布褐，身如中人，衣两袖长三丈，即此长臂人衣也。"

释文 长臂国在它的东面，在水中捕鱼，两只手各拿一条鱼。一说在焦侥的东面，在海中捕鱼。

外南-21 狄山，帝尧葬于阳[1]，帝喾葬于阴。爰有熊、罴、文虎[2]、蜼[3]、豹、离朱[4]、视肉[5]。吁咽[6]、文王皆葬其所。一曰汤山。一曰爰有熊、罴、文虎、蜼、豹、离朱、鸱久[7]、视肉、虖交[8]。其范林[9]方三百里。

长臂国

注释

[1] "帝尧"句，郭璞曰："《吕氏春秋》曰：'尧葬谷林。'今阳城县西、东阿县城次乡中、赭阳县湘亭南，皆有尧冢。"

[2] 文虎，郭璞曰："雕虎也。"即虎的美称，虎身毛纹如雕画，故名。

[3] 蜼，郭璞曰："狖猴类。"参见中9-7注[5]。

[4] 离朱，郭璞曰："木名也，见《庄子》。今图作赤鸟。"

[5] 视肉，郭璞曰："聚肉，形如牛肝，有两目也，食之无尽，寻复更生如故。"

[6] 吁咽，众注家皆不详，因下文"文王"之后有"皆"，故以吁咽为人名。而郝懿行以为吁咽也是一种异物，故以下文虖交为吁咽的另一种写法。

海外南经

祝融

［7］鸱久，郭璞曰："鸲鹠之属。"鸲鹠即鸺鹠。

［8］虖交，郝懿行曰："即吁咽也，吁、虖声相近。"

［9］范林，郭璞曰："言林木氾滥布衍也。"据此，范林并非地名。而郝懿行曰："范林，《海内南经》作'氾林'。范、氾通。"则又似以范林为地名。下文内南-8、内北-17各有一氾林。

释文 狄山，帝尧葬在它的南面，帝喾葬在它的北面。这里有熊、罴、文虎、蜼、豹、离朱、视肉。吁咽、文王都埋葬在这里。一说汤山。一说这里有熊、罴、文虎、蜼、豹、离朱、鸱久、视肉、虖交，有范林方圆三百里。

外南-22 南方祝融[1]，兽身人面，乘两龙。

注释

［1］祝融，郭璞曰："火神也。"

释文 南方的祝融，兽身人面，驾驭两条龙。

卷七 海外西经

山海经卷七

海外西经

题解 这部分记录了十个国、四个山野，其馀神灵及鸟兽共七个。从这部分开始，渐渐出现一些难以理解、难以读通的段落。

海外自西南陬至西北陬者。

释文 海外从西南角到西北角。

外西-1 灭蒙鸟在结匈国北，为鸟青，赤尾。

释文 灭蒙鸟在结匈国的北面，这种鸟青色，尾巴是红色的。

外西-2 大运山高三百仞，在灭蒙鸟北。

夏后启

释文 大运山高三百仞，在灭蒙鸟的北面。

外西-3 大乐之野，夏后启[1] 于此儛九代[2]，乘两龙，云盖三层。左手操翳[3]，右手操环[4]，佩玉璜[5]。在大运山北。一曰大遗之野。

注释

[1] 夏后启，禹受舜禅建立夏王朝，称夏后氏，禹死后传位给儿子启，就是夏后启。

[2] 九代，郭璞曰："九代，马名，儛谓盘作之令舞也。"郝懿行曰："九代，疑乐名也。《竹书》云：'夏帝启十年，帝巡狩，舞九韶于大穆之野。'《大荒西经》亦云：'天穆之野，启始歌九招。'招即韶也。疑九代即九招矣。又《淮南·齐俗训》云：'夏后氏其乐夏籥九成。'疑九代本作九成，今本传写形近而讹也。李善注王融《三月三日曲水诗序》引此经云：'舞九代马。'疑'马'字衍。而《艺文类聚》九十三卷及《太平御览》八十二卷引此经亦有'马'字，或并引郭注之文也。舞马之戏恐非上古所有。"俞樾与郝懿行大意相近，但以为"九代"是"九戈"之误，"九戈"又是"九歌"的音讹。

[3] 翳，用羽毛做的华盖。

[4] 环，璧的一种，圆圈形的玉器。

[5] 璜，玉器名。状如半璧。

释文 大乐野，夏后启曾在这里上演《九代》舞，驾驭两条龙，上面有三层像伞盖一样的祥云。左手拿着翳，右手拿着环，身上佩戴玉璜。在大运山的北面。一说大遗野。

外西-4 三身国在夏后启北，一首而三身。

三身国

一臂国

奇肱国

释文 三身国在夏后启的北面，人都一个头、三个身体。

外西-5 一臂国在其北，一臂一目一鼻孔。有黄马虎文，一目而一手。

释文 一臂国在它的北面，这里的人一条手臂、一只眼、一个鼻孔。有一种黄色的马，身上有虎纹，一只眼，一条手臂。

外西-6 奇肱之国在其北，其人一臂三目，有阴有阳，乘文马[1]。有鸟焉，两头，赤黄色，在其旁。

注释

[1]"有阴"两句，郭璞曰："阴在上，阳在下，文马即吉良也。"见内西-4。

释文 奇肱国在它的北面，这里的人一条手臂三只眼，有阴有阳，骑文马。有一种鸟，两个头，身体赤黄色，在它的旁边。

外西-7 形天与帝至此争神，帝断其首，葬之常羊之山，乃以乳为目，以脐为口，操干戚[1]以舞。

注释

[1]操干戚，郭璞曰："干，盾；戚，斧也。是为无首之民。"

释文 形天和天帝到这里争夺神位，天帝砍了形天的头，把他葬在常羊山，形天就以乳头为眼，以肚脐为口，挥舞盾和斧头。

外西-8 女祭女戚在其北，居两水间，戚操鱼鲡[1]，祭操俎[2]。鸑鸟、鹬鸟[3]，其色青黄，所经国亡。在女

形天

祭北。鸢鸟人面，居山上。一曰维鸟，青鸟、黄鸟所集。

注释

[１] 鲑，参见北1-2注[４]。

[２] 俎，古代祭祀的礼器，用来放置祭祀用的牲畜，后来也指切肉用的砧板。

[３] 鸢（cí）、鹖（dǎn），郭璞曰："此应祸之鸟，即今枭、鸺鹠之类。"

丈夫国

释文 女祭、女戚在它的北面，住在两水之间，女戚拿着鱼鲑，女祭拿着俎。鸢鸟、鹖鸟，体色青黄，它们所经过的国必定会灭亡，在女祭的北面。鸢鸟长着人的面孔，住在山上。一说叫维鸟，是青鸟和黄鸟所集。

外西-9 丈夫国在维鸟北，其为人衣冠带剑[１]。

注释

[１] "丈夫"两句，郭璞曰："殷帝太戊使王孟采药，从西王母至此，绝粮，不能进，食木实，衣木皮，终身无妻，而生二子，从形中出，其父即死，是为丈夫民。"

女丑尸

释文 丈夫国在维鸟的北面，这里的人穿衣戴冠，随身带剑。

外西-10 女丑之尸，生而十日炙杀之[１]。在丈夫北。以右手鄣[２]其面。十日居上，女丑居山之上。

注释

[１] "女丑"两句，郝懿行曰："十日并出，炙杀女丑，于是尧乃命羿射杀九日也。"

[２] 鄣，同障，遮蔽。

释文 女丑尸，出生后就被十个太阳烤死。在丈夫国的北面，用右手遮着脸。十个太阳在天上，女丑住在山上。

外西-11巫咸国在女丑北，右手操青蛇，左手操赤蛇，在登葆山，群巫所从上下也[1]。

注释

［1］"群巫"句，郭璞曰："采药往来。"

释文 巫咸国在女丑的北面，有人右手拿着青蛇，左手拿着赤蛇，在登葆山，群巫上下往来的地方。

外西-12并封在巫咸东，其状如彘，前后皆有首[1]，黑。

并封

注释

［1］"前后"句，郭璞曰："今弩弦蛇亦此类也。"郝懿行曰："弩弦蛇即两头蛇也。"

释文 并封在巫咸的东面，形状像猪，前后都有头，黑色。

外西-13女子国在巫咸北，两女子居，水周之[1]。一曰居一门中[2]。

注释

［1］水周之，郭璞曰："有黄池，妇人入浴，出即怀妊矣。若生男子，三岁辄死。"

［2］"一曰"句，郝懿行曰："居一门中，盖谓女国所居，同一聚落也。"

释文 女子国在巫咸的北面，两个女子住在这里，有水围绕着。一说住在一个门里。

女子国

外西-14轩辕之国在此穷山之际，其不寿者八百岁。在女子国北。人面蛇身，尾交首上。

释文 轩辕国在这穷山的边缘，这里的人寿命不长的有八百岁。在女子国

海外西经

256

的北面。他们都是人面蛇身，尾巴绕在头上。

外西-15穷山在其北，不敢西射，畏轩辕之丘[1]。在轩辕国北。其丘方，四蛇相绕。

注释

[1]"不敢"两句，郭璞曰："言敬畏黄帝威灵，故不敢向西而射也。"

轩辕国

释文 穷山在它的北面，这里的人不敢向西射箭，因为畏惧轩辕丘的威严。轩辕丘在轩辕国的北面，丘是方的，有四条蛇互相缠绕。

外西-16此诸天[1]之野，鸾鸟自歌，凤鸟自舞；凤皇卵，民食之；甘露，民饮之，所欲自从也[2]。百兽相与群居。在四蛇北。其人两手操卵食之，两鸟居前导之。

注释

[1]天，同沃。
[2]"凤凰"五句，郭璞曰："言滋味无所不有，所愿得自在，此谓天野也。"

释文 这个诸天野，有鸾鸟自在地歌唱，凤鸟自在地起舞；凤皇生蛋，住民拿来吃；天降甘露，住民拿来喝，这里是随心所欲的地方。百兽在这里相伴群居。在四蛇的北面。这里的人两手拿着蛋在吃，两只鸟在前面引导。

外西-17龙鱼[1]陵居[2]在其北，状如狸。一曰鰕[3]。即有神圣乘此以行九野[4]。一曰鳖鱼在天野北，其为鱼也如鲤。

龙鱼

注释

[1]龙鱼，《石雅·形象》："疑龙鱼义与鱼龙同，《博物志》云水神乘鱼龙，正犹经言神巫乘龙鱼也。《水经注》卷十七云，汧水东北流，历涧注以成渊，潭涨不测，出五色鱼，俗以为灵，因谓是水为龙鱼水，自下亦通谓之龙鱼川。是陇西之龙鱼，昔亦或名龙鱼也。"章氏这一节本来是专论

乘黄

古生物化石一类的石头，由陕西的鱼龙石而涉及龙鱼，而关于"龙鱼"所引资料多指鱼类，所以最后章氏又引《淮南子·墬形训》中龙鱼作"碻鱼"，曰："碻字从石旁者，非鱼而石者乎？然则龙鱼之名古矣。"最终也未明确指证此处的龙鱼是鱼、是石，还是鱼化石。

[2] 陵居，居于高地。

[3] 鰕，音xiā。

[4] 九野，郭璞曰："九域之野。"泛指九州大地。

释文 龙鱼住在它北面的高处，形状像狸。一说鰕。有神人乘着它漫游九州。一说鳖鱼在夭野的北面，这种鱼像鲤。

外西-18 白民之国在龙鱼北，白身被发。有乘黄，其状如狐，其背上有角，乘之寿二千岁。

释文 白民国在龙鱼的北面，这里的人身体白色，披散着头发。有一种叫乘黄的兽，形状像狐，背上有角，骑上它可以活二千岁。

外西-19 肃慎之国在白民北，有树名曰雄常，先入伐帝，于此取之[1]。

注释

[1] "有树"三句，郭璞曰："其俗无衣服，中国有圣帝代立者，则此木生皮可衣也。"正文"先入伐帝"四字疑有讹误，诸家解说都难以使文义通畅，但大意当是中国有圣人代为建立肃慎国，进而取雄常树皮做衣服的意思。

释文 肃慎国在白民国的北面，有一种树名叫雄常，圣人代为立国，并取这种树的皮做衣服。

外西-20 长股之国在雄常北，被发[1]。一曰长脚。

肃慎图

注释

〔1〕"长股"二句，郭璞曰："国在赤水东也。长臂人身如中人而臂长二丈，以类推之，则此人脚过三丈矣。黄帝时至。或曰，长脚人常负长臂人入海中捕鱼也。"长臂国在外南-20。

释文 长股国在雄常国的北面，这里的人披散着头发。一说长脚。

外西-21 西方蓐收，左耳有蛇，乘两龙。

注释

〔1〕蓐收，参见西3-21注〔2〕。

释文 地处西方的蓐收，左耳有蛇，乘两条龙。

卷八 海外北经

山海经卷八

海外北经

题解 这部分记录了九个国、五个山野，其馀神灵及鸟兽草木共七个。

海外自东北陬至西北陬者[1]。

[1]"海外"句，《淮南子·墬形训》所记以下诸国也说"自东北至西北方"，但诸国排列次序正好相反，从跂踵国开始，到无继国（即无肠国）结束。毕沅以为是《淮南子》有误，然而就此下记录来看，既然是从东北到西北，则下一国应在上一国之西，而现在排列是一国在前一国之东，所以仍应是这里改作"西北陬至东北陬"为宜。

释文 海外从东北角到西北角。

^{外北-1}无肠[1]之国在长股东，为人无肠。

无肠国

注释

[1]肠（qǐ），郭璞曰："綮，肥肠也。其人穴居，食土，无男女，死即薶之，其心不朽，死百廿岁乃复更生。"肥肠，即腓肠，俗称小腿肚。《说文》"腓"字下段玉裁注："诸书或言膊肠，或言腓肠，谓胫骨后之肉也。腓之言肥，似中有肠者然，故曰腓肠。"

释文 无肠国在长股国的东面，这里的人没有小腿肚。

^{外北-2}锺山之神，名曰烛阴，视为昼，瞑为夜，吹为冬，呼为夏，不饮，不食，不息。息[1]为风，身长千里。在无肠之东。其为物，人面，蛇身，赤色，居锺山下。

注释

[1]息，郭璞曰："气息也。"

释文 锺山之神名叫烛阴，它睁开眼是白天，闭上眼是黑夜，吹气是冬天，呼气是夏天，它不喝不吃，不总是呼吸，一呼吸就成为风，身体长达千里。在无脊的东面。这个神长着人的面孔，蛇的身体，红色，住在锺山下。

烛阴

外北-3 一目国在其东，一目中其面而居。一曰有手足。

释文 一目国在它的东面，一只眼生在面部的正中。一说有手足。

外北-4 柔利国在一目东，为人一手一足，反刽曲足居上[1]。一云留利之国，人足反折[2]。

注释

[1] "反刽"句，郭璞曰："一脚一手反卷曲也。"
[2] 人足反折，郝懿行曰："足反卷曲，有似折也。"

释文 柔利国在一目国的东面，这里的人一只手、一只脚，反转绕过来生在膝盖上面。一说留利国，这里的人脚反转而生。

一目国

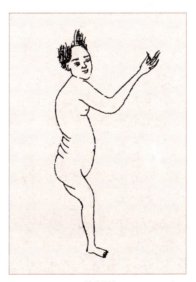
柔利国

相柳氏

外北-5 共工[1]之臣曰相柳氏，九首，以食于九山[2]。相柳之所抵[3]，厥[4]为泽溪。禹杀相柳，其血腥，不可以树五谷种。禹厥之，三仞三沮[5]，乃以为众帝之台[6]。在昆仑之北，柔利之东。相柳者，九首人面，蛇身而青。不敢北射，畏共工之台。台在其东。台四方，隅有一蛇，虎色，首冲南方。

注释

[1]共工，郭璞曰："霸九州者。"

[2]"九首"两句，郭璞曰："头各自食一山之物，言贪暴难餍。"

[3]抵，触。

[4]厥，掘。

[5]三仞三沮，郭璞曰："掘塞之而土三沮溜，言其血膏浸润坏也。"沮，毁坏；溜，当作陷。

[6]"乃以"句，郭璞曰："言地润湿，唯可积土以为台观。"

释文 共工的臣子叫相柳氏，长有九个头，每个头各吃一座山上的东西。相柳所到之处，就会被挖成水潭。禹杀了相柳，相柳的血腥气弥漫，使土地不能种植五谷。禹挖掘掩埋了好几次，塌陷了好几次，才建成了众帝之台。在昆仑的北面，柔利的东面。相柳，有九个头，人的面孔，长着蛇的身体，青色。不敢向北射箭，因为畏惧共工之台。台在它东面，四方形，每个角有一条蛇，长有虎的斑纹，头向着南方。

外北-6 深目国在其东，为人举一手一目，在共工台东。

释文 深目国在它的东面，这里的人长着一只手、一只眼，在共工台的东面。

深目国

聂耳国

外北-7 无肠之国在深目东，其为人长而无肠[1]。

[1]"其为"句，郭璞曰："为人长大，腹内无肠，所食之物直通过。"

释文 无肠国在深目国的东面，这里的人身材高大，但没有肠子。

外北-8 聂耳之国在无肠国东，使两文虎，为人两手聂其耳[1]。县居[2]海水中，及水所出入奇物[3]。两虎在其东。

注释

[1]"为人"句，郭璞曰："言耳长，行则以手摄持之也。"
[2]县，同悬，县居即岛居。
[3]"及水"句，郭璞曰："言尽规有之。"

释文 聂耳国在无肠国的东面，用两只文虎，这里的人用两只手握着长长的耳朵，住在海中的孤岛上，出入附近水域的奇怪物种也属于它们。两虎在它的东面。

外北-9 夸父与日逐走，入日[1]。渴欲得饮，饮于河渭；河渭不足，北饮大泽。未至，道渴而死。弃其杖，化为邓林[2]。

注释

[1]入日，郭璞曰："言及于日，将入也。"
[2]"夸父"十句，郭璞曰："夸父者，盖神人之名也，其能及日景而倾河渭，

265

夸父逐日

岂以走饮哉？寄用于走饮耳。几乎不疾而速，不行而至者矣。此以一体为万殊，存亡代谢，寄邓林而遯形，恶得寻其灵化哉！"邓林，即桃林。见中6-13注［6］。

〖释文〗夸父和太阳赛跑，追进了太阳的光圈。夸父口渴要喝水，于是在黄河、渭水喝；黄河、渭水不够喝，又想到北面的大泽喝。还没走到，半路上就渴死了。夸父丢弃了手杖，化作了邓林。

外北-10 博父国在聂耳东［1］，其为人大，右手操青蛇，左手操黄蛇。邓林在其东，二树木［2］。一曰博父。

〖注释〗

［1］博父，当作"夸父"。《淮南子·墬形训》："夸父、耽耳在其北。"

［2］二树木，郝懿行曰："盖谓邓林二树而成林，言其大也。"

〖释文〗夸父国在聂耳的东面，这里的人很高大，右手拿着青蛇，左手拿着黄蛇。邓林在它的东面，只有两棵树。一说名博父。

博父国

外北-11 禹所积石之山在其东，河水所入［1］。

注释

　　［1］"禹所"两句，郭璞曰："河出昆仑而潜行地下，至葱岭复出，注盐泽，从盐泽复行南出于此山而为中国河，遂注海也。《书》曰：'导河积石。'言时有壅塞，故导利以通之。"

释文 禹所积石山在它的东面，是河水流入的地方。

外北－12 拘缨之国在其东，一手把缨[1]。一曰利缨之国。

注释

　　［1］一手把缨，郭璞曰："言其人常以一手持冠缨也。或曰缨宜作瘿。"郝懿行曰："郭云'缨宜作瘿'，是国盖以一手把瘿得名也。"

释文 拘缨国在它的东面，这里的人一只手把着缨。一说名利缨国。

外北－13 寻木长千里，在拘缨南，生河上西北。

释文 寻木长千里，在拘缨的南面，生长在黄河的西北面。

外北－14 跂踵国在拘缨东，其为人大，两足亦大。一曰大踵[1]。

跂踵国

注释

　　［1］大踵，郭璞曰："其人行，脚跟不着地也。《孝经钩命诀》曰'焦侥跂踵，重译款塞'也。"郝懿行曰："大踵疑当为支踵或反踵，并字形之讹。"反踵则亦可为豕踵，参见南2－1注［8］。

释文 跂踵国在拘缨的东面，这里的人很高大，两只脚也很大。一说名大踵。

外北－15 欧丝之野在大踵东，一女子跪据树欧丝[1]。

注释

　　［1］"一女"句，郭璞曰："言敕桑而吐丝，盖蚕类也。"

释文 欧丝野在大踵的东面，一个女子跪在树上吐丝。

外北-16三桑无枝，在欧丝东，其木长百仞，无枝。

释文 三桑树没有枝，在欧丝的东面，这种树高百仞，没有分枝。

外北-17范林方三百里，在三桑东，洲环[1]其下。

注释

[1] 洲环，郭璞曰："洲，水中可居者。环，绕也。"

释文 范林方圆三百里，在三桑的东面，有洲环绕在它下面。

外北-18务隅之山，帝颛顼[1]葬于阳，九嫔[2]葬于阴。一曰爰有熊、罴、文虎、离朱、鸱久、视肉[3]。

注释

[1] 颛顼（zhuānxū），古帝王名。郭璞曰："颛顼，号为高阳，冢今在濮阳，故帝丘也。一曰顿丘县城门外广阳里中。"
[2] 嫔，郭璞曰："嫔，妇。"
[3] 离朱、鸱久、视肉，均参见外南-21注。

释文 务隅山，帝颛顼葬在它的南面，九嫔葬在它的北面。一说这里有熊、罴、文虎、离朱、鸱久、视肉。

骐駼

外北-19平丘在三桑东，爰有遗玉[1]、青鸟、视肉[2]、杨柳、甘柤、甘华[3]，百果所生，有两山夹上谷，二大丘居中，名曰平丘。

注释

[1] 遗玉，郭璞曰："玉石。"
[2] 视肉，参见外南-21注[5]。
[3] 甘柤、甘华，见荒南-27。

释文 平丘在三桑的东面，这里有遗玉、青鸟、视肉、杨柳、甘柤、甘华，百果生长的地方，有两座山夹着上方的山谷，两个大丘居中，名叫平丘。

外北-20北海内有兽，其状如马，

名曰騊駼[1]。有兽焉，其名曰駮[2]，状如白马，锯牙，食虎豹。有素兽焉，状如马，名曰蛩蛩[3]。有青兽焉，状如虎，名曰罗罗。

罗罗

注释

［1］騊駼，音táotú。

［2］駮，见西4-16。

［3］蛩（qióng），郭璞曰："即蛩蛩，巨虚也，一走百里，见《穆天子传》。"

释文 北海内有一种兽，形状像马，名叫騊駼。有一种兽，名叫駮，形状像白马，牙有锯齿，吃虎豹。有一种素色的兽类，形状像马，名叫蛩蛩。有一种青兽，形状像虎，名叫罗罗。

外北-21 北方禺强[1]，人面鸟身，珥两青蛇，践两青蛇。

注释

［1］禺强，郭璞曰："字玄冥，水神也。"

释文 北方禺强，人面鸟身，耳戴两条青蛇，脚踩两条青蛇。

禺强

卷九 海外东经

山海经卷九

海 外 东 经

题解 这部分记录了七个国、三个山野，其馀神灵及鸟兽草木共五个。

海外自东南陬至东北陬者。

释文 海外从东南角到东北角。

外东-1 嗟[1]丘，爰有遗玉、青马、视肉[2]、杨柳、甘柤、甘华[3]，甘果所生。在东海，两山夹丘，上有树木。一曰嗟丘，一曰百果所在，在尧葬东。

注释

[1] 嗟，同嗟。
[2] 视肉，参见外南-21注[5]。
[3] 甘柤、甘华，均见荒南-27。

大人国

释文 嗟丘，这里有遗玉、青马、视肉、杨柳、甘柤、甘华、甘果生长的地方。在东海，两座山夹着这个山丘，上面有树木。一说为嗟丘，一说为百果所在，在尧的墓葬东面。

外东-2 大人国在其北，为人大，坐而削船[1]。一曰在嗟丘北。

注释

[1] 削船，郝懿行曰："削当读若'稍'，削船谓操舟也。"

释文 大人国在它的北面，这里的人身材高大，坐着划船。一说在嗟丘的北面。

外东-3 奢比之尸[1]在其北，兽身、人面、大耳，珥[2]两青蛇。一曰肝榆之尸在大人北。

注释

[1]奢比之尸，郭璞曰："亦神名也。"

释文 奢比尸在它的北面，长着兽的身体、人的面孔，耳朵很大，戴两条青蛇。一说肝榆尸在大人的北面。

外东-4 君子国在其北，衣冠带剑，食兽，使二大虎在旁，其人好让不争。有薰华草，朝生夕死。一曰在肝榆之尸北。

释文 君子国在它的北面，这里的人穿衣戴冠带剑，吃兽类，用二只大虎在身旁，这里的人喜欢礼让，不爱争夺。有薰华草，早晨出生傍晚死去。一说在肝榆尸的北面。

外东-5 䖬䖬[1]在其北，各有两首。一曰在君子国北。

注释

[1]䖬，同虹。郭璞曰："虹，螮蝀也。"

释文 䖬䖬在它的北面，各有两个头。一说在君子国的北面。

外东-6 朝阳之谷，神曰天吴，是为水伯。在䖬䖬北两水间。其为兽也，八首人面，八足八尾，皆青黄。

释文 朝阳谷的神叫天吴，这是水伯。在䖬䖬的北面两水之间。这种兽有八个头和人的面孔，八只脚、八条尾巴，都是青黄色。

外东-7 青丘[1]国在其北，其狐四足九尾。一曰在朝阳北。

奢比尸

天吴

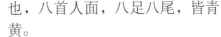

273

注释

[1]另见南1-8。

释文 青丘国在它的北面,这里的狐有四只脚、九条尾巴。一说在朝阳的北面。

外东-8帝命竖亥[1]步,自东极至于西极,五亿十选[2]九千八百步。竖亥右手把算[3],左手指青丘北。一曰禹令竖亥。一曰五亿十万九千八百步。

注释

[1]竖亥,郭璞曰:"健行人。"
[2]选(suàn),万。
[3]算,古代计数用的筹码。

释文 天帝命神人竖亥步行测量,从东极到西极,共五亿十万九千八百步。竖亥右手拿着算筹,左手指着青丘的北面。一说禹令竖亥。一说五亿十万九千八百步。

外东-9黑齿国[1]在其北,为人黑[2],食稻啖蛇,一赤一青,在其旁。一曰在竖亥北,为人黑首,食稻使蛇,其一蛇赤。

黑齿国

注释

[1]黑齿国,郭璞曰:"《东夷传》曰:倭国东四十餘里有裸国,裸国东南有黑齿国,船行一年可至也。《异物志》云:西屠染齿,亦以放此人。"
[2]为人黑,郝懿行曰:"黑下当脱齿字。"

释文 黑齿国在它的北面,这里的人黑色,吃稻和蛇,一红一青在身旁。一说在竖亥的北面,这里的人黑头,吃稻,用蛇,其中一条蛇是红色的。

外东-10下有汤谷[1]。汤谷上有扶桑[2],十日所浴,在黑齿北。居水中,有大木,九日居下枝,一日居上枝。

注释

[1]汤谷,郭璞曰:"谷中水热也。"
[2]扶桑,郭璞曰:"扶桑,木也。"参见东

海外东经

3-9注[2]。

雨师妾

释文 下面有汤谷。汤谷上面有扶桑，十个太阳洗澡的地方，在黑齿的北面。位居水中，有大树，九个太阳住在下面的树枝，一个太阳住在上面的树枝。

外东-11雨师妾[1]在其北，其为人黑，两手各操一蛇，左耳有青蛇，右耳有赤蛇。一曰在十日北，为人黑身人面，各操一龟。

注释

[1]雨师妾，郭璞曰："雨师谓屏翳也。"
郝懿行曰："雨师妾盖亦国名，即如《王会篇》有姑妹国矣。《焦氏易林》乃云：'雨师娶妇。'盖假托为词耳。"

释文 雨师妾在它的北面，这里的人黑色，两手各拿一条蛇，左耳有青蛇，右耳有赤蛇。一说在十日的北面，这里的人黑身人面，各拿一只龟。

玄股国

外东-12玄股之国[1]在其北，其为人衣鱼[2]食鸥[3]，使两鸟夹之。一曰在雨师妾北。

注释

[1]玄股之国，郭璞曰："髀以下尽黑，故云。"

[2]衣鱼，郭璞曰："以鱼皮为衣也。"

[3]鸥，即鸥。杨慎云："鸥即鸥，衣鱼食鸥，盖水中国也。"

释文 玄股国在它的北面，这里的人身穿鱼皮，吃鸥，用两只鸟夹着。一说在雨师妾的北面。

外东-13毛民之国在其北，为人身生毛[1]。一曰在玄股北。

注释

[1]"毛民"两句，郭璞曰："今去临海郡东南二千里有毛人，在大海洲岛上，为

毛民国

劳民国

人短小，而体尽有毛，如猪能穴居，无衣服。晋永嘉四年，吴郡司盐都尉戴逢在海边得一船，上有男女四人，状皆如此，言语不通，送诣丞相府，未至，道死，唯有一人在。上赐之妇，生子，出入市井，渐晓人语，自说其所在是毛民也。《大荒经》云'毛民食黍'者是矣。"

释文 毛民国在它的北面，这里的人身上长毛。一说在玄股的北面。

外东-14劳民国在其北，其为人黑[1]。或曰教民。一曰在毛民北，为人面目手足尽黑。

注释

[1]"劳民"两句，郭璞曰："食果草实也，有一鸟两头。"

东方句芒

释文 劳民国在它的北面，这里的人黑色。也叫教民。一说在毛民的北面，这里的人面目手足都是黑的。

外东-15东方句芒[1]，鸟身人面，乘两龙。

注释

[1]句芒，郭璞曰："木神也，方面素服。墨子曰：昔秦穆公有明德，上帝使句芒赐之寿十九年。"

释文 东方句芒，长着鸟的身体人的脸，驾驭两条龙。

建平元年四月丙戌，待诏太常属臣望校治，侍中光禄勋臣龚、侍中奉车都尉光禄大夫臣秀领主省[1]。

注释

[1] 此是刘向等人校书时的落款，和《五臧山经》每卷后的小计、《大荒西经》后的注语一样，都是后人所加，但比附于正文一起刊行的。唯此处及《海内东经》后是单纯的落款，既与正文毫无关系，又没有翻译的必要，故仅原样附录。

卷十　海内南经

山海经卷十

海 内 南 经

题解 《海内南经》开始的一组四个部分相比前一组海外四经，在内容和编次上进一步显得混乱。海外四经尽管很少有我们熟悉的地名，但排列是按方位逐一列举的；而以下海内诸经尽管多有我们熟悉的地名，还能隐约从中找到方位线索，但每条在排列上的关系却已不得而知。所以在这个部分吴承志提出了两个比较复杂的错简问题，涉及整个海内四经。其说有一定的道理，但对于混乱的海内四经乃至整个《海经》而言，这恐怕也只是杯水车薪，远不足以解决所有问题。吕调阳则认为："此经先秦人之作，尚为躔实。旧别有《海内经》与《海外》、《大荒》二经，并荒忽谲怪，《十洲》、《神异》之类。"

海内东南陬以西者。

释文 海内东南角以西的。

内南-1 瓯居海中[1]。闽在海中[2]，其西北有山。一曰闽中山在海中。

注释

[1] 瓯居海中，郭璞曰："今临海永宁县即东瓯，在岐海中也。"郝懿行曰："岐海谓海之槎枝。"

[2] 闽在海中，郭璞曰："闽越即西瓯，今建安郡是也，亦在岐海中。"

释文 瓯在海中。闽也在海中，它的西北有山。一说闽中山在海中。

内南-2 三天子鄣[1] 山在闽西海北[2]。一曰在海中。

注释

[1] 鄣，音zhāng。

[2] "三天"句，郭璞曰："今在新安歙县东，今谓之三王山，浙江出其边也。张氏《土地记》曰：东阳永康县南四里有石城山，上有小石城，云黄帝曾游此，即三天子都也。"吕调阳《海内经附传》："今天台山，古浙河所出。是与天目、庐山并为三天子鄣，顶皆有池，流为飞瀑。"

释文 三天子鄣山在闽西海的北面。一说在海中。

内南-3 桂林八树在番隅东[1]。

注释

[1]"桂林"句，郭璞曰："八树而成林，信其大也。番隅，今番隅县。"《海内经附传》："今天台山有八桂岭，在天台山北五十里。《周书》曰：'自深桂。'今象山以西地也。自，鼻也，象海澳形。八树成林，言大也。今天台月桂大树繁华，结实如莲子，状味辛香，是矣。"

释文 桂林八树在番隅的东面。

内南-4 伯虑国[1]、离耳国[2]、雕题国[3]、北胊[4]国皆在郁水南。郁水[5]出湘陵南海。一曰相虑。

注释

[1]伯虑国，《海内经附传》："伯，古通白。白虑，徐闻也。水形象人瞋目想也。"

[2]离耳国，郭璞曰："镂离其耳，分令下垂以为饰，即儋耳也。在朱崖海渚中。不食五谷，但噉蚌及诸蓲也。"镂，镂刻。《海内经附传》："离耳，即儋耳，今儋州，亦肖水形。"

[3]雕题国，郭璞曰："点涅其面，画体为鳞采，即鲛人也。"大意略似今纹身。《海内经附传》："雕题，今东兰土州白面山，水象额有雕刻之形。"

[4]北胊（qú），《海内经附传》："北，背也；胊，本作'枸'，背偻折似枳枸也，即今钦州，肖渔洪江之形，汉为嬴陵县，交州刺史治。"

[5]郁水，《海内经附传》："郁水，今盘江。此云出湘陵，则指漓水南合郁水而言也。"

释文 伯虑国、离耳国、雕题国、北胊国都在郁水的南面。郁水在湘陵南海发源。一说相虑。

内南-5 枭阳国在北胊之西，其为人人面长唇，黑身有毛，反踵，见人笑亦笑，左手操管[1]。

注释

[1]"枭阳"六句，参见南1-1注[8]、内-15。《海内经附传》："今上

枭阳国图

思州，在北朐西北。"

释文 枭阳国在北朐的西面，这里的人长着人的面孔，嘴唇很长，黑色的身体上有毛，脚跟反向，看见人笑也跟着笑；左手拿着竹筒。

内南-6 兕在舜葬东，湘水南，其状如牛，苍黑，一角。

释文 兕在舜墓葬的东面，湘水的南面，形状像牛，青黑色，一只角。

内南-7 苍梧之山，帝舜葬于阳[1]，帝丹朱葬于阴[2]。

注释

[1]"苍梧"两句，郭璞曰："即九疑山也。《礼记》亦曰：'舜葬苍梧之野。'"《海内经附传》："山在耒阳，即战国楚南之苍梧，非舜所葬之苍梧也。"

[2]"帝丹"句，郭璞曰："今丹阳复有丹朱冢也。《竹书》亦曰：后稷放帝朱于丹水。与此义符。丹朱称帝者，犹汉山阳公死加献帝之谥也。"

释文 苍梧山，帝舜葬在它的南面，帝丹朱葬在它的北面。

内南-8 氾林[1]方三百里，在狌狌东。

注释

[1]氾林，《海内经附传》："今郁林州及廉、钦二州地，水形俱如风被木。"

释文 氾林方圆三百里，在狌狌的东面。

内南-9 狌狌知人名，其为兽如豕而人面[1]，在舜葬西。

注释

[1]"狌狌"句，郭璞曰："《周书》曰：郑郭狌狌者，状如黄狗而人面。头如雄鸡，食之不眯。今交州封溪出狌狌，土俗人说云，状如豚而腹似狗，声如小儿啼也。"

释文 狌狌知道人的名字，这种兽像猪，有人的面孔，在舜墓葬的西面。

内南-10 狌狌西北有犀牛，其状如牛而黑[1]。

注释

[1]"狌狌"句，郭璞曰："犀牛似水牛，猪头，在狌狌知人名之西北，庳脚，三

海内南经

角。"庳，矮、短。

> **释文** 狌狌的西北面有犀牛，形状像牛，黑色。

内南-11 夏后启之臣曰孟涂，是司神于巴人[1]，请讼于孟涂之所[2]，其衣有血者乃执之[3]，是请生[4]。居山上，在丹山西。丹山在丹阳南，丹阳居属也[5]。

注释

[1]"是司神"句，郭璞曰："听其狱讼，为之神主。"
[2]"请讼"句，郭璞曰："令断之也。"
[3]"其衣"句，郭璞曰："不直者则血见于衣。"
[4]是请生，郭璞曰："言好生也。"
[5]"丹山"两句，郭璞曰："今建平郡丹阳城秭归县东七里，即孟涂所居也。"郝懿行曰："《水经注》引郭景纯云：'丹山在丹阳，属巴。'是此十一经字乃郭注之文，郦氏节引之，写书者误作经文耳。'居属'又'巴属'字之讹。"《海内经附传》："今拉撒诏以东是也。丹山即丹穴之山，在祷过东五百里。"

> **释文** 夏后启的臣子叫孟涂，主管巴这个地方，巴人在孟涂那里打官司，衣服上有血的就被抓起来，很爱惜生灵。他住在山上，在丹山的西面。丹山在丹阳的南面，是巴的属地。

内南-12 窫窳[1]龙首，居弱水[2]中，在狌狌知人名之西，其状如龙首，食人[3]。

注释

[1]窫窳，郭璞曰："本蛇身人面，为贰负臣所杀，复化而成此物也。"
[2]弱水，《海内经附传》："石城县北之九州江，象木直建，其水南会龙湖水，象阴不强，即弱水。"
[3]"窫窳"五句，《山海经地理今释》卷六："此经当作'窫窳在狌狌知人名

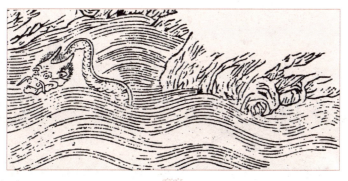

窫窳

之西，其状如貙，龙首，食人。'上'龙首'二字衍。'居弱水中'四字别为一条，其上应更有'窫窳'二字，次下条'有木，其状如牛'之上。传写误混入此，'貙'字脱文，《文选·吴都赋》刘注引此经，作'南海之外獠貐状如貙，龙首，食人'，所据本尚未脱误。弱水在昆仑虚，不得与苍梧之野舜葬西狌狌所在之地相接。《海内西经》开明东'巫彭、巫抵、巫阳、巫履、巫凡、巫相，夹窫窳之尸'下云'窫窳者，蛇身人面，贰负臣所杀也'。窫窳本有二，居弱水中者是蛇身人面之窫窳，非如貙龙首之窫窳也。下条'建木在窫窳西弱水上'、'氐人国在建木西'与《海内西经》'后稷之葬，山水环之。在氐国西'之文亦脉络相连，不可划绝，此条及下二条盖本俱在彼篇'开明南'条后，为记昆仑隅外之物状地形。简策散乱，编者误依此经窫窳之文联而次之，致纷歧错杂，无条理可寻。今本又并两条为一，'弱水之中'即为'狌狌之西'，益纠互难通矣。"

释文 窫窳长着龙头，住在弱水中，在狌狌知人名的西面，形状像龙头，吃人。

内南-13 有木，其状如牛，引之有皮，若缨、黄蛇[1]。其叶如罗[2]，其实如栾[3]，其木若蓲[4]，其名曰建木[5]。在窫窳西弱水上[6]。

注释

[1]"引之"两句，郭璞曰："言牵之皮剥如人冠缨及黄蛇状也。"

[2]其叶如罗，郭璞曰："如绫罗也。"郝懿行曰："郭说非也。上世淳朴，无绫罗之名，疑当为网罗也。"

[3]栾，郭璞曰："木名，黄本，赤枝，青叶，生云雨山。或作卵，或作麻。"

[4]蓲（ōu），郝懿行曰："刺榆也。"榆科植物。

[5]建木，郭璞曰："青叶紫茎，黑华黄实，其下声无响，立无影也。"

[6]"在窫窳"句，《山海经地理今释》卷六："当在今和硕特西左翼后旗境。"

释文 有一种树，形状像牛，有可以拉扯的皮，样子像缨带、黄蛇。树叶像罗网，果实像栾，木质像蓲，名叫建木。在窫窳西面的弱水边上。

内南-14 氐人国在建木西[1]，其为人人面而鱼身，无足[2]。

氐人国

注释

[1]建木西，《山海经地理今释》卷六："当在今青海和硕特西右翼中旗境，为汉临羌塞外地。"《海内经附传》："今廉州府。人面、鱼身、无足，肖三汊江之形。"

[2]"其为"两句，郭璞曰："尽胸以上人、胸以下鱼也。"

释文 氐人国在建木的西面，这里的

海内南经

巴蛇食象

人长着人的面孔、鱼的身体，没有脚。

内南-15 巴蛇食象，三岁而出其骨，君子服之，无心腹之疾[1]。其为蛇青、黄、赤、黑。一曰黑蛇青首，在犀牛西。

注释

[1]"巴蛇"四句，郭璞曰："今南方蚺蛇吞鹿，鹿已烂，自绞于树腹中，骨皆穿鳞甲间出，此其类也。《楚词》曰：'有蛇吞象，厥大何如？'说者云长千寻。"

释文 巴蛇能吃大象，三年后才排出象骨，君子吃了，心腹部不会得病。这种蛇身上有青、黄、赤、黑各种颜色。一说是青头黑蛇，在犀牛的西面。

内南-16 旄马[1]，其状如马，四节有毛。在巴蛇西北，高山南。

注释

[1]旄马，《山海经地理今释》卷六："旄马当在今四川会理州、云南会泽县两境之中。"

释文 旄马，形状像马，四肢关节上有毛。在巴蛇的西北面，高山的南面。

旄马

内南-17匈奴^[1]、开题之国、列人之国并在西北^[2]。

注释

［1］匈奴，郭璞曰："一曰猃狁。"《海内经附传》："匈奴，今阿拉善以西。"

［2］"匈奴"句，《山海经地理今释》卷六曰："此经当与下篇首条并在《海内北经》'有人曰大行伯'之上。匈奴、开题之国、列人之国并在西北，叙西北陬之国，犹《海内东经》云'巨燕在东北陬'也。不言陬，文有详省。贰负之臣在开题西北，开题即蒙此。大行伯下贰负之尸与贰负之臣亦连络为次。今大行伯上有蛇巫之山、西王母二条，乃下篇后稷之葬下叙昆仑隅外山形神状之文，误脱于彼。武陵山人杂著云：'《海内西经》"东胡"下四节当在《海内北经》"舜妻登比氏"节后。"东胡在大泽东"即蒙上"宵明烛光处河大泽"之文也。《海内北经》"盖国"下九节，当在《海内东经》"巨燕在东北陬"之后，"盖国在巨燕南"即蒙上"巨燕"之文，而朝鲜、蓬莱并在东海，亦灼然可信也。《海内东经》"国在流沙"下三节当在《海内西经》"流沙出钟山"节之后，上言流沙，故接叙中外诸国；下言昆仑墟、昆仑山，故继以"海内昆仑之墟在西北"。脉络连贯，更无可疑。不知何时三简互误，遂致文理断续，地望乖违。今移而正之，竟似天衣无缝。'详审经文，顾说自近。"《海内经附传》："开题，今哈密巴里坤地；列人，即戎国，所谓离戎也。"

释文 匈奴、开题国、列人国都在西北。

海内南经

286

卷十一　海内西经

山海经卷十一

海内西经

题解 这部分内容多是围绕昆仑山、西王母的，内容上错乱芜杂，但在西北地理上又有迹可寻，所以吴承志在这部分用力独深，篇幅所限，不能将其考据成果一一罗列，仅取若干常见地名及有益于疏通文理的内容收入注释。

海内西南陬以北者。

释文 海内西南角以北的。

内西-1 贰负[1] 之臣曰危，危与贰负杀窫窳[2]。帝乃梏[3] 之疏属之山，桎[4] 其右足，反缚两手与发[5]，系之山上木[6]。在开题西北。

注释
[1] 贰负，神名，见内北-5。
[2] 窫窳，见内南-12。

贰负臣危

［3］梏，古代刑具，相当于手铐。

［4］桎，古代刑具，相当于脚镣。

［5］"反缚"句，郭璞曰："并发合缚之也。"

［6］系之山上木，郭璞曰："汉宣帝使人上郡发盘石，石室中得一人，跣裸被发，反缚，械一足，以问群臣，莫能知。刘子政按此言对之，宣帝大惊，于是时人争学《山海经》矣。论者多以为是其尸象，非真体也。意者以灵怪变化论，难以理测。物禀异气，出于不然，不可以常运推，不可以近数揆矣。魏时有人发故周王冢者，得殉女子，不死不生，数日时有气，数月而能语，状如廿许人。送诣京师，郭太后爱养之，恒在左右。十馀年，太后崩，此女哀思哭泣，一年馀而死。即此类也。"《海内经附传》："此合昆仑诸水为寓言，所以明乌鲁木齐之地形也。危，三危也。兽尾曰属。疏，离也。罗克伦河象尾，乌鲁木齐河在东，隔昌吉河，不与尾属，故曰疏属也。桎足反缚，从北视之之形也。汉宣帝时于上郡石室中得反缚盗械人，刘向以此经对，昧其实矣。"

释文 贰负的臣子叫危，危和贰负杀了窫窳。天帝把它绑在疏属山上，右脚戴上镣铐，两手和头发绑在一起，系在山上的树上。在开题的西北面。

内西-2 大泽［1］方百里，群鸟所生及所解［2］。在雁门北。

注释

［1］大泽，《山海经地理今释》卷六："大泽即《北次三经》之泰泽，在雁门之山北四百里。"《海内经附传》："大泽谓呼伦泊。"

［2］解，解羽，羽毛脱落，亦指禽鸟死去。

释文 大泽方圆百里，群鸟在这里生活、换毛。在雁门的北面。

内西-3 雁门山，雁出其间。在高柳北。

释文 雁门山，雁从这里飞出。在高柳的北面。

内西-4 高柳［1］在代北。

注释

［1］高柳，《山海经地理今释》卷六："高柳当在今山西宁远、和林格尔、托克托、萨拉齐诸厅境内。"《海内经附传》："高柳，今柳条边；代，今宁远河，象橛杙也。"

释文 高柳在代的北面。

内西-5 后稷之葬，山水环之［1］。在氐国西。

注释

［1］"后稷"两句，郭璞曰："在广都之野。"参见内-8注［1］。

释文 后稷的墓葬，有山水环绕。在氐国的西面。

内西-6 流黄酆氏之国[1]，中方三百里。有涂[2]四方，中有山。在后稷葬西。

注释

［1］酆（fēng）氏之国《山海经地理今释》卷六："酆氏之国，在今四川瞻对土司境。"

［2］途，郭璞曰："途，道。"《海内经附传》："即今拉撒诏。其道一西南抵后藏，一西北通羊巴尖，一东北出墨竹工卡，一东南抵公布。"

释文 流黄酆氏之国，方圆三百里。有道路通向四方，中间有山。在后稷葬的西面。

内西-7 流沙[1]出锺山，西行又南行昆仑之虚，西南入海。黑水之山[2]。

注释

［1］流沙，郭璞曰："今西海居延泽，《尚书》所谓'流沙'者，形如月生五日也。"

［2］黑水之山，《山海经地理今释》卷六以为"黑水之山"四字当是内西-5后注语，误脱在此。《周语》解稷死于黑水之山所据本尚不误。《海内经附传》："锺山脉自特穆尔图池之西来属葱岭河，东临伊犁河，两河之委皆流沙也。南行昆仑之虚西南，指谓自沙雅尔以南循碛中山东南行也。入海黑水之山，谓缘沙图图岭东南入诸察罕池，在卫地喀拉乌苏源之北也。"

释文 流沙从锺山发源，向西行，再南行到昆仑之虚，再向西南入海。黑水山。

内西-8 东胡[1]在大泽东。

注释

［1］东胡，郝懿行曰："国名也。"《海内经附传》："今索伦蒙古。"

释文 东胡在大泽的东面。

内西-9 夷人[1]在东胡东。

注释

[1] 夷人，《海内经附传》："今混同江东北诸部。"

释文 夷人在东胡的东面。

内西-10 貊国[1] 在汉水东北[2]。地近于燕，灭之。

注释

[1] 貊（mò），郭璞曰："今扶余国即濊貊故地，在长城北，去玄菟千里，出名马、赤玉、貂皮、大珠如酸枣也。"《海内经附传》："今奉天将军所辖诸打牲部落。"

[2] 汉水，《山海经地理今释》卷六以为当作"潦水"，即《汉书·地理志》之辽水。

释文 貊国在汉水的东北面。和燕国很近，燕国消灭了它。

内西-11 孟鸟[1] 在貊国东北，其鸟文赤、黄、青，东乡[2]。

注释

[1] 孟鸟，郭璞曰："亦鸟名也。"《海内经附传》："今宁古塔以东近乌苏里江地。孟鸟，鸟形如孟也。乌札虎河、穆棱河并东北注乌苏里江象之。"参见东3-6注[1]。

[2] 乡，同"向"。

释文 孟鸟在貊国的东北面，这种鸟有赤、黄、青色的花纹，面向东方。

内西-12 海内昆仑之虚[1]，在西北，帝之下都。昆仑之虚，方八百里，高万仞[2]。上有木禾[3]，长五寻，大五围。面有九井，以玉为槛[4]。面有九门，门有开明兽守之，百神之所在。在八隅之岩[5]，赤水之际，非仁、羿莫能上冈之岩[6]。

注释

[1] "海内"句，郭璞曰："言海内者，明海外复有昆仑山。"虚，山丘。

[2] 高万仞，郭璞曰："皆谓其虚基广轮之高廓耳。自此以上二千五百馀里，上有醴泉华池，去嵩高五万里，盖天地之中也。见《禹本纪》。"

[3] 木禾，郭璞曰："谷类也，生黑水之阿，可食，见《穆天子传》。"

[4] "面有"两句，郭璞曰："槛，栏。"《海内经附传》："九井、九门，未详。或曰呼图必山本作呼图克拜山。蒙古语呼图克，井也；拜，宝也。山在昆仑之东。"

[5] 在八隅之岩，郭璞曰："在岩间也。"

[6] "非仁"句，郭璞曰："言非仁人及有才艺如羿者，不能得登此山之冈岭巉岩也。羿尝请药西王母，亦言其得道也。羿一或作'圣'。"

海
内
西
经

开明兽

释文 海内昆仑之虚，在西北面，天帝的下都。昆仑之虚，方圆八百里，高万仞。上面有树木谷物，长五寻，大五围。每面有九口井，用玉做成的井槛。每面有九道门，门上有开明兽看守着，众神聚集的地方。在八隅之岩，赤水边上，没有仁人和羿这样有本事的是登不上这岩石的。

内西-13 赤水出东南隅，以行其东北。

释文 赤水在东南角发源，流向东北。

内西-14 河水出东北隅，以行其北，西南又入渤海[1]，又出海外，即西而北入禹所导积石山[2]。

注释

[1]"河水"三句，此句文理欠通，吴承志又以其方位有误，校作"以行其东南，又西北入渤海。"

[2]"即西"句，郭璞曰："禹治水复决疏出之，故云'导河积石'。"

释文 河水在东北角发源，流向北，又向西南进入渤海，又出海外，向西向北，进入禹所疏导的积石山。

内西-15 洋[1] 水、黑水出西北隅，以东东行[2]，又东北，南入海，羽民南。

注释

[1] 洋，音xiáng。
[2] 以东东行，《山海经地理今释》卷六："当作'以东南行'，谓行西北隅之东南也。"

释文 洋水、黑水在西北角发源，向东南流，再向东北，向南流入大海，在羽民的南面。

内西-16 弱水、青水出西南隅[1]，以东又北[2]，又西南，过毕方鸟东。

注释

[1] 以东又北，《山海经地理今释》卷六："'又'字亦衍。"
[2] 郭璞曰："《西域传》：乌弋国去长安万五千馀里，西行可百馀日，至条枝国，临西海。长老传闻有弱水西王母云。《东夷传》亦曰长城外数千里亦有弱水，皆所未见也。《淮南子》云，弱水出穷石。穷石今之西郡䴚冉，盖其派别之源耳。"

释文 弱水、青水在西南角发源，向东北，再向西南，经过毕方鸟的东面。

内西-17 昆仑南渊[1] 深三百仞。开明兽身大类虎而九首，皆人面，东向立昆仑上。

注释

[1] 昆仑南渊，郭璞曰："灵渊。"《山海经地理今释》卷六："昆仑南渊，今哈喇乌苏源南滕格里池。"《海内经附传》："南渊谓博斯腾淖尔。"

释文 昆仑南渊深达三百仞。开明兽身体很大，像虎，有九个头，每个头都有人的面孔，面向东站在昆仑山上。

内西-18 开明西有凤皇、鸾鸟，皆戴蛇践蛇，膺有赤蛇。

释文 开明的西面有凤皇、鸾鸟，都戴着蛇、踩着蛇，胸口有红色的蛇。

凤皇

内西-19开明北有视肉[1]、珠树、文玉树[2]、玗琪树[3]、不死树。凤皇、鸾鸟皆戴蔽[4]。又有离朱[5]、木禾、柏树、甘水[6]、圣木[7]、曼兑，一曰挺木牙交[8]。

注释

[1]视肉，参见外南-21注[5]。

[2]文玉树，郭璞曰："五彩玉树。"

[3]玗，音yú。郭璞曰："玗琪，赤玉属也。吴天玺元年，临海郡吏伍曜在海水际得石树，高二尺馀，茎叶紫色，诘曲倾靡，有光彩，即玉树之类也。"

[4]蔽，音fá，郭璞曰："盾也。"

[5]离朱，参见外南-21注[4]。

[6]甘水，郭璞曰："即醴泉也。"

[7]圣木，郭璞曰："食之令人智圣也。"

[8]挺木牙交，郭璞曰："《淮南》作璇树，璇玉类也。"

释文 开明的北面有视肉、珠树、文玉树、玗琪树、不死树。凤皇、鸾鸟都戴着蔽。又有离朱、木禾、柏树、甘水、圣木、曼兑，一说挺木牙交。

内西-20开明东有巫彭、巫抵、巫阳、巫履、巫凡、巫相[1]，夹窫窳之尸，皆操不死之药以距之[2]。窫窳者，蛇身人面，贰负臣所杀也。

注释

[1]"巫彭"以下，郭璞曰："皆神医也。《世本》曰：'巫彭作医。'《楚词》曰：'帝告巫阳。'"

窫窳

[2]"夹窫"两句，郭璞曰："为距却死气，求更生。"《海内经附传》："窫窳之尸，象阿尔辉河之形。"

释文 开明的东面有巫彭、巫抵、巫阳、巫履、巫凡、巫相，夹着窫窳之尸，都拿着不死之药为它求生。窫窳有蛇的身体、人的面孔，被贰负的臣子所杀。

内西-21 服常树，其上有三头人，伺琅玕树[1]。

注释

[1]琅玕树，《石雅·琳琅》以为琅玕即巴瓎，亦即斯璧尼石，参见西3-7注[5]。又曰："琅玕树者，即以琅玕为子之琼枝也。琼枝积石为之，盖石似树，而琅玕又出于石耳。"

释文 服常树，树上有三头人，守着琅玕树。

内西-22 开明南有树鸟、六首蛟[1]、蝮[2]、蛇、蜼、豹。鸟秩树，于表池树木[3]，诵鸟、鶽[4]、视肉[5]。

注释

[1]蛟，郭璞曰："蛟似蛇，四脚，龙类也。"

[2]蝮，参见南1-3注[2]。

三头人

树鸟

〔3〕"鸟秩"句，郭璞曰："言列树以表池。即华池也。"

〔4〕鵕，同隼，音sǔn，郭璞曰："鹏也。"

〔5〕视肉，参见外南–21注〔5〕。

释文 开明的南面有树鸟、六头蛟、蝮、蛇、蜼、豹。鸟秩树，围绕在池子的周围，有诵鸟、鵕、视肉。

卷十二　海内北经

山海经卷十二

海内北经

题解 这部分内容以神话的碎片为多，后人基本不知所云，也引发了许多上古史研究者的种种猜想，譬如王子夜之尸一则，日本人小川琢治在《穆天子传地名考》中提出"王子夜"就是王子亥，也就是荒东-24的王亥，杨宽《中国上古史导论》又进一步推论王亥与夏后启的传说同源。普通的非专业读者，难以参与拼合、还原这些碎片的工作，只能姑妄听之、不求甚解了。

海内西北陬以东者。

释文 海内西北角以东的。

内北-1 蛇巫之山，上有人操柸[1]而东向立。一曰龟山。

注释

[1] 柸，郭璞曰："柸或作'棓'，字同。"郝懿行曰："柸即'棓'字之异文。"棓（bàng），大棒。《海内经附传》："象哈拉塔尔河形也。柸同杯。"

释文 蛇巫山，山上有人拿着柸而面向东站立。一说龟山。

西王母

内北-2 西王母梯[1]几而戴胜杖，其南有三青鸟，为西王母取食。在昆仑虚北。

注释

[1] 梯，凭、依着。

释文 西王母靠着几案，戴着玉饰，它的南面有三只青鸟，专为西王母取食物。在昆仑虚的北面。

内北-3 有人曰大行伯，把戈。其东有犬封国[1]。贰负之尸[2]

犬戎国

在大行伯东。

注释

[1] 犬封国，郭璞曰："昔盘瓠杀戎王，高辛以美女妻之，不可以训，乃浮之会稽东海中，得三百里地封之，生男为狗，女为美人，是为狗封之国也。"《海内经附传》："拱宸城西之和尔郭斯河也。"

[2] "贰负之尸"，《海内经附传》："贰，小贝也，所以权大贝而行。萨尔巴克图河与赛里木池水合东流注泑泽象尸，其北有阿尔沙图池象小贝在负也。"

释文 有人名叫大行伯，拿着戈。它的东面有犬封国。贰负之尸在大行伯的东面。

内北-4 犬封国曰犬戎国，状如犬[1]。有一女子，方跪进杯食[2]。有文马，缟[3]身朱鬣，目若黄金，名曰吉量，乘之寿千岁[4]。

注释

[1] "犬封"两句，郭璞曰："黄帝之后卞明生白犬二头，自相牝牡，遂为此国，言狗国也。"《海内经附传》："封，大也。阿雅尔泊东受诸水象犬。三危水北潴于苇荡，象女子跪进杯食也。"

[2] 杯，又作"桮"，同杯。郭璞曰："与酒食也。"

[3] 缟，白色。

吉量

[4]"有文"五句，郭璞曰："《周书》曰：'犬戎文马，赤鬣白身，目若黄金，名曰吉黄之乘，成王时献之。'《六韬》曰：'文身朱鬣，眼若黄金，项若鸡尾，名曰鸡斯之乘。'《大传》曰：'驳身朱鬣鸡目。'《山海经》亦有吉黄之乘，寿千岁者。惟名有不同，说有小错，其实一物耳，今博举之以广异闻也。"

释文 犬封国也叫犬戎国，这里的人形状像狗。有一个女子，正跪着进奉酒食。有一种文马，白色的身体，朱红的鬃毛，眼睛像黄金，名叫吉量，骑了它可活一千岁。

鬼国

内北-5 鬼国在贰负之尸北，为物人面而一目[1]。一曰贰负神在其东，为物人面蛇身。

贰负神

注释

[1]"鬼国"两句，《海内经附传》："喀拉塔拉池北之布尔哈齐，象肿目也。"

释文 鬼国在贰负之尸的北面，这里的怪物长着人的面孔，只有一只眼。一说贰负神在它的东面，怪物人面蛇身。

内北-6 蜪[1]犬如犬，青，食人从首始。

注释

[1]蜪，音táo。

释文 蜪犬像狗，青色，吃人从头部开始。

内北-7 穷奇[1]状如虎，有翼，食人从首始，所食被发，在蜪犬北。一曰从足。

注释

[1]穷奇，见西4-17。《海内经附传》："象喀喇塔拉池在赛里木东之形。"

海内北经

释文 穷奇形状像虎，有翅膀，吃人从头部开始，它所吃的人披头散发，在蜪犬的北面。一说从足部脚（开始）。

穷奇

内北-8 帝尧台、帝喾台、帝丹朱台、帝舜台，各二台，台四方，在昆仑东北[1]。

注释

[1]"帝尧"三句，郭璞曰："此盖天子巡狩所经过，夷狄慕圣人恩德，辄共为筑立台观以标显其遗迹也。一本云：所杀相柳，地腥臊，不可种五谷，以为众帝之台。"《海内经附传》："地在今阜康县。"

释文 帝尧台、帝喾台、帝丹朱台、帝舜台，各有两个，台呈四方形，在昆仑的东北面。

内北-9 大蜂，其状如螽[1]。朱蛾，其状如蛾。

大蜂

注释

[1]"大蜂"两句，郝懿行曰："蜂有极桀大者，仅曰如螽，似不足方之。疑螽即为'蜂'字之讹，与下句词义相比。"《海内经附传》："乌鲁木齐河象蜂螫形，其东阜康县诸水象蚁形。"

释文 大蜂的形状像螽。朱蛾的形状像蛾。

内北-10 蟜[1]，其为人虎文，胫有骿[2]。在穷奇东。一曰，状如人。昆仑虚北所有[3]。

注释

[1]蟜，音jiǎo。

[2]胫有骿，郭璞曰："言脚有膞肠也。"膞肠，即腓肠，参见外北-1注[1]。

[3]郭璞曰："此同上物事也。"郝懿行曰："郭意此已上物事，皆昆仑虚北所有也。"

释文 蟜，这种人身上有虎一样的花纹，小腿上有腿肚。在穷奇的东

面。一说形状像人。昆仑虚的北面
才有。

内北-11 阘[1]非，人面而兽身，青
色。

注释

[1] 阘，音tà。

释文 阘非，长着人的面孔，兽类
的身体，青色。

阘非

内北-12 据比之尸[1]，其为人折颈被发，无一手。

[1] 据比之尸，《海内经附传》："据，俯若虑也。肖赛里木之形。"

释文 据比尸，这种人脖子是折断的，披散着头发，少一只手。

据比尸

内北-13 环狗，其为人兽首人身。一曰猬状如狗，黄色[1]。

注释

[1] "一曰"两句，这里的"一曰"之后是另一版本的文字记录，但因为比较
简略，出现了一个断句问题，我们无法知道另一本究竟是在说环狗"猬
状，如狗，黄色"，还是说这环狗"一曰猬"，并且具有"状如狗，黄色"的特征。从常理上推断，
似乎后一种情况可能性稍大，译文姑从之。《海内经附传》："象罗克伦诸水西北入阿
雅尔泊之形。"

释文 环狗，这种人长着兽类的头，人的身体。一说是猬，形状像狗，
黄色。

海内北经

袜

环狗

内北-14 袜[1]，其为物人身黑首从目[2]。

注释

[1]袜（mèi），即魅。

[2]"其为"句，《海内经附传》："萨尔巴克图北岸之阿尔沙图池水象从目也。"从，即"纵"。

释文 袜，这种怪物长着人的身体，黑头，竖眼睛。

内北-15 戎，其为人人首三角。

释文 戎，这种人长着人的头，有三个角。

内北-16 林氏国[1]有珍兽，大若虎，五采毕具，尾长于身，名曰驺[2]吾，乘之日行千里[3]。

戎

注释

[1]林氏国，《海内经附传》："即三危国。其地有羽陵，因复为号，或称亦林。"

[2]驺，音zōu。

[3]"林氏"六句，郭璞曰："《六韬》云：'纣囚文王，闳夭之徒诣林氏国求得此兽献之，纣大

骑吾

悦，乃释之。'《周书》曰：'夹林酋耳，酋耳若虎，尾参于身，食虎豹。'《大传》谓之侄兽。吾，宜作'虞'也。"

释文 林氏国有一种珍奇的兽类，大小和虎差不多，身上有五彩，尾巴比身体还长，名叫骑吾，骑着它能日行千里。

内北-17 昆仑虚南所，有氾林[1]方三百里。

注释

[1] 氾林，《海内经附传》："疑即大小榆谷，在青海之南河曲中。"

释文 昆仑虚的南面，有方圆三百里的氾林。

内北-18 从极之渊[1]深三百仞，维冰夷[2]恒都焉。冰夷人面，乘两龙[3]。一曰忠极之渊。

注释

[1] 从极之渊，《海内经附传》："即河套西北之腾格里池。"
[2] 冰夷，郭璞曰："冯夷也。《淮南》云：'冯夷得道，以潜大川。'即河伯

冰夷

也。《穆天子传》所谓'河伯无夷'者，《竹书》作冯夷，字或作'冰'也。"

[3] 乘两龙，郭璞曰："画四面各乘灵车，驾二龙。"

释文 从极渊深三百仞，冰夷常住在这里。冰夷长着人的面孔，乘两条龙。一说是忠极渊。

内北-19 阳污之山，河出其中；凌门之山，河出其中。[1]

注释

[1] "阳污"四句，《海内经附传》："阳污即阳纡，在套北；凌门即龙门。"

释文 阳污山，河水从中发源；凌门山，河水从中发源。

内北-20 王子夜[1]之尸，两手、两股、胸、首、齿，皆断异处。

注释

[1] 王子夜，郭璞曰："此盖形解而神连，貌乖而气合，合不为密，离不为疏。"《海内经附传》："夜当作亦。王子亦之尸在今玉门县地，象昌马诸水形。"

释文 王子夜之尸，两只手、两条腿、胸、头和牙齿，都破碎散落在不同的地方。

内北-21 舜妻登比氏生宵明、烛光[1]，处河大泽，二女之灵能照此所方百里。一曰登北氏[2]。

注释

[1] "舜妻"句，郭璞曰："即二女字也，以能光照，因名云。"

[2] "舜妻"五句，《海内经附传》："此象河滩东两小池为说，非实舜事也。比作北为是背也，屋脊也。舜之言舛，故以登北为之妻，登北犹升极，指谓腾格里池也。宵明谓活育儿大泊；烛光，杜勒泊也。大泽即河滩，所谓阳纡之薮。"

释文 舜的妻子登比氏生宵明、烛光，在河的边上，二个女子的灵光能照亮这里方圆百里的范围。一说登北氏。

内北-22 盖国[1]在钜燕南，倭北。倭属燕[2]。

注释

[1] 盖国，《海内经附传》："即濊国，在今朝鲜之永兴府，数水东入海，源与大同江诸源东西相际，似篚敦之盖。"

[2] 倭，郭璞曰："倭国在带方东大海内，以女为主，其俗露紒，衣服无针功，以

丹朱涂身，不妒忌，一男子数十妇也。"

释文 盖国在钜燕的南面，倭的北面。倭属于燕。

内北-23 朝鲜[1]在列阳东[2]，海北山南。列阳属燕。

注释

[1]朝鲜，郭璞曰："朝鲜，今乐浪县，箕子所封也。"《海内经附传》："朝鲜在钜燕西南，象石膏水与末源城水为名也。"

[2]列阳，郭璞曰："列，亦水名也，今在带方，带方有列口县。"《山海经地理今释》卷六："列阳，今朝鲜黄海道安岳县以西滨海之地。山南为平安道祥原县以东、光山之南。"《海内经附传》："列阳在鸭绿江北，江水流至九连城歧为数派，复合如束苇，名列水也。"

释文 朝鲜在列阳的东面，海的北面、山的南面。列阳属燕。

内北-24 列姑射[1]在海河州中。

注释

[1]列姑射，郭璞曰："山名也。山有神人。河州在海中，河水所经者。庄子所谓藐姑射之山也。"

释文 列姑射山在海河州中。

列姑射山

内北-25 射姑国[1]在海中，属列姑射，西南，山环之。

注释

[1]射姑国，《海内经附传》："由列姑射循海东南行，得襄阳府，即射姑国。有投射山与姑射东西相对，故曰射姑。海水环其东北，故曰在海中。此皆在倭北也。"

释文 射姑国在海中，属于列姑射，西南面有山环绕。

内北-26 大蟹在海中[1]。

大蟹

陵鱼

注释

［1］郭璞曰："盖千里之蟹也。"

释文 大蟹在海中。

内北-27 陵鱼人面，手足，鱼身，在海中。

释文 陵鱼长着人的面孔，有手脚，鱼的身体，在海中。

内北-28 大鯾居海中[1]。

注释

［1］鯾（biān），郭璞曰："鯾即鲂也。"

释文 大鯾住在海中。

内北-29 明组邑居海中。

释文 明组邑住在海中。

内北-30 蓬莱山在海中[1]。

注释

［1］"蓬莱"句，郭璞曰："上有仙人宫室，皆以金玉为之，鸟兽尽白，望之如云，在渤海中也。"《海内经附传》："今莱阳县之五龙河象转蓬，大、小姑河象莱，

蓬莱山

三面距海，故云在海中。"

释文 蓬莱山在海中。

内北-31 大人之市[1]在海中。

注释

［1］大人之市，《海内经附传》："今登州海中洲岛上，春夏之交恒见城郭市廛，人物往来，谓之海市也。"

释文 大人市在海中。

卷十三 海内东经

山海经卷十三

海内东经

题解 这个部分又突然回到了现实的空间，几乎没有神话而全是地理内容，吴承志也得以详为注解，以至大夏、竖沙、居繇、月支四个地名论至近万字。今不能全录，只能略择一二郭璞原注所缺者，其他校订辩证的内容概不收入。

海内东北陬以南者。

释文 海内东北角以南的。

内东-1 钜燕[1]在东北陬。

注释

[1] 钜燕，《海内经附传》："钜燕在鸭绿江上游，水形肖燕飞而折如钜末。"

释文 钜燕在东北角。

内东-2 国在流沙中者埻[1]、端[2]、玺[3]、㬇[4]，在昆仑虚东南。一曰海内之郡，不为郡县在流沙中。

注释

[1] 埻（guó），《山海经地理今释》卷六："埻，旧读为敦，有《传》音可据，必敦煌故国。"

[2] 端，《山海经地理今释》卷六："《汉书·地理志》敦煌郡冥安下云：'南籍端水出南羌中，西北入其泽，溉民田。'冥安与敦煌邻接，其水自羌中流出南籍，承故名为端，是即端故国所在。"

[3] 玺，《山海经地理今释》卷六："酒泉县有绥彌。彌正文作玺，《说文·弓部》'玺'篆解云：'弛弓也，从弓，玺声。'隶书省玉作彌，是彌旧读本与玺同。此玺国即彌国，绥彌谓绥安彌羌之族。"

[4] 㬇（huàn），《山海经地理今释》卷六："《志》县名有乐涫，与绥弥同隶一部。涫为水泉沸出之名，古读如澳，亦读如涣，㬇与涫皆其声借。四国并在今甘肃西北界上。"《海内经附传》以埻端为一名，谓即今克力底雅；玺㬇又为一名，即今和阗。

释文 建国在流沙中的有埻、端、玺、㬇，在昆仑虚的东南面。一说海内的郡，不设置郡县在流沙中。

内东–3国在流沙外者，大夏[1]、竖沙、居繇、月支[2]之国。

注释

[1]大夏，郭璞曰："大夏国城方二三百里，分为数十国，地和温，宜五谷。"

[2]月支，郭璞曰："月支国多好马、美果，有大尾羊如驴尾，即羬羊也。小月支、天竺国皆附庸云。"

释文 建国在流沙外的，有大夏、竖沙、居繇、月支。

内东–4西胡白玉山在大夏东，苍梧在白玉山西南，皆在流沙西，昆仑虚东南。昆仑山在西胡西，皆在西北。[1]

注释

[1]"昆仑"两句，郭璞曰："《地理志》，昆仑山在临羌西，又有西王母祠也。"《海内经附传》："西胡即玺睆国。苍梧，今叶尔羌之密尔岱山也。"

释文 西胡白玉山在大夏的东面，苍梧在白玉山的西南面，都在流沙的西面，昆仑虚的东南面。昆仑山在西胡的西面，都在西北。

内东–5雷泽中有雷神[1]，龙身而人头，鼓其腹。在吴西。

注释

[1]雷泽，郭璞曰："今城阳有尧冢灵台。雷泽在北也。《河图》曰：'大迹在雷泽，华胥履之而生伏羲。'"

释文 雷泽中有雷神，长着龙的身体，人的头，敲打它的腹部。在吴西。

内东–6都州在海中。一曰郁州[1]。

注释

[1]"都州"两句，郭璞曰："今在东海朐县界，世传此山自苍梧从南徙来，上皆有南方物也。"

雷神

释文 都州在海中。一说郁州。

内东–7琅邪台在渤海间，琅邪之东[1]。其北有山。一曰在海间。

注释

[1]"琅邪"两句,郭璞曰:"今琅邪在海边,有山崒峣特起,状如高台,此即琅邪台也。琅邪者,越王句践入霸中国之所都。"《海内经附传》:"在沂州东北夏河所有,岛四方而高如台,广十里,与陆岸相连,其北则灵山也。沂州,古琅邪地,产马脑玉,故名马脑,即琅邪也,一作'琅玕',误作'琅玕'。"

释文 琅邪台在渤海间,琅邪的东面。它的北面有山。一说在海间。

内东-8 韩雁[1]在海中,都州南。

注释

[1]韩雁,《海内经附传》:"在镂方东。扶爰水象雁以喙击物,张翅屈颈屡俯之形。"

释文 韩雁在海中,都州的南面。

内东-9 始鸠[1]在海中,辕厉南。

注释

[1]始鸠,郭璞曰:"国名。或曰:鸟名也。"《海内经附传》:"即诸钩山,象舒鸠乘雌弗当之形。"

释文 始鸠在海中,辕厉的南面。

内东-10 会稽山在大楚南。

释文 会稽山在大楚的南面。

内东-11 岷三江:首大江出汶山[1],北江出曼山,南江出高山。高山在城都西。入海在长州[2]南。

注释

[1]汶山,郭璞曰:"今江出汶山郡升迁县岷山,东南经蜀郡犍为至江阳,东北经巴东、建平、宜都、南郡、江夏、弋阳、安丰至庐江南界,东北经淮南、下邳至广陵郡入海。

[2]长州,《海内经附传》:"长州在如皋东,即崇明岛。"

释文 岷三江:首先大江源自汶山,北江源自曼山,南江源自高山。高山在城都的西面。入海处在长州的南面。

内东-12浙江出三天子都^[1]，在其^[2]东。在闽西北，入海，馀暨南^[3]。

注释

[1]"浙江"句，郭璞曰："按《地理志》，浙江出新安黟县南蛮中，东入海，今钱塘浙江是也。黟即歙也。"《海内经附传》："浙同淛。淛江，今剡溪，水形象人曳锯也。"

[2]其，吕调阳校作"共"，《海内经附传》："共，今处州两水如拱。"

[3]馀暨，郭璞曰："馀暨县属会稽，今为永兴县。"《海内经附传》："馀暨，今海盐县，越人谓盐为馀，见《越绝》。"

释文 浙江源自三天子都，在它的东面。在闽西北部，入海，馀暨的南面。

内东-13庐江出三天子都，入江，彭泽西^[1]。一曰天子鄣。

注释

[1]彭泽，郭璞曰："彭泽今彭蠡也，在寻阳彭泽县。"

释文 庐江源自三天子都，流入长江，彭泽的西面。一说天子鄣。

内东-14淮水出馀山，馀山在朝阳东^[1]，义乡西，入海，淮浦北^[2]。

注释

[1]朝阳，郭璞曰："朝阳县今属新野。"

[2]"义乡"三句，郭璞曰："今淮水出义阳平氏县桐柏山山东，北经汝南、汝阴、淮南、谯国、下邳至广陵县入海。"《海内经附传》："此经以视为淮，以湍为汝，皆与古异。馀山即胎簪山。汉朝阳县在今邓州东南，义乡即义阳也，今信阳州。淮浦，今洪泽湖。"

释文 淮水源自馀山，馀山在朝阳的东面，义乡的西面，入海，淮浦的北面。

内东-15湘水出舜葬东南陬，西环之^[1]。入洞庭下^[2]。一曰东南西泽。

注释

[1]"湘水"两句，郭璞曰："环，绕也。今湘水出零陵营道县阳湖山入江。"

[2]入洞庭下，郭璞曰："洞庭，地穴也，在长沙巴陵。今吴县南太湖中有包山，下有洞庭，穴道潜行水底，云无所不通，号为地脉。"《海内经附传》："西环之谓分，漓水西流出其北而南也。下，谓在南。"

四蛇

释文 湘水源自舜墓葬的东南角，在西面环绕，流入洞庭之下。一说东南西泽。

内东-16 汉水出鲋鱼之山[1]，帝颛顼葬于阳，九嫔葬于阴，四蛇卫之。

注释

[1] "汉水"句，郭璞曰："《书》曰：'嶓冢导漾，东流为汉。'按《水经》，汉水出武都沮县东狼谷，经汉中魏兴至南乡，东经襄阳至江夏安陆县入江。别为沔水，又为沧浪之水。"吕调阳校汉水为"濮水"，《海内经附传》："今名魏河，出开州西南，两源合而东流至子岸集，右合柳青河，分为三，流十数里复合，水形似鲋鱼，亦似羹。古入济水注海，今流归新黄河也。"

释文 汉水源自鲋鱼山，帝颛顼葬在山的南面，九嫔葬在山的北面，有四条蛇守卫着。

内东-17 濛水出汉阳西[1]，入江，聂阳西[2]。

注释

[1] 汉阳，郭璞曰："汉阳县属朱提。"
[2] "濛水"三句，《海内经附传》："濛即北江，今出成都彭县。聂阳，今永川县地。大江自重庆以西回流屈复似聂耳，故曰聂。今濛水至泸州入江，在其西也。"

释文 濛水源自汉阳的西面，流入江，聂阳的西面。

内东-18 温水出崆峒山，在临汾南[1]，入河，华阳北。

注释

[1]"温水"两句，郭璞曰："今温水在京兆阴盘县，水常温也。临汾县属平阳。"

释文 温水源自崆峒山，在临汾的南面，流入河，华阳的北面。

内东-19 颍水出少室，少室山在雍氏南，入淮西鄢北[1]。一曰缑氏[2]。

注释

[1]"颍水"三句，郭璞曰："今颍水出河南阳城县乾山，东南经颍川汝阴至淮南下蔡，入淮。鄢，今鄢陵县，属颍川。"《海内经附传》："鄢疑当作邔，今颍口之南，夹淮有东西正阳镇。郭以为鄢陵，远矣。"

[2]缑氏，郭璞曰："县属河南。"

释文 颍水源自少室，少室山在雍氏的南面，流入淮西鄢北。一说缑氏。

内东-20 汝水出天息山，在梁勉乡西南，入淮极西北[1]。一曰淮在期思北[2]。

注释

[1]"汝水"三句，郭璞曰："今汝水出南阳鲁阳县大盂山，东北至河南梁县，东南经襄城、颍川、汝南至汝阴褱信县入淮。淮极，地名。"《海内经附传》："天息即翼望山。梁，县名。汉、晋《地理志》并属河南郡，今汝州。勉乡即鄝乡城，湍水象兔被蹄力拽之也。极西即期思，汉、晋为期思县。"

[2]期思，郭璞曰："期思县属弋阳。"

释文 汝水源自天息山，在梁勉乡的西南面，流入淮极西北。一说淮在期思的北面。

内东-21 泾水出长城北山，山在郁郅、长垣北[1]，北入渭[2]，戏[3]北。

注释

[1]郁郅、长垣，郭璞曰："皆县名也。"

[2]北入渭，郭璞曰："今泾水出安定朝那县西笄头山，东南经新平、扶风至京兆高陵县入渭。"

[3]戏，郭璞曰："地名，今新丰县也。"

释文 泾水源自长城北山，山在郁郅、长垣的北面，向北流入渭水，戏的北面。

内东-22 渭水出鸟鼠同穴山[1]，东注河，入华阴北。

注释

[1]"渭水"句，郭璞曰："鸟鼠同穴山今在陇西首阳县，渭水出其东，经南安、天水、略阳、扶风、始平、京兆、弘农、华阴县入河。"

释文 渭水源自鸟鼠同穴山，向东注入黄河，流入华阴的北面。

内东-23 白水[1]出蜀，而东南注江，入江州[2]城下。

注释

[1]白水，郭璞曰："色微白浊，今在梓潼白水县，源从临洮之西西倾山来，经沓中，东流通阴平至汉寿县入潜。"《海内经附传》："今出松潘黄胜关外八十馀里，东流入祥楚河，会嘉陵江，东南至重庆城下。"

[2]江州，郭璞曰："江州县属巴郡。"

释文 白水源自蜀，向东南流注入江，流入江州城下。

内东-24 沅水山出象郡镡城[1]西，入东注江，入下隽[2]西，合洞庭中[3]。

注释

[1]象郡镡（xín）城，郭璞曰："象郡今日南也。镡城县今属武陵。"

[2]下隽，郭璞曰："下隽县今属长沙。"《海内经附传》："下隽，今鹿角司，地在湖东，西对沅口。"

[3]合洞庭中，郭璞曰："《水经》曰，沅水出牂牁且兰县，又东北至镡城县，为沅水。又东过临沅县南，又东至长沙下隽县。"《海内经附传》："大江自虎渡、调弦诸口分流入洞庭，故言合。"

释文 沅水源自象郡镡城西，向东注入江，流入下隽西，合入洞庭湖。

内东-25 赣水[1]出聂都[2]东山，东北注江，入彭泽西。

注释

[1]赣水，郭璞曰："今赣水出南康南野县西北。"《海内经附传》："赐下谓之赣。池江水出大庾岭，象持物与人也。"

[2]聂都，《海内经附传》："今桂阳县水曲似聂耳。"

释文 赣水源自聂都东山，向东北注入江，流入彭泽西。

海内东经

内东-26泗水[1]出鲁东北而南，西南过湖陵[2]西，而东南注东海，入淮阴北。

注释

[1]泗水，郭璞曰："今泗水出鲁国卞县，西南至高平湖陆县，东南经沛国、彭城、下邳至临淮下相县入淮。"《海内经附传》："泗出泗水县东南漏泽，泽水循三石穴而上，连冈通阜四十馀里，冈之西际便得泗源，石穴吐水，五泉俱导，皆吸泽水所为，故名曰泗。泗，呬也。"

[2]湖陵，《海内经附传》："在昭阳湖北。"

释文 泗水源自鲁东北而南，向西南过湖陵西，向东南注入东海，流入淮阴北。

内东-27郁水出象郡[1]，而西南注南海，入须陵东南。

注释

[1]郁水出象郡，《海内经附传》："盘江南源，出云南临安府，在开化府西。开化，古象郡；临安，则比景县地也。"

释文 郁水源自象郡，向西南注入南海，流入须陵东南。

内东-28肄水[1]出临晋西南，而东南注海，入番禺[1]西。

注释

[1]肄水，郭璞曰："番禺县属南海，越之城下也。"《海内经附传》："习书谓之肄。水出桂阳临武县西，象习书操笔之形，又名溱水。"

[2]番禺，《海内经附传》："番禺在今新安县，有水肖仰掌而处海隅，因名焉。"

释文 肄水源自临晋西南，向东南注入海，流入番禺西。

内东-29潢水出桂阳西北山，东南注肄水，入敦浦西[1]。

注释

[1]潢水，《海内经附传》："水今出连州西北大雾山，东南流经城南，又经黄泥塘，至佛冈厅，北注肄。其东正对腊溪河，即敦浦也。"

释文 潢水源自桂阳西北山，向东南注入肄水，流入敦浦西。

内东-30洛水[1]出洛西山，东北注河，入成皋西。

注释

[1] 洛水，郭璞曰："《书》云：'道洛自熊耳。'按《水经》，洛水今出上洛冢岭山，东北经弘农至河南巩县入河。成皋县亦属河南也。"

释文 洛水源自上洛西山，向东北注入河，流入成皋西。

内东-31 汾水[1]出上窳[2]北，而西南注河，入皮氏[3]南。

注释

[1] 汾水，郭璞曰："今汾水出太原晋阳，故汾阳县，东南经晋阳，西南经河西平阳，至河东汾阴入河。"

[2] 上窳，《海内经附传》："器漏曰窳。上窳即管涔山也。"

[3] 皮氏，郭璞曰："皮氏县属平阳。"

释文 汾水源自上窳北，向西南注入河，流入皮氏南。

内东-32 沁水出井陉山[1]东，东南注河，入怀东南。

注释

[1] "沁水"句，郭璞曰："怀县属河内，河内北有井陉山。"《海内经附传》："今临汾东南仵级堡，其东南有乌岭关，即沁源所出，东流经沁水县合长羊水，又东南至武陟县入河也。"

释文 沁水出井陉山东，向东南注入河，流入怀县东南。

内东-33 济水出共山南东丘[1]，绝钜鹿泽[2]，注渤海，入齐琅槐东北[3]。

注释

[1] "济水"句，《海内经附传》："济，沈也。共山以共水名。"

[2] 绝钜鹿泽，郭璞曰："绝，犹截度也。钜鹿，今在高平。"

[3] "注渤"两句，郭璞曰："今济水自荥阳卷县东经陈留至潜阴北，东北至高平东北经济南至乐安博昌县入海，今碣石也。诸水所出，又与《水经》违错，以为凡山川或有同名而异实，或同实而异名，或一实而数名，似是而非，似非而是，且历代久远，古今变易，语有楚夏，名号不同，未得详也。"

释文 济水源自共山南东丘，横过钜鹿泽，注入渤海，流入齐琅槐东北。

内东-34 潦水[1]出卫皋[2]东，东南注渤海，入潦阳[3]。

注释

[1]潦水，郭璞曰："出塞外卫皋山。玄菟高句骊县有潦山，小潦水所出。西河注大潦。"

[2]卫皋，《海内经附传》："卫皋即多伦泊，上都河水形如周卫也。"

[3]潦阳，郭璞曰："潦阳县属潦东。"

释文 潦水源自卫皋东，向东南注入渤海，流入潦阳。

内东-35 虖沱水出晋阳城南，而西至阳曲北[1]，而东注渤海，入越章武[2]北。

注释

[1]"虖沱"两句，郭璞曰："经河间乐城东北注渤海也。晋阳、阳曲县皆属太原。"《海内经附传》："晋阳，今马邑乡，在晋水之阳也。汉人于太原置晋阳，失其实矣。"

[2]章武，郭璞曰："郡名。"

释文 虖沱水源自晋阳城南，向西至阳曲北，向东流注入渤海，流过章武郡北。

内东-36 漳水出山阳东，东注渤海，入章武南[1]。

注释

[1]"漳水"三句，郭璞曰："新城汴阴县亦有漳水。"《海内经附传》："章武，今静海县，古漳水自五氏绝河，东北出为灅水，北至浮阳东南，出为钩盘河而东北入海也。"

释文 漳水源自山阳东，向东注入渤海，流入章武南。

建平元年四月丙戌，待诏太常属臣望校治，侍中光禄勋臣龚、侍中奉车都尉光禄大夫臣秀领主省。

卷十四 大荒东经

山海经卷十四

大 荒 东 经

题解 郭璞曰："《海内经》及《大荒经》本皆进在外。"郝懿行曰："据郭此言，是自此以下五篇，皆后人所祖述也，但不知所自始，郭氏作注亦不言及，盖在晋以前，郭氏已不能详矣。今考本经篇第，皆以南、西、北、东为叙，兹篇以后则以东、南、西、北为次，盖作者分别部居，令不杂厕，所以自别于古经也。又海外、海内经篇末皆有'建平元年四月丙戌'已下三十九字，为校书款识，此下亦并无之。又此下诸篇大抵本之海外、内诸经而加以诠释，文多凌杂，漫无统纪，盖本诸家记录，非一手所成故也。"荒经部分成书较晚，很可能编者也有部分内容不得其解，于是原样照抄，致使不少文字似通非通。比如《大荒南经》的"南极果，北不成，去痓果"，后人实在无法了解其语义，汪绂为之强解，说"去痓"是山名，山上有树，结的果子可以治疗痓病，但只有山南面的树结果，北面的不结果。解释是解释通了，既没有根据，也缺乏可信度。既然无法了解，还是保持原状为好。《大荒经》中的国度介绍和《五藏山经》不同，有祖先、姓等特殊内容，看似增加了真实性，事实上却显得更加虚无缥缈。其草木鸟兽也大致另是一套，神话传说往往可以彼此参照，所以读者只能在"漫无统纪"的杂乱中，略微寻找一些资料了。

荒东-1东海之外大壑[1]，少昊之国。少昊孺[2]帝颛顼于此，弃其琴瑟[3]。有甘山者，甘水出焉，生甘渊[4]。

注释

［1］"东海"句，郭璞曰："《诗含神雾》曰：'东注无底之谷。'谓此壑也。《离骚》曰：'降望大壑。'"

［2］孺，郝懿行曰："《说文》云：'孺，乳子也。'《庄子·天运篇》云：'乌鹊孺。'盖育养之义也。"

［3］弃其琴瑟，郭璞曰："言其壑中有琴瑟也。"郝懿行曰："此言少皞孺养帝颛顼于此，以琴瑟为戏弄之具而留遗于此也。"

［4］生甘渊，郭璞曰："水积则成渊也。"

释文 东海之外有个大坑地，是少昊国。少昊在这里养育帝颛顼，壑中有遗弃的琴瑟。有一座甘山，甘水在这里发源，生成甘渊。

荒东-2大荒东南隅有山，名皮母地丘。

释文 大荒东南角有山，名叫皮母地丘。

荒东-3 东海之外，大荒之中，有山名曰大言，日月所出。有波谷山者，有大人之国[1]。

注释

[1] 大人之国，郭璞曰："晋永嘉二年，有鹜鸟集于始安县南廿里之鹜陂中，民周虎张得之，木矢贯之铁镞，其长六尺有半，以箭计之，其射者人身应长一丈五六尺也。又平州别驾高会语云：'倭国人尝行，遭风吹度大海外，见一国人皆长丈馀，形状似胡，盖是长翟别种。'箭殆将从此国来也。《外传》曰：'焦侥人长三尺，短之至也，长者不过十丈，数之极也。'按《河图玉版》曰：'从昆仑以北九万里，得龙伯国人，长三十丈，生万八千岁而死。从昆仑以东得大秦人，长十丈，皆衣帛。从此以东十万里，得佻人国，长三十丈五尺。从此以东十万里，得中秦国人，长一丈。'《谷梁传》曰：'长翟身横九亩，载其头，眉见于轼。'即长数丈人也。秦时大人见临洮，身长五丈，脚迹六尺。准斯以言，则此大人之长短，未可得限度也。"另见外东-2。

释文 东海之外，大荒之中，有一座山名叫大言，是日月升起的地方。有波谷山，山里有大人国。

荒东-4 有大人之市[1]，名曰大人之堂[2]。有一大人踆[3]其上，张其两耳。

注释

[1] 大人之市，另见内北-31。
[2] 大人之堂，郭璞曰："亦山名，形状如堂室耳。大人时集会其上作市肆也。"
[3] 踆，郭璞曰："踆或作'俊'，皆古'蹲'字。"

释文 有大人的集市，名叫大人之堂。有一个大人蹲在上面，张着两只耳朵。

荒东-5 有小人国，名靖人[1]。

注释

[1] 靖人，郭璞曰："《诗含神雾》曰：'东北极有人长九寸。'殆谓此小人也。"

释文 有小人国，名叫靖人。

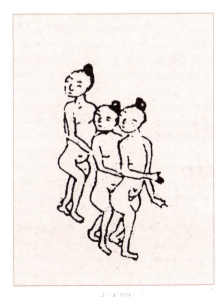

小人国

荒东-6有神，人面兽身，名曰犁魗[1]之尸。

犁魗之尸

注释

[1]魗，音líng。

释文 有一种神，长着人面兽身，名叫犁魗之尸。

荒东-7有滺山，杨水出焉。

释文 有滺山，杨水在这里发源。

荒东-8有蒍[1]国，黍食[2]，使四鸟[3]：虎、豹、熊、罴。

注释

[1]蒍，音wěi。

[2]黍食，郭璞曰："言此国中惟有黍谷也。"

[3]四鸟，俞樾《读山海经》："虎、豹、熊、罴皆兽也，何以谓之鸟？疑'鸟'字当作'禽'。《说文·内部》'禽，走兽总名'，是其义也。后人不知'四禽'为总目虎、豹、熊、罴之辞，误谓禽、鸟通称，改禽为鸟，遂使兽蒙鸟名，失之千里。"

释文 有蒍国，以黍为食，驱使四种兽：虎、豹、熊、罴。

荒东-9大荒之中，有山名曰合虚，日月所出。

释文 大荒之中，有一座山名叫合虚，是日月升起的地方。

荒东-10有中容之国。帝俊[1]生中容，中容人食兽、木实，使四鸟：豹、虎、熊、罴。

注释

[1]俊，郭璞曰："俊亦'舜'字假借音也。"

释文 有中容国。帝俊生了中容，中容的人吃兽类和树上的果实，驱使四种兽：豹、虎、熊、罴。

荒东-11有东口之山。有君子之国，其人衣冠带剑[1]。

大荒东经

注释

[1] "有君"两句，郭璞曰："亦使虎豹，好谦让也。"

释文 有东口山。有君子国，这里的人穿衣戴帽带剑。

荒东-12 有司幽之国。帝俊生晏龙，晏龙生司幽，司幽生思士，不妻；思女，不夫[1]。食黍，食兽，是使四鸟。

注释

[1] "帝俊"六句，郭璞曰："言其人直思感而气通，无配合而生子，此《庄子》所谓'白鹢相视，眸子不运而感风化'之类也。"

释文 有司幽国。帝俊生晏龙，晏龙生司幽，司幽生思士，不娶妻；生思女，不嫁人。吃黍，也吃兽类，驱使四种兽。

荒东-13 有大阿之山者。

释文 有大阿山。

荒东-14 大荒中有山名曰明星，日月所出。

释文 大荒中有一座山名叫明星，是日月升起的地方。

荒东-15 有白民之国。帝俊生帝鸿，帝鸿生白民，白民销姓，黍食，使四鸟：虎、豹、熊、罴。

释文 有白民国。帝俊生帝鸿，帝鸿生白民，白民姓销，吃黍，驱使四种兽：虎、豹、熊、罴。

荒东-16 有青丘之国，有狐，九尾[1]。

注释

[1] 有狐，九尾：郭璞曰："太平则出而为瑞也。"

释文 有青丘国，有狐，长着九条尾巴。

荒东-17 有柔仆民，是维嬴土之国[1]。

注释

[1] 嬴，郭璞曰："嬴犹沃衍也。"

释文 有柔仆民，是嬴土国。

荒东-18 有黑齿之国[1]。帝俊生黑齿[2]，姜姓，黍食，使四鸟。

注释

[1] 黑齿之国，郭璞曰："齿如漆也。"另见外东-9。
[2] 帝俊生黑齿，郭璞曰："圣人神化无方，故其后世所降育多有殊类异状之人，诸言生者，多谓其苗裔，未必是亲所产。"

释文 有黑齿国。帝俊生黑齿，姓姜，吃黍，驱使四种兽。

荒东-19 有夏州之国。有盖余之国。

释文 有夏州国。有盖余国。

荒东-20 有神人，八首人面，虎身十尾，名曰天吴[1]。

注释

[1] 天吴，郭璞曰："水伯。"

折丹

释文 有神人，长着八个头，人的面孔，虎的身体，有十条尾巴，名叫天吴。

荒东-21 大荒之中，有山名曰鞠陵于天、东极、离瞀[1]，日月所出。名曰折丹[2]，东方曰折[3]。来风[4]曰俊，处东极以出入风[5]。

注释

[1] 鞠陵于天、东极、离瞀，郭璞曰："三山名也。"
[2] 折丹，郭璞曰："神人。"郝懿行曰："'名曰折丹'上疑脱'有神'二字。"
[3] 东方曰折，郭璞曰："单呼之。"郝懿行曰："吁当为呼，字之讹。"谓"折丹"二字单呼"折"字。
[4] 来风，郭璞曰："未详来风所在也。"

下文有"来风曰俊"，又有"来之风曰狄"，不知是否其神能招来风的意思。

[5]"处东"句，郭璞曰："言此人能节宣风气，时其出入。"

释文 大荒之中，有山名叫鞠陵于天、东极、离瞀，是日月升起的地方。名叫折丹，东方叫折。来风叫俊，在东极风出入的地方。

荒东-22 东海之渚[1]中有神，人面鸟身，珥两黄蛇，践两黄蛇，名曰禺䝞。黄帝生禺䝞[2]，禺䝞生禺京[3]，禺京处北海，禺䝞处东海，是惟海神。

注释

[1]渚，郭璞曰："岛。"

[2]䝞，"号"字异文。

[3]禺䝞，郭璞曰："即禺强也。"

释文 东海岛上有神，人面鸟身，耳戴两条黄蛇，脚踩两条黄蛇，名叫禺䝞。黄帝生禺䝞，禺䝞生禺京；禺京在北海，禺䝞在东海，是海神。

禺䝞

荒东-23 有招摇山，融水出焉。有国曰玄股[1]，黍食，使四鸟。

注释

[1]玄股，郭璞曰："自髀以下如漆。"另见外东-12。

释文 有招摇山，融水在这里发源。有国叫玄股，这里的人吃黍，驱使四种兽。

荒东-24 有困民国，勾姓而食[1]。有人曰王亥，两手操鸟，方食其头。王亥托于有易、河伯仆牛[2]。有易杀王亥，取仆牛[3]。河念有易，有易潜出，为国于兽，方食之，名曰摇民[4]。帝舜生戏，戏生摇民。

注释

[1]勾姓而食，郝懿行曰："'勾姓'下、'而食'上，当有阙脱。"

[2]河伯仆牛，郭璞曰："河伯、仆牛，皆人姓名。托，寄也。见《汲郡竹书》。"

[3]"有易"两句，郭璞曰："《竹书》曰：'殷王子亥宾于有易而淫焉，有易之君绵臣杀而放之。是故殷主甲微假师于河伯以伐有易，灭之，遂杀其君绵臣也。'"汪绂

曰："据此则仆牛即王亥所淫者。"

[4]"河念"五句，郭璞曰："言有易本与河伯友善，上甲微殷之贤王，假师以义伐罪，故河伯不得不助灭之。既而哀念有易，使得潜化而出，化为摇民国。"按，本节旧从郭璞注，以仆牛为人名，终难说通。近代学者王国维《殷卜辞中所见先公先王考》又提出仆牛即服牛（驯养的牛），这样，故事就成了有易、河伯、王亥之间由牛引发的命案。相比之下，这个说法稍微合理一点，但王国维的考证太长，所以这里取郭璞等人的注释而用王国维的意思释文。

释文 有困民国，姓勾，吃黍。有人叫王亥，两手拿着鸟，正吃它的头。王亥把他养的牛托付给有易、河伯。有易杀了王亥，拿了他的牛。河伯同情有易，让他潜逃出走，在兽类的地方立国，名叫摇民。帝舜生戏，戏生摇民。

王亥

荒东-25 海内有两人，名曰女丑[1]。女丑有大蟹[2]。

注释

[1]女丑，郭璞曰："即女丑之尸，言其变化无常也。然则一以涉化津而遯神域者，亦无往而不之，触感而寄迹矣。范蠡之伦，亦闻其风者也。"

[2]大蟹，郭璞曰："广千里也。"

释文 海内有两个人，名叫女丑。女丑有大蟹。

荒东-26 大荒之中，有山名曰孽摇頵[1]羝，上有扶木，柱三百里，其叶如芥[2]。有谷曰温源谷[3]。汤谷上有扶木[4]。一日方至，一日方出[5]，皆载于乌[6]。

注释

[1]頵，音yūn。

[2]其叶如芥，郭璞曰："柱犹起高也。叶似芥菜。"

[3]温源谷，郭璞曰："温源即汤谷也。"

[4]"汤谷"句，郭璞曰："扶桑在上。"

[5]"一日"两句，郭璞曰："言交会相代也。"

[6]乌，郭璞曰："中有三足乌。"

释文 大荒之中，有山名叫孽摇頵羝，山上有扶木，高三百里，叶子像芥。有谷叫温源谷。汤谷上有扶木。一个太阳刚落下，一个太阳就升起，都载在乌的身上。

荒东-27有神，人面、犬耳、兽身，珥两青蛇，名曰奢比尸[1]。

注释

[1]奢比尸，另见外东-3。

释文 有神，长着人的面孔、狗的耳朵、兽的身体，耳戴两条青蛇，名叫奢比尸。

荒东-28有五采之鸟，相乡弃沙[1]。惟帝俊下友。帝下两坛，采鸟是司[2]。

注释

[1]沙，郭璞曰："未闻'沙'义。"郝懿行曰："沙疑与'娑'同，鸟羽娑娑然也。"

[2]"帝下"两句，郭璞曰："言山下有舜二坛，五采鸟主之。"

释文 有五采鸟，相向而舞。只有帝俊和它交朋友。帝在下的两个神坛，由五采鸟掌管。

五采鸟

荒东-29大荒之中，有山名猗天苏门，日月所生。有壎[1]民之国。

注释

[1]壎，音xūn。

释文 大荒之中，有山名叫猗天苏门，是日月升起的地方。有壎民国。

荒东-30有綦[1]山。又有摇山。有䲢[2]山。又有门户山。又有盛山。又有待山。有五采之鸟。

注释

[1]綦，音qí。

[2]䲢，同甑。

释文 有綦山。又有摇山。有䲢山。又有门户山。又有盛山。又有待山。有五采鸟。

荒东-31 东荒之中，有山名曰壑明俊疾，日月所出。有中容之国[1]。

注释

[1]中容之国，郝懿行曰："中容之国，已见上文。诸文重复杂沓，踳驳不伦，盖作者非一人，书成非一家故也。"

释文 东荒之中，有山名叫壑明俊疾，是日月升起的地方。有中容国。

荒东-32 东北海外，又有三青马、三骓[1]、甘华。爰有遗玉、三青鸟、三骓、视肉[2]、甘华、甘柤[3]，百谷所在。

注释

[1]三骓，郭璞曰："马苍白杂毛为骓。"荒南-27又说是"赤马"。
[2]视肉，郭璞曰："聚肉有眼。"参见外南-21注[5]。
[3]甘华、甘柤，见荒南-27。

释文 东北海外，又有三青马、三骓、甘华。这里有遗玉、三青鸟、三骓、视肉、甘华、甘柤，是百谷生长的地方。

荒东-33 有女和月母之国。有人名曰鹓[1]，北方曰鹓，来之风曰狿[2]，是处东极隅以止日月，使无相间出没，司其短长[3]。

鹓

注释

[1]鹓，音wǎn。
[2]狿，音yǎn。
[3]"是处"三句，郭璞曰："言鹓主察日月出入，不令得相间错，知景之短长。"

释文 有女和月母国。有人名叫鹓，北方叫鹓，吹来的风叫狿，处在最东面节制日月，使它们的出入不杂乱无序，并掌管着时间长短。

荒东-34 大荒东北隅中，有山名曰凶犁土丘。应龙[1]处南极，杀蚩尤[2]与夸父，不得复上[3]。故下数旱[4]，旱而为应龙之状，乃得大雨[5]。

注释

[1]应龙，郭璞曰："龙有翼者也。"

应龙

[2]蚩尤，郭璞曰："作兵者。"
[3]不得复上，郭璞曰："应龙遂住地下。"
[4]故下数旱，郭璞曰："上无复作雨者故也。"
[5]"旱而"两句，郭璞曰："今之土龙本此。气应自然冥感，非人所能为也。"

释文 大荒东北角中，有山名叫凶犁土丘。应龙在南极，杀了蚩尤和夸父，不能再上去。所以下面总是干旱，遇旱就画应龙的图形，便能得到大雨。

荒东-35东海中有流波山，入海七千里。其上有兽，状如牛，苍身而无角，一足，出入水则必风雨，其光如日月，其声如雷，其名曰夔。黄帝得之，以其皮为鼓，橛以雷兽[1]之骨，声闻五百里，以威天下。

夔

注释

[1]雷兽，郭璞曰："雷兽即雷神也，人面龙身，鼓其腹者。橛犹击也。"

释文 东海中有流波山，深入海中七千里。山上有一种兽，形状像牛，青黑色的身体，没有角，一只脚，出入水中必定带来风雨，发出的光像日月，声音像雷，名字叫夔。黄帝抓到了它，用它的皮做鼓，用雷兽的骨头敲击，声音能传出五百里，威震天下。

卷十五 大荒南经

山海经卷十五

大 荒 南 经

荒南-1 南海之外，赤水之西，流沙之东[1]，有兽，左右有首，名曰跊踢[2]。有三青兽相并，名曰双双[3]。

跊踢

注释

[1]"赤水"两句，郭璞曰："赤水出昆仑山，流沙出钟山也。"

[2]跊（chù）踢，郭璞曰："出狄名国。"郝懿行曰："狄名国未详所在，疑本在经内，今逸也。"

[3]"有三"两句，郭璞曰："言体合为一也。《公羊传》所云'双双而俱至者'，盖谓此也。"

释文 南海之外，赤水的西面，流沙的东面，有一种兽，左右有头，名叫跊踢。有三个青兽连体相合，名叫双双。

荒南-2 有阿山者。南海之中，有氾天之山，赤水穷焉[1]。赤水之东，有苍梧之野，舜与叔均之所葬也[2]。爰有文贝[3]、离俞[4]、鸱久[5]、鹰、贾[6]、委维[7]、熊、罴、象、虎、豹、狼、视肉[8]。

注释

[1]池水穷焉，郭璞曰："流极于此山也。"

[2]"赤水"三句，郭璞曰："叔均，商均也。舜巡狩，死于苍梧而葬之，商均因留，死，亦葬焉。基在今九疑之中。"

[3]文贝，郭璞曰："即紫贝也。"

[4]离俞，郭璞曰："即离朱。"离朱，参见外南-21注[4]。

[5]鸱久，参见外南-21注[7]。

双双

大荒南经

［6］贾，郭璞曰："贾亦鹰属。"

［7］委维，郭璞曰："即委蛇也。"《庄子·达生》："委蛇，其大如毂，其长如辕，紫衣而朱冠。其为物也，恶闻雷车之声，则捧其首而立。见之者殆乎霸。"

［8］视肉，参见外南-21注［5］。

释文 有阿山。南海之中有氾天山，赤水在这里终结。赤水的东面，有苍梧野，舜与叔均都葬在这里。这里有文贝、离俞、鸱久、鹰、贾、委维、熊、罴、象、虎、豹、狼、视肉。

狼

玄蛇

荒南-3 有荣山，荣水出焉。黑水之南，有玄蛇，食麈[1]。

注释

［1］食麈，郭璞曰："今南山蚺蛇吞鹿，亦此类。"麈，参见中8-6注［6］。

释文 有荣山，荣水在这里发源。黑水的南面，有黑蛇，吃驼鹿。

荒南-4 有巫山者，西有黄鸟，帝药八斋[1]。黄鸟于巫山，司此玄蛇[2]。

注释

［1］帝药八斋，郭璞曰："天帝神仙药在此也。"

［2］"黄鸟"两句，郭璞曰："言主之也。"

释文 有巫山，西面有黄鸟，天帝贮藏仙药的，八间屋子。黄鸟在巫山，管理这里的黑蛇。

麈

荒南-5 大荒之中，有不庭之山，荣水穷焉。有人三身，帝俊妻娥皇，生此三身之国[1]，姚姓[2]，黍食，使四鸟。有渊四方，四隅皆达[3]，北属[4]黑水，南属大荒，北旁名曰少和之渊，南旁名曰从渊，舜之所浴也。

注释

［1］"有人"三句，郭璞曰："盖后裔所出也。"

［2］姚姓，郭璞曰："姚，舜姓也。"

［3］四隅皆达，郭璞曰："言渊四角皆旁通也。"

［4］属，郭璞曰："犹连也。"

释文 大荒之中，有不庭山，荣水在这里终结。有人长着三个身体，帝俊的妻子娥皇生了这三身国的人，姓姚，吃黍，驱使四种兽。有渊呈方形，四个角都通，向北连接黑水，向南连接大荒，北部名叫少和渊，南部名叫从渊，是舜洗澡的地方。

荒南-6 又有成山，甘水穷焉。有季禺之国，颛顼之子[1]，食黍。有羽民之国，其民皆生毛羽。有卵民之国，其民皆生卵[2]。

注释

［1］颛顼之子，郭璞曰："言此国人颛顼之裔子也。"

［2］其民皆生卵，郭璞曰："即卵生也。"

释文 又有成山，甘水在这里终结。有季禺国，是颛顼的后代，吃黍。有羽民国，这里的人都长羽毛。有卵民国，这里的人都生蛋。

荒南-7 大荒之中，有不姜之山，黑水[1]穷焉。又有贾山，汔[2]水出焉。又有言山。又有登备之山[3]。有恝恝[4]之山。又有蒲山，澧水出焉。又有隗山，其西有丹，其东有玉。又南有山，漂水出焉。有尾山。有翠山[5]。

注释

［1］黑水，郭璞曰："黑水出昆仑山。"

［2］汔，音qì。

［3］登备之山，郭璞曰："即登葆山，群巫所从上下者也。"见外西-11。

［4］恝，音qì。

［5］翠山，郭璞曰："言此山有翠鸟也。"

释文 大荒之中，有不姜山，黑水在这里终结。又有贾山，汔水在这里发源。又有言山。又有登备山。有恝恝山。又有蒲山，澧水在这里发源。又有隗山，它的西面有丹，东面产玉。又南面还有山，漂水在这里发源。有尾山。有翠山。

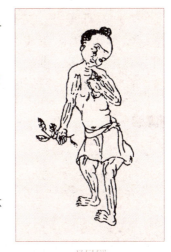

荒南-8 有盈民之国，於姓，黍食。又有人方食木叶。

释文 有盈民国，姓於，吃黍。又有人正在吃树叶。

荒南-9 有不死之国，阿姓，甘木[1] 是食。

注释

[1]甘木，郭璞曰："甘木即不死树，食之不老。"另见内西-19。

盈民国

释文 有不死国，姓阿，以甘木为食。

荒南-10 大荒之中，有山名曰去痓[1]。南极果，北不成，去痓果。

注释

[1]痓，音chì。

释文 大荒之中，有山名叫去痓。南极果，北不成，去痓果。

盈民国

荒南-11 南海渚中，有神，人面，珥两青蛇，践两赤蛇，曰不廷胡余[1]。有神名曰因因乎，南方曰因乎夸风，曰乎民[2]，处南极以出入风。

注释

[1]不廷胡余，郭璞曰："神名耳。"

[2]"南方"两句，郭璞曰："亦有二名。"

释文 南海岛中有神，长有人的面孔，耳戴两条青蛇，脚踩两条赤蛇，叫不廷胡余。有神名叫因因乎，南方叫因乎夸风，又叫乎民，住在南极掌管风的出入。

因因乎

荒南-12有襄山。又有重阴之山。有人食兽，曰季厘[1]。帝俊生季厘，故曰季厘之国。有缗[2]渊。少昊生倍伐，倍伐降处缗渊。有水四方，名曰俊坛。

注释

[1] 季厘，郝懿行曰："文十八年《左传》云：'高辛氏才子八人'，有季狸。狸、厘声同，疑是也。是此帝俊又为帝喾矣。"

[2] 缗，音 hún。

释文 有襄山。又有重阴山。有人吃兽类，名叫季厘。帝俊生季厘，所以叫季厘国。有缗渊。少昊生倍伐，倍伐住在缗渊。有四方形水塘的，名叫俊坛。

季厘国

荒南-13有载民之国[1]。帝舜生无淫，降载处，是谓巫载民。巫载民盼[2]姓，食谷。不绩不经，服也[3]；不稼不穑，食也[4]。爰有歌舞之鸟，鸾鸟自歌，凤鸟自舞。爰有百兽，相群爰处。百谷所聚。

注释

[1] 载民之国，郭璞曰："为人黄色。"另见外南-11。

[2] 盼，音 fén。

[3] "不绩"两句，郭璞曰："言自然有布帛也。"

[4] "不稼"两句，郭璞曰："言五谷自生也。种之为稼，收之为穑。"

释文 有载民国。帝舜生无淫，住在载，成为巫载民。巫载民姓盼，吃谷类，不纺不织却有衣服穿，不种不收却有粮食吃。这里有能歌舞的鸟，鸾鸟自自在地歌唱，凤鸟自在地起舞。这里有各种兽类，成群而居。各种谷物在这里汇聚。

荒南-14大荒之中，有山名曰融天，海水南入焉。

释文 大荒之中，有山名叫融天，海水从南面流入。

荒南-15 有人曰凿齿，羿杀之[1]。

注释

[1]杀之，郭璞曰："射杀之也。"另见外南-17。

释文 有人叫凿齿，羿杀了他。

蜮人

荒南-16 有蜮山者，有蜮民之国[1]，桑姓，食黍，射蜮是食。有人方扜[2]弓射黄蛇，名曰蜮人。

注释

[1]蜮民之国，郭璞曰："蜮，短狐也。似鳖，含沙射人，中之则病死。此山出之，亦以名云。"

[2]扜（yū），挽、张。

释文 有蜮山，山上有蜮民国，姓桑，吃黍，也吃射蜮。有人正挽弓射黄蛇，名叫蜮人。

荒南-17 有宋山者，有赤蛇，名曰育蛇。有木生山上，名曰枫木。枫木，蚩尤所弃其桎梏[1]，是谓枫木[2]。有人方齿虎尾，名曰祖状之尸。

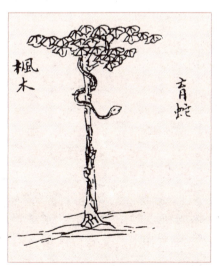

枫木　青蛇

育蛇

注释

[1]"枫木"两句，郭璞曰："蚩尤为黄帝所得，械而杀之，已摘弃其械，化而为树也。"

[2]枫木，郭璞曰："即今枫香树。"

释文 有宋山，山上有红色的蛇，名叫育蛇。山上长有一种树木，名叫枫木。枫木是蚩尤所遗弃的刑具，这就是枫木。有人长着方的牙齿，虎的尾巴，名叫祖状之尸。

焦侥国

祖状之尸

荒南-18 有小人，名曰焦侥之国[1]，幾姓，嘉谷是食。

注释

[1] 焦侥（yáo）之国，郭璞曰："皆长三尺。"另见外南-19。

释文 有一种小人，名叫焦侥国，姓幾，吃嘉谷。

荒南-19 大荒之中，有山名歹焑[1]涂之山，青水[2]穷焉。有云雨之山，有木名曰栾。禹攻云雨[3]，有赤石焉生栾[4]，黄本，赤枝，青叶，群帝焉取药[5]。

注释

[1] 歹焑，音xiǔ。
[2] 青水，郭璞曰："青水出昆仑。"
[3] 攻，郭璞曰："攻谓槎伐其林木。"槎，砍、斫。
[4] "有赤"句，郭璞曰："言山有精灵，复变生此木于赤石之上。"
[5] "黄本"四句，郭璞曰："言树花实皆为神药。"

释文 大荒之中，有山名叫歹焑涂山，青水在这里终结。有云雨山，那里有树木名叫栾。禹砍伐云雨山上的树木，有红色石头上生长着栾，黄色的根，红色的枝，青色的叶，天帝在这里取药。

荒南-20 有国曰颛顼，生伯服，食黍。有鼬姓之国。有苕山。又有宗山。又有姓山。又有壑山。又有陈州山。又有东州山。又有白水山，白水出焉，而生白渊，昆吾[1]之师所浴也。

注释

〔1〕昆吾，郭璞曰："昆吾，古王者号。《音义》曰：'昆吾，山名，溪水内出善金。'二文有异，莫知所辨测。"

释文 有国名叫颛顼，生伯服，吃黍。有鼬姓国。有苕山。又有宗山。又有姓山。又有壑山。又有陈州山。又有东州山。又有白水山，白水在这里发源，生成白渊，是昆吾之师洗澡的地方。

荒南-21 有人名曰张弘，在海上捕鱼。海中有张弘之国，食鱼，使四鸟。

释文 有人叫张弘，在海上捕鱼。海中有张弘国，那里的人吃鱼，驱使四种兽。

荒南-22 有人焉，鸟喙，有翼，方捕鱼于海。

释文 有人长着鸟嘴，有翅膀，正在海上捕鱼。

荒南-23 大荒之中，有人名曰驩头。鲧妻士敬，士敬子曰炎融，生驩头。驩头人面鸟喙，有翼，食海中鱼，杖翼而行〔1〕。维宜芑、苣、穋、杨是食〔2〕。有驩头之国。

注释

〔1〕杖翼而行，郭璞曰："翅不可以飞，倚杖之用行而已。"

〔2〕"维宜"句，郭璞曰："管子说地所宜云，其种穋、杞、黑黍，皆禾类也。苣，黑黍。今字作禾旁。"

释文 大荒之中，有人名叫驩头。鲧的妻子士敬，士敬的儿子叫炎融，生了驩头。驩头长着人的面孔、鸟的嘴，有翅膀，吃海里的鱼，拿翅膀当拐杖行走。又吃芑、苣、穋、杨。有驩头国。

荒南-24 帝尧、帝喾、帝舜葬于岳山。爰有文贝〔1〕、离俞、鸱久〔2〕、鹰、延维〔3〕、视肉〔4〕、熊、罴、虎、豹；朱木，赤枝，青华，玄实。有申山者。

注释

〔1〕文贝，参见西3-16注〔2〕。

〔2〕鸱久，参见外南-21注〔7〕、〔5〕。

〔3〕延维，见内-17。

［4］视肉，同［2］。

释文 帝尧、帝喾、帝舜葬在岳山。这里有文贝、离俞、鸱久、鹰、延维、视肉、熊、罴、虎、豹；朱木，红色的枝，青色的花，黑色的果实。有申山。

荒南-25 大荒之中，有山名曰天台高山，海水入焉。

释文 大荒之中，有山名叫天台高山，有海水流入。

荒南-26 东南海之外，甘水之间，有羲和之国。有女子名曰羲和，方日浴于甘渊[1]。羲和者，帝俊之妻，生十日[2]。

注释

［1］"有女"两句，郭璞曰："羲和盖天地始生，主日月者也。故《启筮》曰：'空桑之苍苍，八极之既张，乃有夫羲和，是主日月，职出入，以为晦明。'又曰：'瞻彼上天，一明一晦，有夫羲和之子，出于旸谷。'故尧因此而立羲和之官，以主四时，其后世遂为此国。作日月之象而掌之，沐浴运转之于甘水中，以效其出入旸谷虞渊也，所谓世不失职耳。"

［2］生十日，郭璞曰："言生十子各以日名名之，故言生十日，数十也。"

释文 东南海之外、甘水之间有羲和国。有个女子名叫羲和，正在甘渊给太阳洗澡。羲和是帝俊的妻子，生了十个太阳。

荒南-27 有盖犹之山者，其上有甘柤，枝干皆赤，黄叶，白华，黑

羲和浴日

大荒南经

实。东又有甘华，枝干皆赤，黄叶。有青马。有赤马，名曰三骓。有视肉[1]。

注释

［1］视肉，参见外南-21注［5］。

释文 有盖犹山，山上有甘柤，枝干都是红色的，黄叶，白花，黑色的果实。东面有甘华，枝干都是红色的，叶子黄色。有青马。有红马，名叫三骓。有视肉。

荒南-28有小人名曰菌人。

释文 有小人名叫菌人。

荒南-29有南类之山，爰有遗玉、青马、三骓、视肉[1]、甘华，百谷所在。

注释

［1］视肉，参见外南-21注［5］。

释文 有南类山，这里有遗玉、青马、三骓、视肉、甘华，是百谷生长的地方。

菌人

卷十六　大荒西经

山海经卷十六

大荒西经

荒西-1 西北海之外，大荒之隅，有山而不合，名曰不周负子[1]，有两黄兽守之。有水曰寒暑之水。水西有湿山，水东有幕山。有禹攻共工国山[2]。

注释

［1］不周负子，郭璞曰："《淮南子》曰：'昔者共工与颛顼争帝，怒而触不周之山，天维绝，地柱折。'故今此山缺坏不周帀也。"

［2］"有禹"句，郭璞曰："言攻其国，杀其臣相柳于此山。《启筮》曰：'共工人面，蛇身，朱发'也。"

释文 西北海之外，大荒的角落里，有不合的山，名叫不周负子，有两只黄兽看守着。有水叫寒暑水。水的西面有湿山，水的东面有幕山。有禹攻共工国山。

荒西-2 有国名曰淑士，颛顼之子[1]。

注释

［1］"有国"两句，郭璞曰："言亦出自高阳氏也。"

释文 有国名叫淑士，是颛顼的后代。

女娲之肠

荒西-3 有神十人，名曰女娲之肠[1]，化为神，处栗广之野，横道而处[2]。

注释

［1］女娲之肠，郭璞曰："或作'女娲之腹'。女娲，古神女而帝者，人面蛇身，一日中七十变，其腹化为此神。栗广，野名。"

［2］横道而处，郭璞曰："言断道也。"

释文 有十个神，名叫女娲之肠，化作神，在栗广野，横在道路上。

荒西-4 有人名曰石夷，来风曰韦，处西北隅以司日月之长短[1]。有五采之鸟，有冠，名曰狂鸟[2]。

注释

[1]"处西"句，郭璞曰："言察日月晷度之节。"

[2]狂鸟，郭璞曰："《尔雅》云：'狂，梦鸟。'即此也。"

释文 有人名叫石夷，来风叫韦，在西北角掌管日月光影的长短。有五采鸟，头上有冠，名叫狂鸟。

女娲之肠

狂鸟

荒西-5 有大泽之长山。有白氏之国。

释文 有大泽的长山。有白氏国。

荒西-6 西北海之外，赤水之东，有长胫之国[1]。

注释

[1]长胫之国，郭璞曰："脚长三丈。"

释文 西北海之外，赤水的东面，有长胫国。

荒西-7 有西周之国，姬姓，食谷。有人方耕，名曰叔均。帝俊生后稷[1]，稷降以百谷。稷之弟曰台玺，生叔均。叔均是代其父及稷播百谷，始作耕。有赤国妻氏。有双山。

注释

[1]帝俊生后稷，郭璞曰："俊宜为喾，喾第二妃生后稷也。"

释文 有西周国，姓姬，吃谷类。有人正在耕作，名叫叔均。帝俊生后稷，稷从天上带下百谷。稷的弟弟叫台玺，生叔均。叔均替代他的父亲和稷播种百谷，开始从事耕种。有赤国妻氏。有双山。

荒西-8 西海之外，大荒之中，有方山者，上有青树，名曰柜格之松，日月所出入也。

释文 西海之外，大荒之中，有方山，山上有青树，名叫柜格松，是日月出入的地方。

北狄

荒西-9 西北海之外，赤水之西，有先民之国，食谷，使四鸟。有北狄之国。黄帝之孙曰始均，始均生北狄。有芒山。有桂山。有榣[1]山。其上有人，号曰太子长琴。颛顼生老童[2]，老童生祝融[3]，祝融生太子长琴，是处榣山，始作乐风[4]。有五采鸟三名：一曰皇鸟，一曰鸾鸟，一曰凤鸟。有虫状如菟，胸以后者裸不见[5]，青如猨状[6]。

太子长琴

注释

[1] 榣，音 yáo。

[2] 颛顼生老童，郭璞曰："《世本》云：'颛顼娶于滕隍氏，谓之女禄，产老童也。'"

[3] 祝融，郭璞曰："即重黎也，高辛氏火正，号曰祝融也。"

[4] 乐风，歌曲。

[5] "胸以"句，郭璞曰："言皮色青，故不见其裸露处。"

[6] 青如猨状，郭璞曰："状又似猿。"

释文 西北海之外，赤水的西面，有先民国，吃谷类，驱使四种兽。有北狄国。黄帝的孙子叫始均，始均生北狄。有芒山。有桂山。有榣山。山上有人，号太子长琴。颛顼生老童，老童生祝融，祝融生太子长琴，住在榣山，他发明了乐风。有五采鸟，鸟有三个名字：一叫皇鸟，一叫鸾鸟，一叫凤鸟。有虫形状像兔子，胸以后的裸露部分看不见，青色，像猿。

荒西-10 大荒之中，有山名曰丰沮玉门，日月所入。有灵山，巫咸、

巫即、巫盼、巫彭、巫姑、巫
真、巫礼、巫抵、巫谢、巫罗十
巫，从此升降，百药爰在[1]。

十巫

注释

[1]"从此"两句，郭璞曰："群
巫上下此山采之也。"

释文 大荒之中有山名叫丰
沮玉门，是日月落下的地方。
有灵山，巫咸、巫即、巫盼、
巫彭、巫姑、巫真、巫礼、巫
抵、巫谢、巫罗这十巫在这里
上下，各种药都在这里。

荒西-11 西有王母之山、壑山、
海山[1]。有沃之国[2]，沃民是
处。沃之野，凤鸟之卵是食，甘
露是饮。凡其所欲，其味尽存。爰有甘华、甘柤[3]、白柳、视肉[4]、
三骓、璇瑰[5]、瑶碧[6]、白木[7]、琅玕[8]、白丹、青丹[9]，多银、
铁。鸾凤自歌，凤鸟自舞，爰有百兽，相群是处，是谓沃之野。有三
青鸟，赤首黑目，一名曰大鵹，一名少鵹，一名曰青鸟[10]。有轩辕之
台，射者不敢西向射，畏轩辕之台。

注释

[1]"西有"句，郭璞曰："皆群大灵之山。"

[2]沃之国，郭璞曰："言其土饶沃也。"另见外西-16，沃作"天"。

[3]甘华、甘柤，见荒南-27。

[4]视肉，参见外南-21注[5]。

[5]璇瑰，璇又通作"琁"、"瓊"、"璚"，郭璞曰："璇瑰亦玉名。"《石雅
·琳琅》："《穆天子传》称枝斯璇瑰出于采石之山，《山海经·大荒西经》称璇瑰、
碧瑶出于王母之山，《大荒北经》谓皆出卫于山，亦犹西北地也。璚瑰即瓊瑰，是瓊瑰
与玛瑙产地正同，而瓊瑰犹当与西胡玛瑙珠为近。"

[6]瑶碧，参见西3-15注[2]。

[7]白木，郭璞曰："树色正白。今南方有文木，亦黑木也。"

[8]琅玕，参见西3-7注[5]。

[9]青丹，郭璞曰："又有黑丹也。《孝经援神契》云：'王者德至山陵而黑丹
出。'然则丹者别是彩名，亦犹黑白黄皆云丹也。"

[10]"有三"五句，郭璞曰："皆西王母所使也。"

释文 西方有王母山、壑山、海山。有沃国，沃民生活在这里。沃野，

凤鸟的蛋可以吃，甘露可以喝。凡是好吃的东西，这里应有尽有。这里有甘华、甘相、白柳、视肉、三骓、璇瑰、瑶碧、白木、琅玕、白丹、青丹，多产银、铁。鸾凤自在地歌唱，凤鸟自在地起舞，这里百兽群居，和睦相处，称为沃野。有三只青鸟，红头黑眼，一只名叫大鵹，一只名叫少鵹，一只名叫青鸟。有轩辕台，射箭的人不敢向西射，因为畏惧轩辕台。

荒西-12 大荒之中，有龙山，日月所入。有三泽水，名曰三淖，昆吾之所食也。有人衣青，以袂[1]蔽面，名曰女丑之尸[2]。

注释

［1］袂，袖子。

［2］女丑之尸，另见外西-10。

释文 大荒之中，有龙山，是日月落下的地方。有三泽水，名叫三淖，是昆吾觅食的地方。有人穿青色的衣服，用袖子遮着脸，名叫女丑之尸。

荒西-13 有女子之国[1]。

注释

［1］郭璞曰："王颀至沃沮国，尽东界，问其耆老，云：'国人尝乘船捕鱼遭风，见吹数十日，东一国，在大海中，纯女无男。'即此国也。"另见外西-13。

释文 有女子国。

荒西-14 有桃山。有虻[1]山。有桂山。有于土山。

注释

［1］虻（méng），同蝱。

释文 有桃山。有虻山。有桂山。有于土山。

荒西-15 有丈夫之国[1]。

注释

［1］丈夫之国，郭璞曰："其国无妇人也。"另见外西-9。

释文 有丈夫国。

荒西-16 有弇州之山，五采之鸟仰天[1]，名曰鸣鸟。爰有百乐歌儛之风[2]。

鸣鸟

〔1〕仰天，郭璞曰："张口嘘天。"

〔2〕"爰有"句，郭璞曰："爰有百种伎乐歌儛风曲。"

释文 有弇州山，五采鸟抬头张口仰天鸣叫，名叫鸣鸟。这里有各种歌舞乐曲的流行。

荒西-17有轩辕之国[1]。江山之南栖为吉[2]。不寿者乃八百岁。

注释

〔1〕轩辕之国，郭璞曰："其人人面蛇身。"另见外西-14。

〔2〕"江山"句，郭璞曰："即穷山之际也。山居为栖。吉者，言无凶夭。"

释文 有轩辕国。住在江山之南十分吉利。不长寿的有八百岁。

弇兹

荒西-18西海陼中，有神人面鸟身，珥两青蛇，践两赤蛇，名曰弇[1]兹。

注释

〔1〕弇，音yǎn。

释文 西海陼中，有一种神，长着人的面孔、鸟的身体，耳戴两条青蛇，脚踩两条赤蛇，名叫弇兹。

荒西-19大荒之中，有山名曰日月山，天枢也。吴姬天门，日月所入。有神，人面无臂，两足反属于头山[1]，名曰嘘。颛顼生老童，老童生重及黎[2]，帝令重献上天，令黎邛下地[3]，下地是生噎[4]，处于西极，以行日月星辰之行次[5]。

注释

〔1〕头山，郝懿行曰："'山'当为'上'字之讹。"

〔2〕"老童"句，郭璞曰："《世本》云：'老童娶于根水氏，谓之骄福，产重及黎。'"

噓

[3]"帝令"两句，郭璞曰："古者人神杂扰无别，颛顼乃命南正重司天以属神，命火正黎司地以属民。重实上天，黎实下地。献、邛，义未详也。"俞樾《读山海经》："邛当作'卬'，隶变作'卬'，遂与卬我之卬无别，俗文加手作'抑'。"而俞释"抑"为治理，又以"献"为"仪"的通假，释为取法、效法，词语得解，但句义勉强。袁珂取"邛"为"抑"之说，又释"献"为举，遂使文义正与韦昭注《国语》'言重能举上天，黎能抑下地'相吻合，相对可取。

[4]下地是生噎，郝懿行曰："此语难晓。《海内经》云：'后土生噎鸣。'此经与相涉，而文有阙脱，遂不复可读。"

[5]"处于"句，郭璞曰："主察日月星辰之度数次舍也。"

释文 大荒之中，有山名叫日月山，是天界的枢纽。吴姖天门，是日月进入的地方。有一个神，长着人的面孔，没有手臂，两脚反生在头上，名叫噓。颛顼生老童，老童生重和黎，天帝令重上举天，令黎下压地，黎下压地后生了噎，住在西极，管理日月星辰的运行。

噎

荒西-20有人反臂，名曰天虞。

释文 有人手臂反生，名叫天虞。

荒西-21有女子方浴月。帝俊妻常羲，生月十有二，此始浴之。有玄丹之山[1]。有五色之鸟，人面有发。爰有青鸳[2]、黄鳌[3]、青鸟、黄鸟，其所集者其国亡。

常羲浴月

注释

[1] 玄丹之山，郭璞曰："出黑丹也。"

[2] 鸢，音wén。

[3] 鷔，音áo。

释文 有女子正给月亮洗澡。帝俊的妻子常羲，生了十二个月亮，在这里开始给它们洗澡。有玄丹山。有五色鸟，长着人的面孔，有头发。这里有青鸢、黄鷔、青鸟、黄鸟，它们聚集的地方该国会灭亡。

荒西-22 有池名孟翼[1]之攻颛顼之池。

注释

[1] 孟翼，郭璞曰："人姓名。"

释文 有池名叫孟翼之攻颛顼池。

荒西-23 大荒之中有山，名曰鏖[1]鏊钜，日月所入者。有兽，左右有首，名曰屏蓬[2]。有巫山者。有壑山者。有金门之山，有人名曰黄姖之尸。有比翼之鸟。有白鸟青翼，黄尾，玄喙。有赤

五色鸟

屏蓬

天犬

犬，名曰天犬，其所下者有兵[3]。

注释

[1] 鳌，音áo。

[2] 屏蓬，郭璞曰："即并封也，语有轻重耳。"

[3]"有赤"三句，郭璞曰："《周书》云：'天狗所止地尽倾，馀光烛天为流星，长数十丈，其疾如风，其声如雷，其光如电。'吴楚七国反时吠过梁国者是也。"

释文 大荒之中有山，名叫鏖鳌钜，是日月落下的地方。有一种兽，左右有头，名叫屏蓬。有巫山。有壑山。有金门山，有人名叫黄姬之尸。有比翼鸟。有白鸟，青色的翅膀，黄色的尾巴，黑色的嘴。有红狗，名叫天犬，它下来的地方会有战争。

荒西-24 西海之南，流沙之滨，赤水之后，黑水之前，有大山，名曰昆仑之丘。有神人面虎身，有文有尾，皆白。处之。其下有弱水之渊环之[1]，其外有炎火之山，投物辄然[2]。有人，戴胜，虎齿，有豹尾，穴处，名曰西王母。此山万物尽有[3]。

注释

[1] 弱水，郭璞曰："其水不胜鸿毛。"

[2]"其处"两句，郭璞曰："今去扶南东万里，有耆薄国；东复五千里许，有火山国，其山虽霖雨，火常然。火中有白鼠，时出山边求食，人捕得之，以毛作布，今之火浣布是也。即此山之类。"

[3]"此山"句，郭璞曰："《河图玉版》亦曰：'西王母居昆仑之山。'《西山经》曰：'西王母居玉山。'《穆天子传》曰'乃纪名迹于弇山之石，曰西王母之山'也。然则西王母虽以昆仑之宫，亦自有离宫别窟，游息之处不专住一山也。故记事者各举所见而言之。"

人面虎身神

大荒西经

释文 西海的南面，流沙的边上，赤水的后面，黑水的前面有大山，名叫昆仑丘。有一个神，长着人的面孔，虎的身体，有纹理，有尾巴，都是白色的。在这里。下面有弱水渊环绕，外面有炎火山，把东西扔进去就会燃烧。有人，戴着玉首饰，长着虎的牙齿，豹的尾巴，住在洞穴里，名叫西王母。这座山什么都有。

荒西-25 大荒之中，有山名曰常阳之山，日月所入。

释文 大荒之中，有山名叫常阳山，是日月落下的地方。

荒西-26 有寒荒之国。有二人女祭、女薎[1]。

注释

[1] 薎，音miè。

释文 有寒荒国。有二个人：女祭、女薎。

荒西-27 有寿麻之国。南岳娶州山女，名曰女虔。女虔生季格，季格生寿麻。寿麻正立无景，疾呼无响[1]。爰有大暑，不可以往。

注释

[1] "寿麻"两句，郭璞曰："言其禀形气有异于人也。《列仙传》曰：'玄俗无景。'"

释文 有寿麻国。南岳娶州山女子，名叫女虔。女虔生季格，季格生寿麻。寿麻站在太阳底下没影子，极力呼喊没声音。这里非常热，不可以去。

寿麻

荒西-28 有人无首，操戈盾立，名曰夏耕之尸[1]。故成汤伐夏桀于章山[2]，克之，斩耕厥前。耕既立，无首，走厥咎，乃降于巫山[3]。

注释

[1] "有人"三句，郭璞曰："亦形天尸之类。"
[2] 于章，郭璞曰："山名。"
[3] 乃降于巫山，郭璞曰："自窜于巫山。巫山今在建平巫县。"

释文 有人没头，拿着戈和盾站着，名叫夏耕尸。当年成汤在于章山

夏耕尸

讨伐夏桀，获得了胜利，杀死了耕。耕又站了起来，却没了头，畏罪潜逃，就来到了巫山。

荒西-29有人名曰吴回，奇左，是无右臂[1]。

注释

[1]"有人"三句，郭璞曰："即奇肱也。吴回，祝融弟，亦为火正也。"

释文 有人名叫吴回，只有左臂，没有右臂。

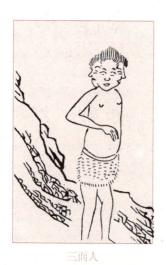

三面人

荒西-30有盖山之国。有树，赤皮支干，青叶，名曰朱木。

释文 有盖山国。有一种树，皮和枝干都是红色，叶子青色，名叫朱木。

荒西-31有一臂民。

释文 有只有一条手臂的人。

荒西-32大荒之中，有山名曰大荒之山，日月所入。有人焉三面，是颛顼之子，三面一臂[1]，三面之人不死[2]，是谓大荒之野。

[1] 一臂，郭璞曰："无左臂也。"

[2] "三面"句，郭璞曰："言人头三边各有面也。玄菟太守王颀至沃沮国，问其耆老，云'复有一破船随波出在海岸边，上有一人，顶中复有面，与语不解，了不食而死'。此是两面人也。《吕氏春秋》曰'一臂三面之乡'也。"

释文 大荒之中有山名叫大荒山，是日月落下的地方。有人有三张面孔，是颛顼的后代，长着三张面孔、一条手臂，三面人不死，这里称为大荒野。

荒西-33 西南海之外，赤水之南，流沙之西，有人珥两青蛇，乘两龙，名曰夏后开。开上三嫔于天[1]，得《九辩》与《九歌》以下[2]。此天穆之野[3]，高二千仞，开焉得始歌《九招》[4]。

[1] "开上"句，郭璞曰："嫔，妇也，言献美女于天帝。"

[2] "得九"句，郭璞曰："皆天帝乐名也，开登天而窃以下用之也。《开筮》曰：'昔彼《九冥》，是与帝《辩》同宫之序，是谓《九歌》。'又曰：'不得窃《辩》与《九歌》以国于下。'义具见于《归藏》。"

[3] 天穆之野，郭璞曰："《竹书》曰，颛顼产伯鲧，是维若阳，居天穆之阳也。"

[4] "开焉"句，郭璞曰："《竹书》曰，夏后开舞《九招》也。"按，夏后开即启，避汉景帝讳云。

释文 西南海外，赤水的南面，流沙的西面，有人耳戴两条青蛇，驾驭

夏后开

两条龙，名叫夏后开。开进献三个美女给天帝，得到《九辩》与《九歌》后下到这里。这里是天穆野，高》二千仞，开在这里开始奏唱《九招》。

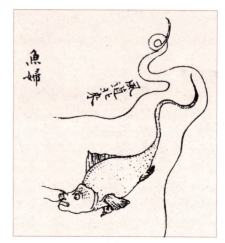

鱼妇

荒西-34 有互人之国[1]。炎帝[2]之孙名曰灵恝，灵恝生互人，是能上下于天[3]。有鱼偏枯，名曰鱼妇。颛顼死即复苏[4]，风道北来，天乃大水泉[5]，蛇乃化为鱼，是为鱼妇。颛顼死即复苏[6]。

注释

[1] 互人之国，郭璞曰："人面鱼身。"

[2] 炎帝，郭璞曰："神农。"

[3] "是能"句，郭璞曰："言能乘云雨也。"

[4] "颛顼"句，郭璞曰："言其人能变化也。"

[5] "风道"两句，郭璞曰："言泉水得风暴溢出。道，犹从也。韩非曰：'玄鹤二八，道南方而来。'"

[6] "蛇乃"三句，郭璞曰："《淮南子》曰：'后稷龙在建木西，其人死复苏，其中为鱼。'盖谓此也。"

释文 有互人国。炎帝的孙子名叫灵恝，灵恝生互人，能乘云雨上天下地。有半人半鱼，名叫鱼妇。颛顼死后立刻复苏，风从北面吹来，天上涌出泉水，蛇于是化成鱼，这就是鱼妇。颛顼死后立刻复苏。

鹠鸟

荒西-35 有青鸟，身黄，赤足，六首，名曰鹠[1]鸟。有大巫山。有金之山。西南大荒之中隅，有偏句、常羊之山。

[1] 鹠，音chù。

释文 有青鸟，身体黄色，脚红色，有六个头，名叫鹠鸟。有大巫山。有金山。西南面大荒的中部，有偏句、常羊山。

卷十七　大荒北经

山海经卷十七

大 荒 北 经

荒北-1东北海之外，大荒之中，河水之间，附禺之山，帝颛顼与九嫔葬焉。爰有鸱久、文贝[1]、离俞、鸾鸟、皇鸟、大物、小物。有青鸟、琅鸟、玄鸟、黄鸟、虎、豹、熊、罴、黄蛇、视肉[2]、璿瑰[3]、瑶碧[4]，皆出卫于山[5]。丘方员三百里，丘南帝俊竹林在焉，大可为舟[6]。竹南有赤泽水，名曰封渊。有三桑无枝[7]。丘西有沈渊，颛顼所浴。

注释

[1] 文贝，参见西3-16注[2]。
[2] 鸱久、视肉，参见外南-21注[7]、[5]。
[3] 璿瑰，参见荒西-11注[5]。
[4] 瑶碧，参见西3-15注[2]。
[5] 郝懿行曰："古本'卫丘'连文，而以'皆出于山'四字相属，今本误倒其句耳。"意谓下文当作"卫丘山南帝俊竹林"，此句不当有"卫"字。
[6] 大可为舟，郭璞曰："言舜林中竹一节则可以为船也。"
[7] 三桑无枝，见北外-16。

释文 东北海之外，大荒之中，河水之间，有附禺山，帝颛顼和九嫔葬在这里。这里有鸱久、文贝、离俞、鸾鸟、皇鸟、大物、小物。有青鸟、琅鸟、玄鸟、黄鸟、虎、豹、熊、罴、黄蛇、视肉、璇瑰、瑶碧，都出在山上。卫丘方圆三百里，丘南帝俊的竹林在这里，竹子很大，可以造船。竹林的南面有红色的泽水，名叫封渊。有三桑无枝。丘的西面有沈渊，是颛顼洗澡的地方。

荒北-2有胡不与之国[1]，烈姓，黍食。

注释

[1] 胡不与之国，郭璞曰："一国复名耳，今胡夷语皆通然。"

释文 有胡不与国，姓烈，吃黍。

荒北-3大荒之中，有山，名曰不咸。有肃慎氏之国[1]。有蜚蛭，四翼。有虫，兽首蛇身，名曰琴虫[2]。

注释

[1]肃慎氏之国，郭璞曰："今肃慎国去辽东三千馀里，穴居，无衣，衣猪皮，冬以膏涂体，厚数分，用却风寒。其人皆工射，弓长四尺，劲强。箭以楛为之，长尺五寸，青石为镝，此春秋时隼集陈侯之庭所得矢也。晋太兴三年平州刺史崔毖遣别驾高会，使来献肃慎氏之弓矢，箭镞有似铜骨作者。问云，转与海内国通得用此，今名之为挹娄国，出好貂、赤玉。岂从海外转而至此乎？《后汉书》所谓挹娄者是也。"

[2]琴虫，郭璞曰："亦蛇类也。"

琴虫

释文 大荒中有山，名叫不咸。有肃慎氏国。有蜚蛭，长着四个翅膀。有虫，长着兽的头，蛇的身体，名叫琴虫。

荒北-4有人名曰大人。有大人之国，厘姓，黍食。有大青蛇，黄头，食塵[1]。有榆山。有鲧攻程州之山[2]。

注释

[1]食塵，郭璞曰："今南方蚋蛇食鹿，鹿亦塵属也。"塵，参见中8-6注[6]。

[2]鲧攻城州之山，郭璞曰："皆因其事而名物也。"

释文 有人名叫大人。有大人国，姓厘，吃黍。有大青蛇，黄色的头，吃塵。有榆山。有鲧攻程州山。

猎猎

荒北-5大荒之中，有山名曰衡天。有先民之山。有槃[1]木千里。

注释

[1]槃，音pán。

释文 大荒之中，有山名叫衡天。有先民山。有槃木千里。

荒北-6有叔歜[1]国。颛顼之子，黍食，使四鸟：虎、豹、熊、罴。有黑虫如熊状，名曰猎猎。

注释

［1］歍，音chù。

释文 有叔歍国。颛顼的后代，吃黍，驱使四种兽：虎、豹、熊、罴。有黑虫像熊，名叫猎猎。

荒北-7有北齐之国，姜姓，使虎、豹、熊、罴。

释文 有北齐国，姓姜，驱使虎、豹、熊、罴。

荒北-8大荒之中，有山名曰先槛大逢之山，河济所入，海北注焉［1］。其西有山，名曰禹所积石。有阳山者。有顺山者，顺水出焉。

注释

［1］"河济"两句，郭璞曰："河济注海，已复出海外，入此山中也。"

释文 大荒之中，有山名叫先槛大逢山，河、济流入的地方，大海向北注入这里。它的西面有山，名叫禹所积石。有阳山。有顺山，顺水在这里发源。

荒北-9有始州之国，有丹山［1］。

注释

［1］丹山，郭璞曰："此山纯出丹朱也。《竹书》曰：'和甲西征，得一丹山。'今所在亦有丹山，丹出土穴中。"

释文 有始州国，有丹山。

荒北-10有大泽方千里，群鸟所解［1］。

注释

［1］"有大"两句，郭璞曰："《穆天子传》曰：'北至广原之野，飞鸟所解其羽，乃于此猎鸟兽，绝群，载羽百车。'《竹书》亦曰：'穆王北征，行流沙千里，积羽千里。'皆谓此泽也。"

释文 有大泽方圆千里，群鸟在这里脱换羽毛。

荒北-11有毛民之国［1］，依姓，食黍，使四鸟。禹生均国，均国生役采，役采生修鞈［2］，修鞈杀绰人［3］。帝念之，潜为之国，是此毛民。

大荒北经

儋耳国

注释

［1］毛民之国，郭璞曰："其人面体皆生毛。"

［2］鞈，音gé。

［3］绰人，郭璞曰："人名。"

释文 有毛民国，姓依，吃黍，驱使四种兽。禹生均国，均国生役采，役采生修鞈，修鞈杀绰人。天帝思念他，暗中给他建了一国，就是这个毛民。

荒北-12有儋耳之国［1］，任姓，禹号子，食谷北海之渚中［2］。有神，人面鸟身，珥两青蛇，践两赤蛇，名曰禺强。

注释

［1］儋（dān）耳之国，郭璞曰："其人耳大下儋，垂在肩上，朱崖儋耳，镂画其耳，亦以放之也。"

［2］"食谷"句，郭璞曰："言在海岛中种粟给食，谓禺强也。"

释文 有儋耳国，姓任，禺号的后代，在北海渚中以谷类为食。有神，长着人的面孔、鸟的身体，耳戴两条青蛇，脚踩两条赤蛇，名叫禺强。

荒北-13大荒之中，有山名曰北极天櫃［1］，海水北注焉。有神，九首人面鸟身，名曰九凤。又有神衔蛇操蛇，其状虎首人身，四蹄长肘，名曰强良。

禺强

九凤

强良

注释

[1] 櫃（kuì），别本或作欉。

释文 大荒之中，有山名叫北极天櫃，海水从北面注入。有神，九个头，长着人的面孔和鸟的身体，名叫九凤。又有神嘴里叼着蛇，手中拿着蛇，长着虎头和人身，有四个蹄子，肘部很长，名叫强良。

荒北-14 大荒之中，有山名曰成都载天。有人珥两黄蛇，把两黄蛇，名曰夸父。后土生信，信生夸父。夸父不量力，欲追日景，逮之于禺谷[1]。将饮河而不足也，将走大泽，未至，死于此。应龙已杀蚩尤，又杀夸父[2]，乃去南方处之，故南方多雨[3]。

注释

[1] 禺谷，郭璞曰："禺渊，日所入也，今作'虞'。"
[2] 又杀夸父，郭璞曰："上云夸父不量力，与日竞而死，今此复云为应龙所杀，死无定名，触事而寄，明其变化无方，不可揆测。"
[3] "乃去"两句，郭璞曰："言龙水物，以类相感故也。"

释文 大荒之中，有山名叫成都载天。有人耳戴两条黄蛇，手拿两条黄蛇，名叫夸父。后土生信，信生夸父。夸父不自量力，想追太阳，追到禺谷。想喝河水却不够，又想到大泽去，没有走到，死在了这里。应龙已经杀了蚩尤，又杀了夸父，就去南方呆着，所以南方多雨。

荒北-15 又有无肠之国，是任姓，无继子[1]，食鱼。

注释

[1] 无继子，郭璞曰："继亦当作臂，谓膞肠也。"

释文 又有无肠之国，任姓，无继的后代，吃鱼。

荒北-16 共工之臣名曰相繇[1]，九首蛇身，自环，食于九土。其所歍所尼[2]，即为源泽，不辛乃苦，百兽莫能处。禹湮洪水，杀相繇[3]，其血腥臭，不可生谷，其地多水，不可居也[4]。禹湮之，三仞三沮[5]，乃以为池，群帝因是以为台[6]。在昆仑之北[7]。

注释

[1] 相繇，郭璞曰："相柳也，语声转耳。"
[2] 歍（wū），呕，即呕吐；尼，停、止。
[3] "禹湮"两句，郭璞曰："禹塞洪水，由以溺杀之也。"
[4] "其血"四句，郭璞曰："言其膏血滂流，成渊水也。"
[5] "禹湮"两句，郭璞曰："言禹以土塞之，地陷坏也。"
[6] "群帝"句，郭璞曰："地下宜积土，故众帝因来在此共作台。"
[7] 本节事另见外北-5。

释文 共工的臣子名叫相繇，有九个头和蛇的身体，自相盘旋，在九土觅食。它的呕吐物化作为源泽，不是辣的就是苦的，百兽都无法在那里生活。禹治洪水，杀了相繇，它的血腥臭，污染的土地不能种庄稼，那地方有许多水，不能居住。禹用土填，多次都没有成功，于是改成了池塘，天帝们就在池边建了台。在昆仑的北面。

荒北-17 有岳之山，寻[1]竹生焉。

注释

[1] 寻，郭璞曰："大竹名。"

释文 有岳山，寻竹在这里生长。

荒北-18 大荒之中，有山名曰不句，海水入焉。

释文 大荒之中，有山名叫不句，海水在这里流入。

荒北-19 有系昆之山者，有共工之台，射者不敢北乡。有人衣青衣，名曰黄帝女

黄帝女魃

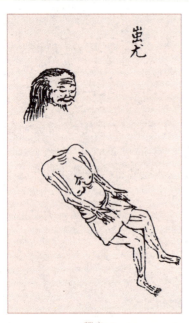

强良

魃[1]。蚩尤作兵伐黄帝，黄帝乃令应龙攻之冀州之野[2]。应龙畜水，蚩尤请风伯雨师，纵大风雨。黄帝乃下天女曰魃，雨止，遂杀蚩尤。魃不得复上，所居不雨。叔均言之帝，后置之赤水之北。叔均乃为田祖[3]。魃时亡之。所欲逐之者，令曰："神北行！"[4]先除水道[5]，决通沟渎。

> **注释**

[1] 魃，音 bá。

[2]"黄帝"句，郭璞曰："冀州、中土也；黄帝亦教虎、豹、熊、罴以与炎帝战于阪泉之野而灭之，见《史记》。"

[3] 田祖，郭璞曰："主田之官。《诗》云：'田祖有神。'"

[4] 神北行，郭璞曰："向水位也。"

[5] 先除水道，郭璞曰："言逐之必得雨，故见先除水道，今之逐魃是也。"

> **释文** 有系昆山者，有共工台，射箭的人不敢向北射。有人穿青衣，名叫黄帝女魃。蚩尤兴兵讨伐黄帝，黄帝就命令应龙在冀州之野攻打蚩尤。应龙畜水，蚩尤请来风伯、雨师，制造了大风雨。黄帝请下天女魃，雨就停了，于是杀了蚩尤。魃则回不到天上，她所住的地方就不下雨。叔均向天帝汇报，后来把她安置在赤水的北面。叔均成为田祖。魃常常逃跑。要驱追她，就下令："神向北走！"所以必须先清理水道，疏通沟渠。

荒北-20 有人方食鱼，名曰深目民之国，盼[1]姓，食鱼。

> **注释**

[1] 盼（fēn），郭璞曰："亦胡类，但眼绝深，黄帝时姓也。"

> **释文** 有人正在吃鱼，名叫深目民国，姓盼，吃鱼。

荒北-21 有锺山者。有女子衣青衣，名曰赤水女子献。

赤水女子献

释文 有锺山。有女子穿青衣，名叫赤水女子献。

荒北-22 大荒之中，有山名曰融父山，顺水入焉。有人名曰犬戎。黄帝生苗龙，苗龙生融吾，融吾生弄明，弄明生白犬，白犬有牝牡，是为犬戎，肉食。有赤兽，马状无首，名曰戎宣王尸[1]。

犬戎

注释

[1]"名曰"句，郭璞曰："犬戎之神名也。"

释文 大荒之中，有山名叫融父山，顺水在这里流入。有人名叫犬戎。黄帝生苗龙，苗龙生融吾，融吾生弄明，弄明生白犬，白犬自己和自己交配，成为犬戎，吃肉。有红色的兽，形状像马，没头，名叫戎宣王尸。

戎宣王尸

荒北-23 有山名曰齐州之山、君山、鬵[1]山、鲜野山、鱼山。

注释

[1]鬵，音qín。

释文 有山名叫齐州山、君山、鬵山、鲜野山、鱼山。

荒北-24 有人一目，当面中生，一曰是威姓，少昊之子，食黍。

释文 有人只一只眼，长在面部正中，一说是姓威，少昊的后代，吃黍。

荒北-25 有继无民，继无民任姓，无骨子，食气、鱼。

释文 有继无民，姓任，无骨的后代，吃空气和

少昊之子

鱼。

荒北-26 西北海外，流沙之东，有国曰中輛[1]，颛顼之子，食黍。

注释

[1] 輛，音 biàn。

释文 西北海外，流沙的东面，有国叫中輛，是颛顼的后代，吃黍。

荒北-27 有国名曰赖丘。有犬戎国。有神，人面兽身，名曰犬戎。

释文 有国名叫赖丘。有犬戎国。有神，长着人的面孔、兽的身体，名叫犬戎。

荒北-28 西北海外，黑水之北，有人有翼，名曰苗民[1]。颛顼生驩头，驩头生苗民，苗民厘姓，食肉。有山名曰章山。

注释

[1] 郭璞曰："三苗之民。"

释文 西北海外，黑水的北面，有人长有翅膀，名叫苗民。颛顼生驩头，驩头生苗民，苗民姓厘，吃肉。有山名叫章山。

荒北-29 大荒之中，有衡石山、九阴山、洞野之山，上有赤树，青叶，赤华，名曰若木[1]。

苗民

大荒北经

注释

[1] 若木，郭璞曰："生昆仑西附西极，其华光赤下照地。"

释文 大荒之中，有衡石山、九阴山、泂野山，山上有红色的树，青色的叶子，红色的花，名叫若木。

荒北–30 有牛黎之国。有人无骨，儋耳之子。

释文 有牛黎之国。有人没有骨头，是儋耳的后代。

荒北–31 西北海之外，赤水之北，有章尾山。有神，人面蛇身而赤[1]，直目正乘[2]，其瞑乃晦，其视乃明[3]，不食不寝不息，风雨是谒[4]。是烛九阴[5]，是谓烛龙[6]。

烛龙

注释

[1] "有神"两句，郭璞曰："身长千里。"
[2] 直目正乘，郭璞曰："直目，目从也。正乘未闻。"
[3] "其瞑"两句，郭璞曰："言视为昼，眠为夜也。"
[4] 风雨是谒，郭璞曰："言能请致风雨。"
[5] 是烛九阴，郭璞曰："照九阴之幽阴也。"
[6] 烛龙，郭璞曰："《离骚》曰：'日安不到？烛龙何耀？'《诗含神雾》曰：'天不足西北，无有阴阳消息，故有龙衔精以往照天门中'云。《淮南子》曰：'蔽于委羽之山，不见天日也。'"

释文 西北海之外，赤水的北面，有章尾山。有神，长着人的面孔、蛇的身体，红色，竖目正乘，它闭眼就昏暗，睁眼便明亮，它不吃不睡不呼吸，能请来风雨。能照亮九阴，所以叫烛龙。

卷十八　海内经

山海经卷十八

海 内 经

内-1 东海之内，北海之隅，有国名曰朝鲜[1]、天毒[2]，其人水居，偎[3] 人爱之。

注释

[1] 朝鲜，郭璞曰："今乐浪郡也。"

[2] 天毒，郭璞曰："天毒即天竺国，贵道德，有文书、金银、钱货，浮屠出此国中也。晋大兴四年，天竺胡王献珍宝。"

[3] 偎，郭璞曰："偎亦爱也。"

释文 东海之内，北海的角上，有国名叫朝鲜、天毒，这里的人住在水里，对人仁爱。

内-2 西海之内，流沙之中，有国名曰壑市。

释文 西海之内，流沙的中间，有国名叫壑市。

内-3 西海之内，流沙之西，有国名曰氾叶。

释文 西海之内，流沙的西面，有国名叫氾叶。

内-4 流沙之西，有鸟山者，三水出焉。爰有黄金、璇瑰[1]、丹货、银、铁，皆流于此中。又有淮山，好水出焉。

注释

[1] 璇瑰，参见荒西-11注[5]。

释文 流沙的西面，有鸟山，三水在这里发源。这里产黄金、璇瑰、丹货、银、铁，都在这个水流中。又有淮山，好水在这里发源。

内-5 流沙之东，黑水之西，有朝云之国、司彘之国。黄帝妻雷祖生昌意[1]，昌意降处若水[2]，生韩流。韩流擢首[3]、谨耳[4]、人面、豕喙、麟身、渠股[5]、豚止[6]，取淖子曰阿女，生帝颛顼[7]。

[1]"黄帝"句，郭璞曰："《世本》云：'黄帝娶于西陵氏之子，谓之累祖，产青阳及昌意。"

[2]"昌意"句，郭璞曰："《竹书》云：'昌意降居若水，产帝乾荒。'乾荒即韩流也，生帝颛顼。"

[3]擢首，郭璞曰："长咽。"即长颈。

[4]谨耳，小耳。

[5]渠股，郭璞曰："渠，车辋，言跰脚也。"即罗圈腿。

[6]止，足、脚。

[7]"取淖"句，郭璞曰："《世本》云：'颛顼母浊山氏之子，名昌仆。'"

释文 流沙的东面，黑水的西面，有朝云国、司彘国。黄帝的妻子雷祖生昌意，昌意下住若水，生韩流。韩流长着长脖子、小耳朵、人的面孔、猪的嘴、有鱼鳞的身体、罗圈腿、猪的脚，娶淖子名叫阿女的，生帝颛顼。

韩流

内-6 流沙之东，黑水之间，有山名不死之山[1]。

[1]郭璞注："即员丘也。"

释文 流沙的东面，黑水之间，有山名叫不死山。

内-7 华山青水之东，有山名曰肇山，有人名曰柏高[1]，柏高上下于此，至于天。

[1]柏高，郭璞曰："柏子高，仙者也。"

释文 华山青水的东面，有山名叫肇山，有人名叫柏高，柏高在这里上下，到达天上。

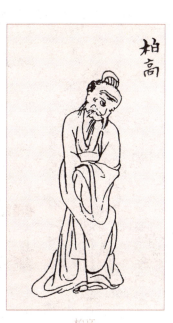

柏高

内-8 西南黑水之间，有都广之野，后稷葬焉[1]。爰有膏菽、膏稻、膏黍、膏稷[2]，百谷自生，冬夏播琴[3]。鸾鸟自歌，凤鸟自儛，灵寿[4]实华，草木所聚。爰有百兽，相群爰处。此草也，冬夏不死。

注释

[1]"西南"三句，郭璞曰："其城方三百里，盖天下之中，素女所出也。《离骚》曰：'绝都广野而直指号。'"《山海经地理今释》，卷六："都广之野方三百里，当为今西宁尼牙木错、固察、称多、拉布、阿永、拉尔吉、兴巴、安图、列玉、叶尔吉、苏尔莽、觉巴拉、绰火尔、隆东、隆坝、阿拉克硕诸土司地。"

[2]膏稷，郭璞曰："言味好皆滑如膏。《外传》曰：'膏粢之子，菽豆粢粟也。'"

[3]播琴，郭璞曰："播琴犹播殖，方俗言耳。"

[4]灵寿，郭璞曰："木名也，似竹，有枝节。"参见北1-6注[2]。

释文 西南黑水之间，有都广野，后稷葬在这里。这里有膏菽、膏稻、膏黍、膏稷，百谷在这里自然生长，冬夏都能播种。鸾鸟自在地歌唱，凤鸟自在地起舞，灵寿开花结果，草木汇集丛聚。这里有百兽成群，和睦相处。这里的草，冬夏不死。

螱蛇

内-9 南海之外，黑水青水之间，有木名曰若木[1]，若水出焉。有禹中之国。有列襄之国。有灵山，有赤蛇在木上，名曰螱[2]蛇，木食。

注释

[1]若木，郭璞曰："树赤华青。"

[2]螱，音ruǎn。

释文 南海之外，黑水青水之间，有树木名叫若木，若水在这里发源。有禹中国。有列襄国。有灵山，有赤蛇在树上，名叫螱蛇，吃树木。

鸟氏

内-10 有盐长之国。有人焉鸟首，名曰鸟氏[1]。

注释

[1]鸟氏，郭璞曰："今佛书中有此人，即鸟夷也。"

释文 有盐长国。有人长着鸟头，名叫鸟氏。

内-11 有九丘，以水络[1]之：名曰陶唐之丘、有叔得之丘、孟盈之丘、昆吾之丘[2]、黑白之丘、赤望之丘、参卫之丘、武夫之丘[3]、神民之丘[4]。

注释

[1] 络，绕。

[2] 昆吾之丘，郭璞曰："此山出名金也。尸子曰：'昆吾之金。'"

[3] 武夫之丘，郭璞曰："此山出美石。"参见南2-9注[2]。

[4] 神民之丘，郭璞曰："言上有神人。"

释文 有九丘，有水围绕：名叫陶唐丘，有叔得丘、孟盈丘、昆吾丘、黑白丘、赤望丘、参卫丘、武夫丘、神民丘。

内-12 有木，青叶紫茎，玄华黄实，名曰建木，百仞无枝，有九欘[1]，下有九枸[2]，其实如麻，其叶如芒[3]，大暤[4]爰过，黄帝所为[5]。有窫窳，龙首，是食人。有青兽，人面，名曰猩猩。

注释

[1] 欘（zhú），郭璞曰："枝回曲也。"

[2] 下有九枸，郭璞曰："根盘错也。"

[3] 芒，郭璞曰："芒木似棠梨也。"

[4] 大暤，即太暤，伏羲氏。

[5] 黄帝所为，郭璞曰："言治护之也。"

释文 有一种树，青色的叶，紫色的茎，黑色的花，黄色的果实，名叫建木，高百仞却没有分枝，有九欘，下有九枸，果实像麻，叶子像芒，大暤在这里经过，黄帝看管着它。有窫窳，长着龙头，会吃人。有青色的兽，长着人的面孔，名叫猩猩。

内-13 西南有巴国[1]。大暤生咸鸟，咸鸟生乘厘，乘厘生后照，后照是始为巴人。有国名曰流黄辛氏[2]，其域中方三百里，其出是尘土[3]。有巴遂山，渑水出焉。

注释

[1] 巴国，郭璞曰："今三巴是。"

[2] 流黄辛氏，郭璞曰："即酆氏也。"酆氏在内西-6。

[3] 出是尘土，杨慎曰："出是尘土，言其地清旷无器埃也。"亦有以"塵土"为"塵"之误者。

释文 西南有巴国。大暤生咸鸟，咸鸟生乘厘，乘厘生后照，后照开始成为巴人。有国名叫流黄辛氏，地域方圆三百里，外出所见是尘土。有巴遂山，渑水在这里发源。

内-14 又有朱卷之国。有黑蛇，青首，食象[1]。

注释

[1]"有黑"三句，郭璞曰："即巴蛇也。"

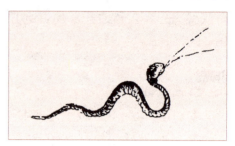

黑蛇

释文 又有朱卷国。有黑蛇，青色的头，吃象。

内-15 南方有赣巨人[1]，人面长臂，黑身有毛，反踵，见人笑亦笑，唇蔽其面，因即逃也。

黑人

注释

[1]赣巨人，郭璞曰："即枭阳也。"枭阳在内南-5。

释文 南方有赣巨人，长着人的面孔，手臂很长，身体黑色有毛，脚跟反向而长，见人笑也跟着笑，嘴唇遮住面孔，借机逃跑。

内-16 又有黑人，虎首鸟足，两手持蛇，方啗之。

释文 又有黑人，长着虎头鸟脚，两手拿着蛇，正在吃。

内-17 有嬴民，鸟足。有封豕[1]。有人曰苗民。有神焉，人首蛇身，长如辕[2]，左右有首，衣紫衣，冠旃[3]冠，名曰延维[4]，人主得而飨食之，伯天下[5]。有鸾鸟自歌，凤鸟自舞。凤鸟首文曰德，翼文曰顺，膺文曰仁，背文曰义，见则天下和。又有青兽如菟，名曰菌狗。有翠鸟。有孔鸟[6]。

注释

[1]封豕，郭璞曰："大猪也，羿射杀之。"

[2]"有神"三句，郭璞曰："大如车毂，泽神也。"

[3]旃，音zhān。

[4]延维，郭璞曰："委蛇。"

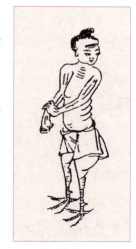

嬴民

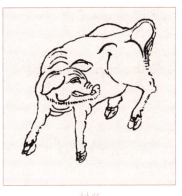

封豕

延维

〔5〕"人主"两句,郭璞曰:"齐桓公出田于大泽,见之,遂霸诸侯。亦见庄周,作朱冠。"伯,通霸。

〔6〕孔鸟,郭璞曰:"孔雀也。"

释文 有赢民,长着鸟脚。有封豕。有人叫苗民。有神长着人头蛇身,长如车辕,左右有头,穿紫衣,戴旃冠,名叫延维,人主得到它拿来祭祀,可以称霸天下。有鸾鸟自在地歌唱,凤鸟自在地起舞。凤鸟头上的花文是"德"字,翅膀上的花纹是"顺"字,胸口的花纹是"仁"字,背部的花纹是"义"字,它的出现预示着天下和平。又有青色的兽像菟,名叫菌狗。有翠鸟。有孔鸟。

内—18 南海之内有衡山[1]。有菌山。有桂山[2]。有山名三天子之都。

注释

〔1〕衡山,郭璞曰:"南岳。"

〔2〕"有菌"两句,郭璞曰:"或云衡山有菌桂,桂员似竹,见《本草》。"

菌狗

孔鸟

释文 南海之内有衡山。有菌山。有桂山。有山名叫三天子都。

内-19南方苍梧之丘，苍梧之渊，其中有九嶷山，舜之所葬，在长沙零陵界中[1]。

注释
[1]"南方"五句，郭璞曰："山今在零陵营道县南，其山九溪皆相似，故云九疑。古者总名其地为苍梧也。"

释文 南方苍梧丘，苍梧渊，其中有九嶷山，舜葬在这里，在长沙零陵地界。

内-20北海之内，有蛇山者，蛇水出焉，东入于海。有五采之鸟，飞蔽一乡[1]，名曰翳鸟[2]。又有不距之山，巧倕[3]葬其西。

翳鸟

注释
[1]"有五"两句，郭璞曰："汉宣帝元康元年，五色鸟以万数过蜀都，即此鸟也。"
[2]翳鸟，郭璞曰："凤属也。《离骚》曰：'驷玉虬而乘翳。'"
[3]巧倕（chuí），郭璞曰："倕，尧巧工也。"

释文 北海之内，有蛇山，蛇水在这里发源，向东流入大海。有五彩鸟，飞起来能遮蔽一乡，名叫翳鸟。又有不距山，巧倕葬在它的西面。

内-21北海之内，有反缚盗械[1]、带戈常倍之佐，名曰相顾之尸[2]。

海内经

378

注释

[1]盗械，刑具。

[2]相顾之尸，郭璞曰："亦贰负臣危之类。"汪绂曰："文法古奥不可解。"指"带戈常倍之佐"六字而言。

释文 北海之内，被刑具反绑着，带戈常倍之佐，名叫相顾之尸。

相顾之尸

内-22 伯夷父[1]生西岳，西岳生先龙，先龙是始生氐羌，氐羌乞姓。

氐羌

注释

[1]伯夷父，郭璞曰："伯夷父，颛顼师，今氐羌其苗裔也。"

释文 伯夷父生西岳，西岳生先龙，先龙生氐羌，氐羌姓乞。

内-23 北海之内，有山，名曰幽都之山，黑水出焉。其上有玄鸟、玄蛇、玄豹、玄虎、玄狐蓬尾。有大玄之山。有玄丘之民。有大幽之国。有赤胫之民。

释文 北海之内，有山名叫幽都山，黑水在这里发源。山上有玄鸟、玄蛇、玄豹、玄虎、玄狐蓬尾。有大玄山。有玄丘民。有大幽国。有赤胫民。

内-24 有钉灵之国，其民从㭉已下有毛，马蹄，善走[1]。

注释

[1]"其民"三句，郭璞曰："《诗含神雾》曰：'马蹄自鞭其蹄，日行三百里。'"

释文 有钉灵国，这里的人从膝盖以下有毛，长着马蹄，善于奔跑。

内-25 炎帝之孙伯陵，伯陵同吴权之妻阿女缘妇[1]，缘妇孕三年，是

379

玄虎

玄豹

生鼓、延、殳[2]，始为侯[3]。鼓、延是始为锺[4]，为乐风。

注释

[1]"伯陵"句，郭璞曰："同犹通，言淫之也。吴权，人姓名。"

[2] 殳，音shū。

[3] 侯，箭靶。

[4]"鼓、延"句，郭璞曰："《世本》云：'毋句作磬，倕作锺。'"

释文 炎帝的孙子伯陵，伯陵和吴权之妻阿女缘妇私通，缘妇怀孕三年，生鼓、延、殳，开始创制箭靶，鼓、延首创了锺，创作了乐曲。

内-26 黄帝生骆明，骆明生白马，白马是为鲧[1]。帝俊生禺号，禺号生淫梁，淫梁生番禺，是始为舟[2]。番禺生奚仲，奚仲生吉光，吉光是始以木为车[3]。少暤生般，般是始为弓矢[4]。帝俊赐羿彤弓素矰[5]，以扶下国，羿是始去恤下地之百艰[6]。帝俊生晏龙，晏龙是为琴瑟[7]。帝俊有子八人，是始为歌舞。帝俊生三身，三身生义均，义均是始为巧倕，是始作下民百巧。后稷是播百谷。稷之孙曰叔均，是始作牛耕。大比赤阴，是始为国。禹、鲧是始布土，均定九州。炎帝之妻，赤水之子听訞生炎居，炎居生节并，节并生戏器，戏器生祝融，祝融降处于江水，生共工，共工生术器，术器首方颠[8]，是复土穰[9]，以处江水。共工生后土，后土生噎鸣，噎鸣生岁十有二[10]。洪水滔[11]天，鲧窃帝之息壤[12]以堙洪水，不待帝命。帝令祝融杀鲧于羽郊。鲧复生禹[13]，帝乃命禹卒布土以定九州[14]。

注释

[1]"黄帝"三句，郭璞曰："即禹父也。《世本》曰：'黄帝生昌意，昌意生颛

项，颛顼生鲧。’”

　　[2]“帝俊”四句，郭璞曰：“《世本》云：‘共鼓货狄作舟。’”

　　[3]“番禺”三句，郭璞曰：“《世本》云：‘奚仲作车。’此言吉光，明其父子共创作意，是以互称之。”

　　[4]“少皞”两句，郭璞曰：“《世本》云：‘牟夷作矢，挥作弓。’弓矢一器，作者两人，于义有疑，此言般之作是。”

　　[5]“帝俊”句，郭璞曰：“彤弓，朱弓。赠，矢名，以白羽羽之。《外传》：‘白羽之赠，望之如荼’也。”

　　[6]“羿是”句，郭璞曰：“言射杀凿齿、封豕之属也。有穷后羿慕羿射，故号此名也。”

　　[7]“帝俊”两句，郭璞曰：“《世本》云：‘伏羲作琴，神农作瑟。’”

　　[8]方颠，郭璞曰：“头顶平也。”

　　[9]是复土穰，郭璞曰：“复祝融之所也。”郝懿行曰：“穰当为壤，或古字通用。”

　　[10]“噎鸣”句，郭璞曰：“生十二子，皆以岁名名之，故云然。”

　　[11]滔，郭璞曰：“漫也。”

　　[12]息壤，郭璞曰：“息壤者，言土自长息无限，故可以塞洪水也。《开筮》曰：‘滔滔洪水，无所止极，伯鲧乃以息石息壤以填洪水。’汉元帝时，临淮徐县地踊长五六里，高二丈，即息壤之类也。”

　　[13]鲧复生禹，郭璞曰：“《开筮》曰：‘鲧死三岁不腐，剖之以吴刀，化为黄龙’也。”

　　[14]“帝乃”句，郭璞曰：“鲧绩用不成，故复命禹终其功。”

释文 黄帝生骆明，骆明生白马，白马就是鲧。帝俊生禺号，禺号生

钉灵国

淫梁，淫梁生番禺，发明了船。番禺生奚仲，奚仲生吉光，吉光开始用木头造车。少暤生般，般发明了弓箭。帝俊赐给羿朱红的弓和白羽箭，用以扶助下国，羿于是去解决下方的各种困难。帝俊生晏龙，晏龙发明了琴瑟。帝俊有八个儿子，发明了歌舞。帝俊生三身，三身生义均，义均就是巧倕，教给百姓各种技艺。后稷播种百谷。稷的孙子叫叔均，发明了用牛耕作。大比赤阴开始建立国家。禹、鲧开始划分疆土，定为九州。炎帝的妻子，赤水子听訞生炎居，炎居生节并，节并生戏器，戏器生祝融，祝融下住在江水，生共工，共工生术器，术器的头顶是平的，回到祝融的土地，呆在江水。共工生后土，后土生噎鸣，噎鸣生了十二个分别以十二太岁命名的儿子。洪水滔天，鲧偷窃了天帝的息壤用来堵塞洪水，事先没有得到天帝的许可。天帝令祝融把鲧杀死在羽郊。鲧生下禹，天帝便命禹最终划定疆土，定为九州。

附录

上山海经表

［汉］刘歆

　　侍中奉车都尉光禄大夫臣秀领校秘书言：校秘书太常属臣望所校《山海经》凡三十二篇，今定为一十八篇，已定。《山海经》者，出于唐虞之际。昔洪水洋溢，漫衍中国，民人失据，崎岖于丘陵，巢于树木。鲧既无功，而帝尧使禹继之。禹乘四载，随山刊木，定高山大川。益与伯翳主驱禽兽，命山川，类草木，别水土。四岳佐之，以周四方，逮人迹之所希至，及舟舆之所罕到，内别五方之山，外分八方之海，纪其珍宝奇物，异方之所生，水土、草木、禽兽、昆虫、麟凤之所止，祯祥之所隐，及四海之外，绝域之国，殊类之人。禹别九州，任土作贡；而益等类物善恶，著《山海经》。皆圣贤之遗事，古文之著明者也。其事质明有信。孝武皇帝时尝有献异鸟者，食之百物，所不肯食。东方朔见之，言其鸟名，又言其所当食，如朔言。问朔何以知之，即《山海经》所出也。孝宣帝时，'击磻石于上郡，陷，得石室，其中有反缚盗械人。时臣秀父向为谏议大夫，言此贰负之臣也。诏问何以知之，亦以《山海经》对，其文曰："贰负杀窫窳，帝乃桎之疏属之山，桎其右足，反缚两手。"上大惊。朝士由是多奇《山海经》者，文学大儒皆读学以为奇，可以考祯祥变怪之物，见远国异人之谣俗。故《易》曰："言天下之至赜而不可乱也。"博物之君子，其可不惑焉。

　　臣秀昧死谨上。

《山海经》序

［晋］郭璞

　　世之览《山海经》者，皆以其闳诞迂夸，多奇怪俶傥之言，莫不疑焉。尝试论之曰，庄生有云："人之所知，莫若其所不知。"吾于《山海经》见之矣。夫以宇宙之寥廓，群生之纷纭，阴阳之煦蒸，万殊之区分，精气浑淆，自相濆薄，游魂灵怪，触象而构，流形于山川，丽状于木石者，恶可胜言乎？然则总其所以乖，鼓之于一响；成其所以变，混之于一象。世之所谓异，未知其所以异；世之所谓不异，未知其所以不异。何者？物不自异，待我而后异，异果在我，非物异也。故胡人见布而疑黂，越人见罽而骇毳。夫玩所习见而奇所希闻，此人情之常蔽也。今略举可以明之者：阳火出于冰水，阴鼠生于炎山，而俗之论者，莫之或怪；及谈《山海经》所载，而咸怪之，是不怪所可怪而怪所不可怪也。不怪所可怪，则几于无怪矣；怪所不可怪，则未始有可怪也。夫能然所不可不，可所不可然，则理无不然矣。

　　案《汲郡竹书》及《穆天子传》，穆王西征，见西王母，执璧帛之好，献锦组之属。穆王享王母于瑶池之上，赋诗往来，辞义可观。遂袭昆仑之丘，游轩辕之宫，眺锺山之岭，玩帝者之宝，勒石王母之山，纪迹玄圃之上。乃取其嘉木艳草、奇鸟怪兽、玉石珍瑰之器、金膏烛银之宝，归而殖养之于中国。穆王驾八骏之乘，右服盗骊，左骖騄耳，造父为御，奔戎为右，万里长骛，以周历四荒，名山大川，靡不登济。东升大人之堂，西燕王母之庐，南辕鼋鼍之梁，北蹑积羽之衢。穷欢极娱，然后旋归。案《史记》说穆王得盗骊騄耳骅骝之骏，使造父御之，以西巡狩，见西王母，乐而忘归，亦与《竹书》同。《左传》曰："穆王欲肆其心，使天下皆有车辙马迹焉。"《竹书》所载，则是其事也。而谯周之徒，足为通识瑰儒，而雅不平此，验之史考，以著其妄。司马迁叙《大宛传》亦云："自张骞使大夏之后，穷河源，恶睹所谓昆仑者乎？至《禹本纪》、《山海经》所有怪物，余不敢言也。"不亦悲乎！若《竹书》不潜出于千载，以作徵于今日者，则《山海》之言，其几乎废矣。

　　若乃东方生晓毕方之名，刘子政辨盗械之尸，王颀访两面之客，海民获长臂之衣，精验潜效，绝代县符。於戏！群惑者其可以少寤乎？是故圣皇原化以极变，象物以应怪，鉴无滞赜，曲尽幽情，神焉庾哉！

神焉廋哉！盖此书跨世七代，历载三千，虽暂显于汉而寻亦寝废。其山川名号所在多有舛谬，与今不同，师训莫传，遂将湮泯。道之所存，俗之所丧，悲夫！余有惧焉，故为之创传，疏其壅阂，辟其荒芜，领其玄致，标其洞涉。庶几令逸文不坠于世，奇言不绝于今，夏后之迹，靡刊于将来；八荒之事，有闻于后裔，不亦可乎！夫翳荟之翔，讵以论垂天之凌；蹄涔之游，无以知绛虬之腾。钧天之庭，岂伶人之所蹑；无航之津，岂苍兕之所涉。非天下之至通，难与言《山海》之义矣。呜呼！达观博物之客，其鉴之哉！

《山海经》与吕调阳《五藏山经传》山名排序对照表

《山海经》五藏山编号	山名	吕调阳《五藏山经传》所定位置
南1-1	招摇之山	南1-1
南1-2	堂庭之山	南1-2
南1-3	猿翼之山	南1-4
南1-4	杻阳之山	南1-3
南1-5	柢山	南1-5
南1-6	亶爰之山	南1-9
南1-7	基山	南1-8
南1-8	青丘之山	南1-6
南1-9	箕尾之山	南1-10
南2-1	柜山	南2-1
南2-2	长右之山	南2-2
南2-3	尧光之山	南3-2
南2-4	羽山	南3-4
南2-5	瞿父之山	南3-7
南2-6	句馀之山	南3-5
南2-7	浮玉之山	南3-14
南2-8	成山	南3-6
南2-9	会稽之山	南3-8
南2-10	夷山	南3-9
南2-11	仆勾之山	南1-7
南2-12	咸阴之山	南3-10
南2-13	洵山	南3-11
南2-14	虖勺之山	南3-3
南2-15	区吴之山	南3-12
南2-16	鹿吴之山	南3-13
南2-17	漆吴之山	南3-15
南3-1	天虞之山	南3-1
南3-2	祷过之山	南2-3
南3-3	丹穴之山	南2-5
南3-4	发爽之山	南2-4
南3-5	旄山之尾	南2-6
南3-6	非山之首	南2-7
南3-7	阳夹之山	南2-8
南3-8	灌湘之山	南2-9
南3-9	鸡山	南2-10
南3-10	令丘之山	南2-12
南3-11	仑者之山	南2-11
南3-12	禺稿之山	南2-13
南3-13	南禺之山	南2-14
西1-1	钱来之山	西1-1
西1-2	松果之山	西1-2
西1-3	太华之山	西1-3
西1-4	小华之山	西1-4
西1-5	符禺之山	西1-10
西1-6	石脆之山	西1-12
西1-7	英山	西1-11
西1-8	竹山	西1-5
西1-9	浮山	西1-6
西1-10	羭次之山	西1-9
西1-11	时山	西1-7
西1-12	南山	西1-8
西1-13	大时之山	西1-13
西1-14	嶓冢之山	西1-14
西1-15	天帝之山	西1-16
西1-16	皋涂之山	西1-15
西1-17	黄山	西1-17
西1-18	翠山	西1-18
西1-19	騩山	西1-19
西2-1	钤山	西2-1
西2-2	泰冒之山	西2-2
西2-3	数历之山	西2-3
西2-4	高山	西2-4
西2-5	女床之山	西2-5
西2-6	龙首之山	西2-6
西2-7	鹿台之山	西2-7
西2-8	鸟危之山	西2-8
西2-9	小次之山	西2-9
西2-10	大次之山	西2-10
西2-11	熏吴之山	西2-11
西2-12	厎阳之山	西2-12
西2-13	众兽之山	西2-13
西2-14	皇人之山	西2-14
西2-15	中皇之山	西2-15
西2-16	西皇之山	西2-16
西2-17	莱山	西2-18

（续表1）

西3-1	崇吾之山	西4-1		北1-8	丹熏之山	北1-9
西3-2	长沙之山	西4-18		北1-9	石者之山	北1-10
西3-3	不周之山	西4-19		北1-10	边春之山	北1-16
西3-4	崟山	西4-5		北1-11	蔓联之山	北1-18
西3-5	锺山	西4-6		北1-12	单张之山	北1-21
西3-6	泰器之山	西4-10		北1-13	灌题之山	北1-17
西3-7	槐江之山	西4-8		北1-14	潘侯之山	北1-19
西3-8	昆仑之丘	西4-3		北1-15	小咸之山	北1-7
西3-9	乐游之山	西4-11		北1-16	大咸之山	北1-6
西3-10	嬴母之山	西4-14		北1-17	敦薨之山	西4-17
西3-11	玉山	西4-15		北1-18	少咸之山	北2-8
西3-12	轩辕之丘	中1-19		北1-19	狱法之山	北1-22
西3-13	积石之山	中1-20		北1-20	北岳之山	北1-23
西3-14	长留之山	西4-7		北1-21	浑夕之山	北1-15
西3-15	章莪之山	西4-12		北1-22	北单之山	北1-20
西3-16	阴山	西4-9		北1-23	罴差之山	北1-14
西3-17	符惕之山	西4-13		北1-24	北鲜之山	北1-13
西3-18	三危之山	西4-16		北1-25	堤山	北1-24
西3-19	騩山	西4-2		北2-1	管涔之山	北2-1
西3-20	天山	西4-4		北2-2	少阳之山	北2-2
西3-21	泑山	西4-20		北2-3	县雍之山	北2-3
西3-22	翼望之山	西4-21		北2-4	狐岐之山	北2-4
西4-1	阴山	西3-1		北2-5	白沙山	北2-7
西4-2	劳山	西3-3		北2-6	尔是之山	北2-6
西4-3	罢父之山	西3-2		北2-7	狂山	北2-5
西4-4	申山	西3-4		北2-8	诸馀之山	北2-12
西4-5	鸟山	西3-5		北2-9	敦头之山	北2-13
西4-6	上申之山	西3-6		北2-10	钩吾之山	北2-10
西4-7	诸次之山	西3-7		北2-11	北嚣之山	北2-11
西4-8	号山	西3-8		北2-12	梁渠之山	北2-9
西4-9	孟山	西3-9		北2-13	姑灌之山	北2-14
西4-10	白于之山	西3-10		北2-14	湖灌之山	北2-15
西4-11	申首之山	西3-11		北2-15	洹山	北2-16
西4-12	泾谷之山	西3-12		北2-16	敦题之山	北2-17
西4-13	刚山	西3-13		北3-1	归山	北3-1
西4-14	刚山之尾	西3-14		北3-2	龙侯之山	北3-21
西4-15	英鞮之山	西3-15		北3-3	马成之山	北3-22
西4-16	中曲之山	西3-16		北3-4	咸山	北3-15
西4-17	邽山	西3-17		北3-5	天池之山	北1-11
西4-18	鸟鼠同穴之山	西3-18		北3-6	阳山	北3-29
西4-19	崦嵫之山	西2-17		北3-7	贲闻之山	北3-2
北1-1	单狐之山	北1-1		北3-8	王屋之山	北3-8
北1-2	求如之山	北1-2		北3-9	教山	北3-3
北1-3	带山	北1-3		北3-10	景山	中1-11
北1-4	谯明之山	北1-4		北3-11	孟门之山	北3-5
北1-5	涿光之山	北1-5		北3-12	平山	中1-12
北1-6	虢山	北1-8		北3-13	京山	北3-4
北1-7	虢山之尾	北1-12		北3-14	虫尾之山	北3-10
				北3-15	彭毗之山	中1-17

（续表2） （续表3）

北3-16	小侯之山	北3-20	东2-6	徐峨之山	东2-7
北3-17	泰头之山	北3-16	东2-7	杜父之山	东2-2
北3-18	轩辕之山	北3-33	东2-8	耿山	东2-8
北3-19	谒戾之山	北3-9	东2-9	卢其之山	东2-10
北3-20	沮洳之山	北3-6	东2-10	姑射之山	东2-11
北3-21	神囷之山	北3-7	东2-11	北姑射之山	东2-12
北3-22	发鸠之山	北3-11	东2-12	南姑射之山	东2-13
北3-23	少山	北3-12	东2-13	碧山	东2-9
北3-24	锡山	北3-27	东2-14	缑氏之山	东2-14
北3-25	景山	北3-35	东2-15	姑逢之山	东2-16
北3-26	题首之山	北3-34	东2-16	凫丽之山	东2-15
北3-27	绣山	北3-17	东2-17	硬山	东2-17
北3-28	松山	北3-18	东3-1	尸胡之山	东3-1
北3-29	敦与之山	北3-28	东3-2	岐山	东3-2
北3-30	柘山	北3-23	东3-3	诸钩之山	东3-3
北3-31	维龙之山	北3-19	东3-4	中父之山	东3-4
北3-32	白马之山	北3-24	东3-5	胡射之山	东3-5
北3-33	空桑之山	北3-25	东3-6	孟子之山	东3-6
北3-34	泰戏之山	北3-26	东3-7	跂踵之山	东3-7
北3-35	石山	北3-13	东3-8	踇隅之山	东3-8
北3-36	童戎之山	北3-14	东3-9	无皋之山	东3-9
北3-37	高是之山	北3-30	东4-1	北号之山	东4-1
北3-38	陆山	北3-31	东4-2	旄山	东4-3
北3-39	沂山	北3-32	东4-3	东始之山	东4-2
北3-40	燕山	北3-36	东4-4	女烝之山	东4-4
北3-41	饶山	北3-37	东4-5	钦山	东4-5
北3-42	乾山	北3-38	东4-6	子桐之山	东4-6
北3-43	伦山	北3-39	东4-7	剡山	东4-7
北3-44	碣石之山	北3-40	东4-8	太山	东4-8
北3-45	雁门之山	北3-41	中1-1	甘枣之山	中1-1
北3-46	帝都之山	北3-42	中1-2	历儿之山	中1-2
北3-47	母逢之山	北3-43	中1-3	渠猪之山	中1-3
东1-1	橬蛮之山	东1-1	中1-4	葱聋之山	中1-4
东1-2	蘲山	东1-6	中1-5	涹山	中1-5
东1-3	枸状之山	东1-2	中1-6	脱扈之山	中1-7
东1-4	勃亝之山	东1-4	中1-7	金星之山	中1-8
东1-5	番条之山	东1-3	中1-8	泰威之山	中1-9
东1-6	姑儿之山	东1-5	中1-9	橿谷之山	中1-6
东1-7	高氏之山	东1-9	中1-10	吴林之山	中1-10
东1-8	岳山	中7-12	中1-11	牛首之山	中1-13
东1-9	柟山	东1-7	中1-12	霍山	中9-26
东1-10	独山	东1-8	中1-13	合谷之山	中1-18
东1-11	泰山	中7-11	中1-14	阴山	中1-16
东1-12	竹山	东1-10	中1-15	鼓镫之山	中1-21
东2-1	空桑之山	东2-1	中2-1	辉诸之山	中2-1
东2-2	曹夕之山	东2-3	中2-2	发视之山	中2-2
东2-3	峄皋之山	东2-6	中2-3	豪山	中2-3
东2-4	葛山之尾	东2-4	中2-4	鲜山	中2-4
东2-5	葛山之首	东2-5	中2-5	阳山	中2-5

（续表4）　　　　　　　　　　　（续表5）

山海经

中2-6	昆吾之山	中2-6		中7-3	姑媱之山	中5-2
中2-7	葌山	中2-7		中7-4	苦山	中5-3
中2-8	独苏之山	中2-8		中7-5	堵山	中5-5
中2-9	蔓渠之山	中2-9		中7-6	放皋之山	中5-6
中3-1	敖岸之山	中3-1		中7-7	大苦之山	中5-7
中3-2	青要之山	中3-3		中7-8	半石之山	中5-8
中3-3	騩山	中3-4		中7-9	少室之山	中5-9
中3-4	宜苏之山	中3-2		中7-10	泰室之山	中5-10
中3-5	和山	中3-5		中7-11	讲山	中5-11
中4-1	鹿蹄之山	中4-1		中7-12	婴梁之山	中5-12
中4-2	扶猪之山	中4-2		中7-13	浮戏之山	中5-13
中4-3	厘山	中4-3		中7-14	少陉之山	中5-14
中4-4	箕尾之山	中4-4		中7-15	太山	中5-17
中4-5	柄山	中4-5		中7-16	末山	中5-16
中4-6	白边之山	中4-6		中7-17	役山	中5-15
中4-7	熊耳之山	中4-7		中7-18	敏山	中5-18
中4-8	牡山	中4-8		中7-19	大騩之山	中5-19
中4-9	讙举之山	中4-9		中8-1	景山	中10-1
中5-1	苟床之山	中7-1		中8-2	荆山	中10-2
中5-2	首山	中7-2		中8-3	骄山	中10-13
中5-3	县厩之山	中7-4		中8-4	女几之山	中10-8
中5-4	葱聋之山	中7-6		中8-5	宜诸之山	中10-3
中5-5	条谷之山	中7-9		中8-6	纶山	中10-4
中5-6	超山	中7-5		中8-7	陆郮之山	中10-5
中5-7	成侯之山	中7-8		中8-8	光山	中10-7
中5-8	朝歌之山	中7-7		中8-9	岐山	中10-12
中5-9	槐山	中7-10		中8-10	铜山	中10-14
中5-10	历山	中7-3		中8-11	美山	中10-21
中5-11	尸山	中7-13		中8-12	大尧之山	中10-15
中5-12	良馀之山	中7-14		中8-13	灵山	中10-6
中5-13	蛊尾之山	中7-15		中8-14	龙山	中10-16
中5-14	升山	中7-16		中8-15	衡山	中10-17
中5-15	阳虚之山	中7-17		中8-16	石山	中10-18
中6-1	平逢之山	中6-1		中8-17	若山	中10-20
中6-2	缟羝之山	中6-2		中8-18	彘山	中10-9
中6-3	廆山	中6-3		中8-19	玉山	中10-10
中6-4	瞻诸之山	中6-4		中8-20	讙山	中10-19
中6-5	娄涿之山	中6-5		中8-21	仁举之山	中10-11
中6-6	白石之山	中6-7		中8-22	师每之山	中10-22
中6-7	谷山	中6-8		中8-23	琴鼓之山	中10-23
中6-8	密山	中6-6		中9-1	女几之山	中11-1
中6-9	长石之山	中6-9		中9-2	岷山	中11-4
中6-10	傅山	中6-10		中9-3	崃山	中11-3
中6-11	橐山	中6-11		中9-4	崌山	中11-5
中6-12	常烝之山	中6-12		中9-5	高梁之山	中11-7
中6-13	夸父之山	中6-13		中9-6	蛇山	中11-8
中6-14	阳华之山	中6-14		中9-7	鬲山	中11-6
中7-1	休与之山	中5-1		中9-8	隅阳之山	中11-9
中7-2	鼓锺之山	中5-4		中9-9	岐山	中11-10

（续表6）　　　　　　　　　（续表7）

附录

中9-10	勾檷之山	中11-11
中9-11	风雨之山	中11-12
中9-12	玉山	中11-2
中9-13	熊山	中11-13
中9-14	騩山	中11-14
中9-15	葛山	中11-15
中9-16	贾超之山	中11-16
中10-1	首阳之山	中8-1
中10-2	虎尾之山	中8-2
中10-3	繁缋之山	中8-3
中10-4	勇石之山	中8-4
中10-5	复州之山	中8-5
中10-6	楮山	中8-6
中10-7	又原之山	中8-7
中10-8	涿山	中8-8
中10-9	丙山	中8-9
中11-1	翼望之山	中9-1
中11-2	朝歌之山	中9-3
中11-3	帝囷之山	中9-39
中11-4	视山	中9-38
中11-5	前山	中9-7
中11-6	丰山	中9-46
中11-7	兔床之山	中9-12
中11-8	皮山	中9-30
中11-9	瑶碧之山	中9-41
中11-10	支离之山	中9-8
中11-11	袟筃之山	中9-9
中11-12	堇理之山	中9-4
中11-13	依轱之山	中9-5
中11-14	即谷之山	中9-6
中11-15	鸡山	中9-13
中11-16	高前之山	中9-2
中11-17	游戏之山	中9-42
中11-18	从山	中9-29
中11-19	婴硐之山	中9-45
中11-20	毕山	中9-10
中11-21	乐马之山	中9-11
中11-22	葳山	中9-14
中11-23	婴山	中1-14
中11-24	虎首之山	中9-15

（续表8）

中11-25	婴侯之山	中1-15
中11-26	大孰之山	中9-19
中11-27	卑山	中9-16
中11-28	倚帝之山	中9-17
中11-29	鲵山	中9-18
中11-30	雅山	中9-20
中11-31	宣山	中9-23
中11-32	衡山	中9-27
中11-33	丰山	中9-28
中11-34	妪山	中9-44
中11-35	鲜山	中9-25
中11-36	章山	中9-24
中11-37	大支之山	中9-32
中11-38	区吴之山	中9-33
中11-39	声匈之山	中9-43
中11-40	大騩之山	中9-34
中11-41	踵臼之山	中9-35
中11-42	历石之山	中9-36
中11-43	求山	中9-37
中11-44	丑阳之山	中9-40
中11-45	奥山	中9-21
中11-46	服山	中9-22
中11-47	杳山	中9-31
中11-48	凡山	中9-47
中12-1	篇遇之山	中12-1
中12-2	云山	中12-2
中12-3	龟山	中12-3
中12-4	丙山	中12-4
中12-5	风伯之山	中12-5
中12-6	夫夫之山	中12-6
中12-7	洞庭之山	中12-7
中12-8	暴山	中12-8
中12-9	即公之山	中12-9
中12-10	尧山	中12-10
中12-11	江浮之山	中12-11
中12-12	真陵之山	中12-12
中12-13	阳帝之山	中12-13
中12-14	柴桑之山	中12-14
中12-15	荣余之山	中12-15

（续表9）